DER BHV CO@CH

NETZWERKTECHNIK

Carsten Harnisch

Bärbel Ruschitzka

Stephan Cochius

Joachim-Friedrich Geisler

Der bhv Co@ch

Netzwerktechnik

Inhaltsverzeichnis

	Einleitung	**9**
	Über dieses Produkt	9
	Zeiteinheiten	9
1	**Einführung in die Netzwerktechnik**	**11**
	1.1 Der Netzverbund	11
	1.2 Geschichte Der DV	13
	1.3 DV-Grundbegriffe	16
	1.4 Zentrales/Dezentrales Konzept	17
	1.5 Vor-/Nachteile der Dezentralisierung	18
	1.6 Ansprüche an ein Netzwerk	19
2	**Datenverarbeitungskonzepte**	**23**
	2.1 LAN – Lokale Netze	24
	2.2 WAN – Öffentliche Netze	30
	2.3 MAN	30
3	**Das OSI-Referenzmodell**	**35**
	3.1 Historie und Entstehung	35
	3.2 Protokoll und Schnittstellen	36
	3.3 Zielsetzung von OSI	37
	3.4 Beispiel	38
	3.5 Virtuelle Verbindungen	40
	3.6 Protokollstapel	41
	3.7 Transportorientierte Schichten	43
	3.8 Anwendungsorientierte Schichten	50
4	**Netzwerktopologien**	**57**
	4.1 Topologie	57
	4.2 Knoten und Verbindung	57
	4.3 Grundtopologien	59
	4.4 Ring	59
	4.5 Stern	61
	4.6 Bus	63
	4.7 Maschen	65
	4.8 Drahtlose Netze	67
	4.9 Diffusions-/Teilstreckennetz	68
5	**Basiswissen Nachrichtentechnik**	**77**
	5.1 Digitale Übertragung	77
	5.2 Basis- und Breitband	77
	5.3 Modulationsverfahren	79
	5.4 Betriebsarten	82
	5.5 Wechsel-, Gleichspannungs- und Differentialverfahren	83
	5.6 Serielle und parallele Datenübertragung	84
	5.7 Synchronisationsverfahren	85
	5.8 Baud versus bit / s	88

5.9	Übertragungssicherung	88
5.10	Verbindungsformen	90
5.11	Die Mehrfach-Ausnutzung des Übertragungsmediums	90

6 Netzverkabelung – physikalische Grundlage — 95

6.1	Koaxialkabel-Vernetzung	95
6.2	Twisted Pair Kabel	105
6.3	LWL (Glasfaser)	108
6.4	x-Base-x / x-Broad-x	111
6.5	Drahtlose Verbindungen	112
6.6	Strukturierte Verkabelung	112
6.7	Netzgestaltung eines LANs	113

7 Übertragungsprotokolle im LAN — 119

7.1	Einordnung in das OSI-Referenzmodell	119
7.2	Zugriffsverfahren	121
7.3	Manchesterkodierung	128
7.4	Ethernet	128
7.5	Token Ring	133
7.6	ARCnet	139

8 Übertragungsprotokolle im WAN/MAN — 143

8.1	Besonderheiten von WAN/MAN-Protokollen	143
8.2	Burstiness	144
8.3	HDLC	146
8.4	ATM	147
8.5	DQDB	151
8.6	FDDI	157

9 Netzvermittlungstechniken — 165

9.1	Vorbemerkungen	165
9.2	Leitungsvermittlung	165
9.3	Nachrichtenvermittlung	167
9.4	Paketvermittlung	168

10 Transportprotokolle — 173

10.1	NetBIOS	173
10.2	NetBEUI	174
10.3	IPX/SPX	174
10.4	AppleTalk	175
10.5	SNA	175
10.6	TCP/IP	176

11 Anwendungsprotokolle — 189

11.1	Die TCP/IP-Process/Application Layer-Protokolle	189
11.2	Remote Procedure-Verfahren	192
11.3	Verschlüsselungssysteme	193
11.4	Komprimierungssysteme verstehen	194

12 Protokollvermittlung — 197

12.1 Bridges — 197
12.2 Router — 201
12.3 Gateway — 203
12.4 Repeater — 204

Glossar — 209

Stichwortverzeichnis — 229

Einleitung

Die Entwicklung der ersten Kommunikationsnetze hat unseren privaten Alltag und unsere Arbeitswelt entscheidend geprägt. Wir bewegen uns inmitten einer Welt der Netzwerktechnik, die unsere Kommunikationsgesellschaft überhaupt erst ermöglichte. Stete Weiterentwicklungen mit kurzen Innovationszyklen gestalten das Thema Netzwerktechnik immer komplexer. So wird es für Anwender und Entscheidungsträger ständig schwieriger, diesen Themenkomplex zu überschauen. Der vorliegende Titel soll Ihnen helfen, diesen Überblick zu erlangen und Ihnen das nötige Basiswissen zur Netzwerktechnik vermitteln.

Über dieses Produkt

Dieses Produkt ist eine Schulungsunterlage. Der zu vermittelnde, der Natur der Sache entsprechend theoretische Stoff, ist in aufeinander aufbauende Kapitel gegliedert, die jeweils mit einem Übungsblock enden. Dabei kann der Trainer, der den Unterricht leitet, die Übungen gegebenenfalls durch theoretische und praxisorientierte Erläuterungen ergänzen. Der auf schrittweises Lernen ausgerichtete Aufbau der Unterlage ermöglicht allerdings auch den Einsatz im Selbststudium.

Zielgruppe

Das Produkt richtet sich an Schulungsteilnehmer, die in die Welt der Netzwerktechnik von Grund auf einsteigen möchten und keine oder nur minimale Vorkenntnisse mitbringen. Allerdings erfordert dieses stark theoretisch ausgelegte Thema ein Interesse an technischen Fragestellungen. Die Teilnehmerinnen und Teilnehmer sollen in die Lage versetzt werden, nach Durcharbeiten des Stoffes weiterführende, komplexere Literatur zu verstehen. Das Produkt ist darüber hinaus auch als Nachschlagewerk für den versierten Netzwerktechnikerkreis geeignet. Für den Schulungsleiter bildet das vorliegende Skript die Basis, um den Teilnehmerinnen und Teilnehmern grundlegende und weiterführende Themen der Netzwerktechnik zu vermitteln. Die Angabe der Zeiteinheiten soll ihm als Richtwert bei seiner Planung dienen. Diese Schulungsunterlage ist so konzipiert, daß sie bis zu fünf Tagen Unterricht à 8 Unterrichtsstunden abdeckt. Die zeitliche Gestaltung eines Kurses mit dem Co@ch als Grundlage kann aufgrund der zahlreichen Übungsbeispiele den unterschiedlichsten Bedürfnissen angepaßt werden.

Zeiteinheiten

Eine weitere Möglichkeit zur individuellen Handhabung dieser Schulungsunterlage bietet die Einteilung der Kapitel und Übungen in Zeiteinheiten. Im einfachsten Fall kann eine Zeiteinheit mit einer Minute gleichgesetzt werden. Abhängig von den Vorkenntnissen der Schulungsteilnehmer und je nach Unterrichtsziel und -situation können pro Zeiteinheit aber auch andere Zeiträume angesetzt werden – mit zwei Minuten pro Zeiteinheit beispielsweise füllt jedes Kapitel eine trainingsübliche Doppelstunde.

Die Schulungsteilnehmer können das im Kurs erworbene Wissen zu Hause wiederholen und üben.

AUFBAU

Damit Sie sich gut zurechtfinden, sind alle Kapitel einheitlich aufgebaut:

- Am Anfang eines jeden Kapitels werden Sie in einer Einleitung mit dem folgenden Stoff vertraut gemacht.
- Anschließend werden die Lernziele des Kapitels formuliert.
- In einzelnen Unterkapiteln wird Ihnen dann die erforderliche Theorie vermittelt.
- Am Ende jeden Kapitels erfolgt eine Zusammenfassung des vermittelten Stoffs. Anschließend finden Sie Übungen, mit deren Hilfe Sie das im aktuellen Kapitel erworbene Wissen kontrollieren und vertiefen können.
- Das Produkt schließt mit einem kleinen Lexikon (Glossar) aller neu eingeführten Begriffe. In den Lektionen sind diese Begriffe *kursiv* gedruckt, wenn sie zum ersten Mal auftauchen.

Am Rand jeder Seite sehen Sie eine graue Spalte, die die Zeiteinheiten zu den Kapiteln enthält. Ansonsten ist diese Spalte für Ihre persönlichen Notizen und Ergänzungen zum Unterricht gedacht.

1 Einführung in die Netzwerktechnik

95 ZEITEINHEITEN

Dieses Kapitel führt in das Thema der Netzwerktechnik ein. Es wird Ihnen ein Überblick vermittelt, der insbesondere auf die Beantwortung der Frage zielt, warum sich Vernetzung lohnt. Zudem möchten wir Ihnen einen kurzen Einblick in die historische Entwicklung der DV mit Schwerpunkt Geschichte der Vernetzung geben. Nicht zuletzt gilt es, grundlegende Begriffe der DV wie Daten, Kommunikation und Dezentralisierung einzuordnen und kennenzulernen, um sie im Rahmen des Themas Netzwerktechnik sicher anwenden zu können.

LERNEN SIE

- welche Vorteile ein Netzverbund bietet
- was unter einem Netzwerk als Verfügbarkeitsverbund zu verstehen ist
- wie ein Netz als Funktionsverbund funktioniert
- was ein Lastverbund ist
- wie ein Netzwerk als Leistungsverbund eingesetzt werden kann
- wie sich die Vernetzung historisch entwickelt hat
- die Begriffe Information, Daten, Kommunikation und Daten- und Informationsverarbeitung einzuordnen
- welche Unterschiede zwischen einem zentralen und einem dezentralen Konzept bestehen
- die Vor- und Nachteile der Dezentralisierung zu beurteilen
- die Ansprüche an ein Netzwerk aus den unterschiedlichen Blickwinkeln von Benutzern, Verwaltern und Betreibern kennen

1.1 Der Netzverbund

Ein Netzverbund ermöglicht die gemeinsame Nutzung folgender Komponenten:

- Datenbestände
- Peripheriegeräte (Farbdrucker, Plotter, usw.)
- Programme

Insbesondere der gemeinsame Datenzugriff bringt große Vorteile. So können zum Beispiel Mitarbeiter eines Unternehmens, die räumlich voneinander getrennt sind, an einer Datei arbeiten. Ein vorbereitetes Dokument kann von einer anderen Person weiterverarbeitet und fertiggestellt, wichtiges Zahlenmaterial kann kurzfristig zur Verfügung gestellt werden, und vieles mehr.

Die mehrfache Nutzung einzelner Peripheriegeräte bringt vor allem Kostenvorteile mit sich. Hierbei spielt die intelligente Zuordnung der Geräte nach Auslastung und räumlicher Anordnung eine besondere Rolle.

1.1
Netzverbund mit Pheripheriegeräten

Auch der gemeinsame Zugriff auf Programme im Netz wirkt sich kostengünstig aus: Fast alle *Software*-Entwickler bieten günstigere Multi-User-Lizenzen an.

Zusätzlich verbessert der Einsatz geeigneter *Software* die firmeninterne Kommunikation. So ermöglichen elektronische Post (E-Mail) und Group-Ware eine gemeinsame Terminplanung, kurzfristige Infos und vieles mehr.

DAS NETZ ALS VERFÜGBARKEITSVERBUND

Bei redundanter, über das Mindestmaß hinausgehender Auslegung kann beim Ausfall einer Komponente auf eine entsprechende oder zumindest ähnliche Komponente ausgewichen werden.

DAS NETZ ALS FUNKTIONSVERBUND

Von den Arbeitsplätzen aus kann, wie schon oben erläutert, auf Peripheriegeräte oder auf die Dienste verschiedener »Spezialrechner« zugegriffen werden, etwa Datenbankserver, Kommunikationsserver, CD-ROM Laufwerke.

Das Netz als Lastverbund

Im Idealfall ist ein Netz so eingerichtet, daß die Belastung möglichst gleichmäßig zwischen gleichwertigen Komponenten aufgeteilt wird, damit die Verarbeitungsgeschwindigkeit für den einzelnen Benutzer möglichst hoch gehalten wird.

Das Netz als Leistungsverbund

Aufgaben, die einen extrem hohen Rechenaufwand erfordern, können auf mehreren Rechnern parallel bearbeitet werden, sofern sie in Teilprobleme zerlegbar sind; dadurch summiert sich die Leistungsfähigkeit einzelner Rechner.

> **INFO SPEZIAL**
>
> IN REINEN PC-NETZEN IST EIN LEISTUNGSVERBUND IN DER REGEL NICHT ODER NUR SEHR SCHWER ZU REALISIEREN. UNIX ALS EIN KONZEPTIONELL AUF DEN MULTI-BENUTZERBETRIEB AUSGELEGTES BETRIEBSSYSTEM BIETET HIER WESENTLICH MEHR MÖGLICHKEITEN.

1.2 Geschichte der DV

Die 60er Jahre

Typisch für die Zeit der 60er Jahre waren u. a. folgende Umstände:

- Isolierte Großrechnerlösungen.

- Kommunikation mit dem Rechner erfolgte zunächst über Lochkartenleser anhand elektrischer oder photoelektrischer Abtastung, später dann über einfache Terminals mittels eines sogenannten offline-orientierten Stapelbetriebes (Batchbetrieb), d. h. die Programme zur Einspeisung in den Großrechner wurden vorab erstellt und anschließend komplett über gestapelte Lochkarten in den Leser eingegeben. Nicht funktionsfähige Programme »spuckte« der Rechner mit einer schlichten Fehlermeldung wieder aus, die Fehlersuche mußte anhand der Lochkarte durchgeführt werden. In einer Weiterentwicklung des Stapelbetriebes, dem Fernstapelbetrieb (remote access), befand sich der Kartenleser nicht mehr zwangsläufig im Rechnerraum, der Rechner konnte nun aus räumlicher Distanz mit Lochkarten gespeist werden.

- Der Zugang zum Rechner erfolgte nur über Fachpersonal wie Programmierer, Operateure, Systemspezialisten.

- Einsatz erster Prozeßrechner zur Steuerung und Überwachung von Produktionsprozessen und ähnlichen Realzeitproblemen. Bei den überwachten Prozessen handelte es sich in der Regel um solche, die ohnehin kaum menschliches Eingreifen erforderten und auf einfache Weise voll automatisiert werden konnten.

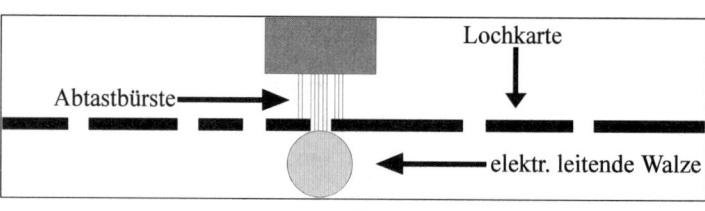

Lochkartenleser mit elektrischem Abtaster

DIE 70ER JAHRE

Die 70er Jahre zeichneten sich besonders durch folgende Punkte aus:

- Der Zugang zum Rechner vereinfachte sich durch Verbreitung von Bildschirmterminals und die Einführung von Timesharing-Systemen, d. h. den einzelnen Anwendern wurden bestimmte Zeiten für einen direkten Zugriff auf den Großrechner zugeteilt. Damit konnten mehrere Anwender gleichzeitig online im System arbeiten, es entstand der sogenannte Dialogbetrieb.

- Größere Zahlen von Anwendern / Sachbearbeitern arbeiteten direkt am System.

- Arbeitsplatz und Zentralrechner wurden immer häufiger voneinander getrennt.

- Hersteller im DV-Bereich erweiterten ihr Produktspektrum um Komponenten zur Datenkommunikation.

- Erste herstellerspezifische (proprietäre) Netzwerke (IBM, DEC-Digital Equipment Corporation, Siemens) kamen auf den Markt. Diese Netze waren zentral orientiert und zueinander inkompatibel.

- Aufbau der ersten Paketnetze; dadurch wurde der Austausch von kleinen Datenmengen über größere Strecken erschwinglich.

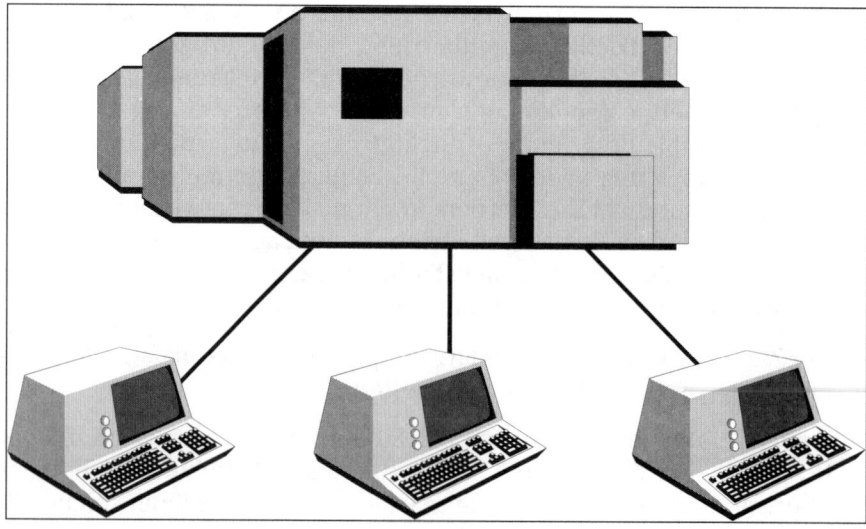

Großrechner mit angeschlossenen Bildschirmterminals

Die 80er Jahre

Mit dem Ende der 80er Jahre zog der PC in die DV-Welt ein und revolutionierte die gesamte elektronische Datenverarbeitung. Daneben waren die 80er Jahre insbesondere geprägt durch:

- Groß-DV mit Orientierung auf IBM als fast einzigem Anbieter. Eingeschränkte Flexibilität und Innovation waren die Folge.
- Mit dem Aufschwung des PCs standen viele Softwarelösungen an einem Rechner zur Verfügung.
- Der Einsatz von Groß-DV und PCs entwickelte sich in vielen Firmen parallel.
- Das Aufkommen von Einzelplatz-PCs brachte neue Probleme, wie verstreute Datenbestände, inkompetente Handhabung, unterschiedliche Software usw. mit sich.
- Ende der 80er Jahre begann die PC-Vernetzung.

1.4
Einzelplatz-Rechner mit unterschiedlichen Applikationen

Die 90er Jahre

Die Entwicklung in den 90er Jahren steht zunächst unter den Hauptschlagworten *heterogene Vernetzung* und Standards. Unter heterogener Vernetzung verstehen wir die Vernetzung von Computern mit verschiedenartigen Betriebssystemen. Wir setzen sie von der *homogenen Vernetzung* ab, bei der die Computer auf demselben Betriebssystem basieren oder dieselben Netzwerkprotokolle verwenden.

- Bestrebung, alle vorhandenen Betriebssysteme miteinander zu vernetzen. Diese heterogene Vernetzung erwies sich als problematisch, da viele Systeme dafür nicht vorgesehen waren.
- Entwicklung von Standards zur Datenkommunikation, um die Vernetzung einheitlich gestalten zu können. Zur Zeit sind viele Standards jedoch noch herstellerspezifisch, allgemeine Standards kaum implementiert bzw. ausgereift.

Die Zukunft

Für die zukünftigen Entwicklungen können hier lediglich Vermutungen angestellt werden, allerdings lassen sie sich aus den aktuellen Tendenzen ableiten:

- Vernetzungen von Systemen werden immer häufiger unter globalen Gesichtspunkten bewertet, wodurch Anforderungen an universale Vernetzungsstandards entstehen. Der Boom des Internets wird die eingesetzten Techniken in ihrer Entwicklung stark beeinflussen (Intranet, Extranet, etc.)

- Universal einsetzbare Vernetzungstechniken werden, insbesondere in öffentlichen Netzen, integrierte Systeme für die Übertragung von Sprach- und Datendiensten schaffen. Auf dieser Basis entwickeln sich dann neue, stark inhaltsorientierte Angebote, wie Video-On-Demand, Music-On-Demand, Online-Shopping, usw.

- Schnelle Verbindungswege mit mehreren hundert Mbit/s werden den weltweiten Informationsaustausch zwischen unterschiedlichen Rechnern ermöglichen. Aufgrund dieser Möglichkeiten werden die klassischen Unterscheidungsformen *LAN*, *MAN* und *WAN* miteinander verschmelzen.

- Durch die Verbesserung der Hardware werden in zunehmenden Maße verteilte Anwendungen entstehen. Für die Koordination solcher Leistungsverbünde setzen sich zukünftig entsprechende Mechanismen durch.

1.3 DV-Grundbegriffe

Definieren wir hier einige ganz wesentliche Begriffe der DV:

Information

Information ist die zweckgebundene Kenntnis bestimmter Sachverhalte.

Daten

Daten sind an einen Datenträger gebundene, kodierte Informationen. Sie liegen normalerweise in Form von Zeichen/Zeichenkombinationen vor, z. B. im ASCII-Code.

Kommunikation

Als *Kommunikation* bezeichnen wir den Austausch von Informationen (in Form von Daten) zwischen den Einheiten eines arbeitsteiligen Systems.

Daten- und Informationsverarbeitung

Die *Daten- bzw. Informationsverarbeitung* begreifen wir als zielgerechte Verknüpfung von Teilinformationen sowie deren Aufbereitung und damit Darstellung von Information.

1.4 Zentrales/Dezentrales Konzept

Im Laufe der Geschichte hat die DV einige ganz wesentliche Veränderungen durchlaufen. Die wohl wichtigste ist der Weg aus der *zentral* organisierten Großrechnerwelt in die *dezentrale* Struktur von PC-Netzen. Mit *Downsizing* bezeichnen wir dabei den Übergang vom Großrechner zum PC, die heutzutage übliche Einbindung des Großrechners in eine *Client-Server-Architektur* wird *Rightsizing* genannt.

Zentrales Konzept

Rechen-, Speicher- und Verwaltungsleistung liegen auf einem System; als Arbeitsplatz dient lediglich ein »dummes«, d. h. nicht mit eigener »Intelligenz« ausgestattetes Terminal zur Ein- und Ausgabe.

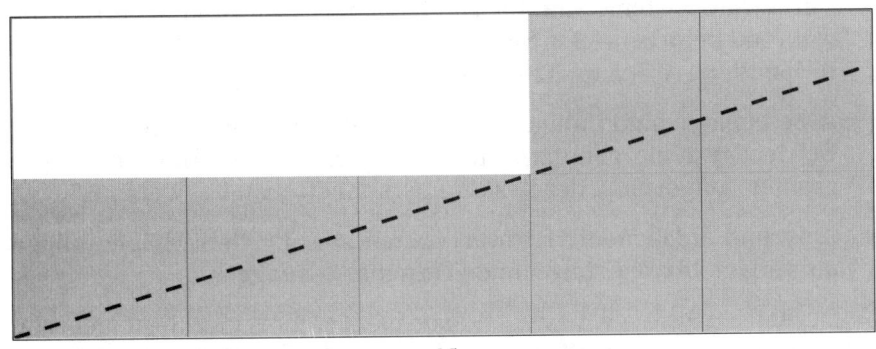

1.5
Verhältnis zwischen Rechenleistung und Einsatz von Großrechnern

Die gewünschten Anforderungen in einem zentralen Konzept können nur in großen Schritten realisiert werden, dadurch werden nicht genutzte Reserven erzeugt. Durch die hohen Investitionskosten besteht erst wesentlich später die Möglichkeit, auf Innovationen zu reagieren.

Dezentrales Konzept

Rechen- und Speicherleistung verteilen sich auf verschiedene Systeme. Seit der Einführung der ersten PCs geht der Trend zur Dezentralisierung.

1.6
Verhältnis zwischen Rechenleistung und Einsatz von mehreren PCs

Ein PC-Netzwerk bietet im Gegensatz zur Großrechner-Lösung die Möglichkeit, feiner zu skalieren. Die Menge an nicht genutzten Reserven ist somit wesentlich kleiner. Durch geringere Investitionskosten kann das Gesamtsystem schneller an veränderte Anforderungen und/oder Innovationen angepaßt werden.

1.5 Vor-/Nachteile der Dezentralisierung

Betrachten wir kurz die Vor- und Nachteile der Dezentralisierung in Absetzung zu einer zentralen Lösung:

Vorteile

- Dezentrale Systeme sind bis zu einem gewissen Grad fehlertolerant, während beim zentralen System der Ausfall der zentralen Komponente sämtliche Arbeitsplätze lahmlegt.

- Arbeitsplätze sind individueller gestaltbar. Es können verschiedene Betriebssysteme genutzt, unterschiedliche lokale Anwendungsprogramme aufgespielt, der Desktop persönlich gestaltet werden.

- Aufgrund anfallender Hardwarekosten sind PC-Netze häufig billiger als vergleichbare Großrechner-Terminal-Lösungen.

- Dezentrale Systeme, bestehend aus mehreren kleinen Systemen, sind besser an den steigenden DV-Bedarf anzupassen als Großrechner.

- Dezentrale Systeme können modular aus Komponenten verschiedener Hersteller aufgebaut sein, damit sind sie sehr flexibel in bezug auf die gewünschte Funktionalität. Zentrale Systeme kommen meist von einem Hersteller.

Nachteile und Probleme

- Die Softwareverwaltung ist aufwendiger, da die Software über das Netz verstreut liegt. Bei notwendigen Software-Upgrades müssen beispielsweise Netz- und/oder Einzelstationen auf ihren Bestand hin einzeln geprüft werden.

- Datensicherheit ist in dezentralen Systemen schwerer zu gewährleisten. Da die Arbeitsplätze, im Gegensatz zu »dummen« Terminals, meistens mit lokalen Diskettenlaufwerken ausgestattet sind, besteht die Möglichkeit, Daten unerlaubt zu kopieren.

- Diskettenlaufwerke schaffen auch die Gefahr einer Vireninfizierung.

- Ein Backup (Datensicherung) von verteilten Datenbeständen ist aufwendiger.

- Die Gefahr von Datenredundanzen (= mehrfach vorhandenen Datenbeständen) ist größer und damit eine Datenintegrität schwerer zu wahren.

- In dezentralen Lösungen finden sich meistens Komponenten verschiedener Hersteller, es können Inkompatibilitäten auftreten.
- Der Support ist wesentlich schlechter, da sich jeder Hersteller auf den Standpunkt stellt, sein Produkt könne nicht die Ursache von Fehlern sein.
- Der Hersteller kann sein Produkt nicht für alle Einsatzfälle und Kombinationen mit fremder Hard- und Software testen.
- Der Systemverwalter muß ein sehr breit gefächertes Wissen haben.
- Individuell konfigurierte Arbeitsplätze bringen einen höheren Verwaltungs- und Wartungsaufwand mit sich. Zudem hat der Benutzer eines intelligenten Arbeitsplatzrechners wesentlich mehr Möglichkeiten, sein System durch Experimentieren oder Bedienungsfehler zu stören als der Anwender am einfachen Terminal.
- Die Kommunikation der Benutzer untereinander wird durch unterschiedliche Arbeitsplätze mit unterschiedlicher Hardware, Software und Betriebssystemen erschwert. Unter Kommunikation wird hier z. B. der Erfahrungsaustausch, die gegenseitige Hilfe und die Übernahme bei Urlaubsvertretung verstanden.
- Aus unterschiedlicher Anwendersoftware werden unterschiedliche Datenformate generiert. So treffen die Anwender auf größere Schwierigkeiten, wenn z. B. die Textverarbeitungsprogramme WinWord und WordPerfect zum Einsatz kommen, die Tabellenkalkulationen Excel und Lotus 1-2-3 aufeinandertreffen oder DOS-ASCII-Dateien und UNIX-ASCII-Dateien als Grundlage für eine gemeinsame Weiterverarbeitung dienen.
- Anwender müssen mehr lernen, es entsteht ein größerer Schulungsbedarf. Die Bedienerführung bei Software-Produkten verschiedener Hersteller ist noch immer sehr unterschiedlich. Diese Anforderung an Flexibilität und Lernwillen der Benutzer kann eine Abwehrhaltung und somit Akzeptanzprobleme aufbauen.

1.6 Ansprüche an ein Netzwerk

Betrachten wir die einzelnen Ansprüche an ein Netzwerk und eine dezentrale Umgebung aus der Sicht der unterschiedlichen, involvierten Personen und Personenkreise:

Der Benutzer erwartet

- eine einfache, einheitliche Bedienerführung, um im täglichen Arbeitsablauf nicht ständig durch Handhabungs-Schwierigkeiten unterbrochen zu werden. Darüber hinaus will der Benutzer erst gar nicht mit der Problematik Netz konfrontiert werden. Der Idealfall bei einer Netzanbindung sieht demnach so aus, daß der Benutzer den Unterschied zwischen lokalen und Netzressourcen überhaupt nicht bemerkt (Transparenz).

- eine akzeptable, nach Möglichkeit sogar eine verbesserte Zugriffsgeschwindigkeit.
- einen jederzeit verfügbaren Zugriff auf alle wichtigen Netzwerkressourcen.
- einen reibungslosen Support durch den Netzwerkverwalter.
- eine Vereinfachung von Arbeitsabläufen.

DER NETZADMINISTRATOR (NETZVERWALTER) ERWARTET

- eine einfache Einrichtung und damit Verwaltung.
- die Möglichkeit zur leichten Anpassung an zukünftige Anforderungen.
- Übersichtlichkeit des Netzes.
- Sicherheit und Stabilität. Die Gefahr von Datenverlusten durch äußere Einflüsse wie Blitzschlag, Schwankungen oder Ausfall der Spannungsversorgung muß soweit wie möglich reduziert werden. Bedienungsfehler der Benutzer durch Experimentieren, Sabotage, u.ä. dürfen das System nicht gefährden. Außerdem soll der Datenschutz gewährleistet sein.
- von den Benutzern: einen verantwortlichen Umgang mit dem System.
- von den Herstellern: guten Support.

DER BETREIBER ERWARTET

- Wirtschaftlichkeit.

ZUSAMMENFASSUNG

✓ In diesem Kapitel haben Sie ein Netzwerk unter den Gesichtspunkten Verfügbarkeits-, Funktions-, Last- und Leistungsverbund kennengelernt.

✓ Nach einem kurzen Abriß der DV-Geschichte können Sie nun auch historisch den Weg von Großrechner basierten, zentralistischen Lösungen hin zu flexiblen PC-Netzen nachvollziehen.

✓ Neben einer Reihe von Nachteilen sahen wir, daß dezentrale Systeme eine Menge von Vorteilen bieten und die Ansprüche an ein Netzwerk je nach Blickwinkel sehr unterschiedlich sein können.

✓ Insbesondere gilt hier festzuhalten, daß ein dezentrales System, gerade durch die flexible und heterogene Anlage, dem Verwalter viel Arbeit machen kann. Durch eine strukturierte Planung und effiziente Werkzeuge muß dieser Problemstellung entgegengearbeitet werden.

ÜBUNGEN

- **1.** Welche Komponenten können in einem Netzverbund gemeinsam genutzt werden? Zählen Sie drei Komponenten auf.

- **2.** Ein Verfügbarkeitsverbund ist derart ausgelegt, daß beim Ausfall einer Komponente auf eine entsprechende oder zumindest ähnliche Komponente ausgewichen wird. Ist diese Aussage richtig?

- **3.** In einem Netzwerk als optimal ausgelegtem Funktionsverbund können folgende Peripheriegeräte oder Dienste angesprochen werden: Drucker, Telefon, Tastatur, Datenbankserver, CD-ROM-Laufwerk, Bildschirm, Kommunikationsserver. Wählen Sie die korrekten Elemente aus.

- **4.** Im Idealfall ist ein Netz so eingerichtet, daß die Belastung gleichmäßig zwischen gleichwertigen Komponenten aufgeteilt wird, damit die Verarbeitungsgeschwindigkeit für den einzelnen Benutzer möglichst gering gehalten wird. Ist diese Aussage richtig?

- **5.** Ein Netzwerk als Leistungsverbund verteilt Aufgaben, die extrem hohen Rechenaufwand erfordern und in Teilprobleme zerlegbar sind, auf mehrere Rechnern zur parallelen Verarbeitung. Stimmt das?

- **6.** Was stellt die folgende Abbildung dar?

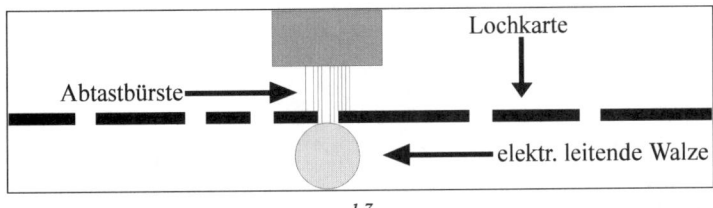

1.7

- **7.** In den 70er Jahren vereinfachte sich der direkte Zugriff durch den Benutzer auf den Großrechner mit Hilfe von _____? Bitte vervollständigen Sie den Satz.

- **8.** Das Aufkommen von Einzelplatz-PCs in den 80er Jahren brachte neue Probleme mit sich. Nennen Sie zwei.

- **9.** Welche Hauptschlagworte bestimmten und bestimmen die DV der 90er Jahre?

- **10.** Was verstehen Sie unter dem Begriff Information?

- **11.** War die Großrechnerwelt in ihren Anfängen zentral oder dezentral organisiert?

- **12.** In einem zentralen DV-Konzept liegen Rechen- und Speicherleistung auf demselben System. Ist diese Aussage richtig?

- **13.** Führen Sie drei Vorteile eines dezentralen Konzeptes auf.

- **14.** Warum ist die Datensicherheit in einem dezentralen Systemen schwerer zu gewährleisten?

30 ZEITEINHEITEN

ÜBUNGEN

- **15.** Was verstehen Sie unter Datenredundanzen?

- **16.** Wozu kann der Einsatz von Komponenten unterschiedlicher Hersteller in einem dezentralen System führen?

- **17.** Was erwartet ein Benutzer von dem Umgang mit einem Netzwerk? Nennen Sie drei Punkte in Stichworten.

- **18.** Das ideale dezentrale Konzept zeichnet sich aus Sicht des Netzwerkverwalters durch Stabilität, Anpassungsfähigkeit, Sicherheit, Unübersichtlichkeit und Erweiterbarkeit aus. Welcher Begriff trifft nicht zu?

- **19.** Ein Netzbetreiber verlangt von einem dezentralen System vor allem eins: _____. Bitte ergänzen Sie das fehlende Wort.

2 Datenverarbeitungskonzepte

In den zentralorganisierten Systemen der ersten Jahre waren die Funktionen eines DV-Systems auf Komponenten wie etwa den Großrechner konzentriert. Im Zuge der Entwicklung hin zu dezentralen Strukturen galt es, die Verantwortlichkeiten für bestimmte Aufgaben auf die einzelnen Komponenten des Verbunds aufzuteilen. Hier entstand die Unterscheidung in Dienstanbieter (*Server*) und Dienstnutzer (*Client*).

Die ersten einfachen Netzwerke bestanden lediglich aus wenigen Systemen und waren auf einen begrenzten Raum beschränkt. Das sogenannte LAN (*Local Area Network*) war entstanden. Die zunehmende Größe von Netzwerken bedeutete eine räumliche Ausdehnung. Filialen von Firmen oder Institutionen, die unter Umständen weit auseinander lagen, sollten miteinander in Verbindung treten. Aufgrund dieser Anforderungen entwickelten sich meist öffentliche *Wide Area Networks* (WAN), mit denen eine Verbindungsmöglichkeit zwischen LANs geschaffen wurde.

Aus den funktionellen Ansprüchen an ein Netzwerk ergibt sich eine Reihe von Anforderungen an die technische Auslegung des entsprechenden Systems. In späteren Kapiteln werden wir diese Anforderungen genauer untersuchen und die resultierenden Technologien vorstellen.

Dieses Kapitel versetzt Sie in die Lage, die Begriffe LAN und WAN gegeneinander abzugrenzen und die unterschiedlichen Kombinationsmöglichkeiten von Servern und Clients zu verstehen.

Lernen Sie

- wie lokale Netze (LANs) aufgebaut sind
- die Aufgaben in einem LAN und einem WAN kennen
- zwischen WAN und MAN zu unterscheiden
- das Server-Konzept zu begreifen
- das Peer-to-Peer-Konzept zu verstehen
- das Client-Server-Prinzip kennen
- das File-Server-Konzept davon abzusetzen
- was unter einem Druck-Server zu verstehen ist
- wann ein Anwendungs-Server eingesetzt wird
- die Funktionsweise eines Kommunikations-Servers zu verstehen

95 Zeiteinheiten

2.1 LAN – Lokale Netze

Der Begriff LAN steht für *Local Area Network*, lokales Netzwerk. Ein LAN ist ein Kommunikationsnetz zur gemeinsamen Datenverarbeitung, z. B. für die gemeinsame Nutzung von Daten, Programmen und Peripherie. Häufig baut es auf dem Server-Konzept auf, d. h. bestimmte Rechner stellen dem Netzwerk ihre Leistung/ihre Ressourcen zur Verfügung.

In kleinen Netzen ist auch das sog. *Peer-to-Peer*-Konzept denkbar, wie wir noch sehen werden.

Rechtlich gesehen steht ein LAN unter der Kontrolle des Benutzers. Betreiber und Benutzer sind verschiedene juristische Personen. Der Betreiber stellt die physikalischen Datenübertragungswege als Dienst zur Verfügung und ist für deren Wartung zuständig. Der Benutzer dagegen kann diese Dienste gegen eine Nutzungsgebühr in Anspruch nehmen. Das LAN steht rechtlich unter Kontrolle des Benutzers, d. h. der Benutzer des Netzes ist auch gleichzeitig Betreiber. Der Vorteil besteht darin, daß der Benutzer Struktur, Merkmale und Eigenschaften des physikalischen Netzes selbst bestimmen kann, allerdings ist er dann auch für die Wartung des Netzes verantwortlich. Wir werden beim WAN gleich sehen, daß dies auch anders sein kann.

Räumlich gesehen beschränkt sich ein LAN auf Privat- oder Firmengelände, bzw. auf die angemieteten Räumlichkeiten.

Nachfolgend sehen Sie vorab eine grafische Übersicht der beiden Hauptrealisierungen von LANs, die Aufteilung in kabelbasierte und drahtlose LANs.

Im weiteren Verlauf dieses Coaches werden wir Ihnen die einzelnen Hauptstränge zur Charakterisierung von Netzwerken, die Sie in diesen zwei Abbildungen wiederfinden, in verschiedenen Kapiteln näher bringen. Dem Thema Standards bzw. Standardisierungsorganisationen sind das Kapitel 3 als Einführung und die Kapitel 7, 8, 10 und 11 als Vertiefung gewidmet. Auf Netzwerktopologien und ihre spezifischen Ausformungen treffen Sie in Kapitel 4. Den Übertragungsmedien ist das Kapitel 6 zugedacht. Eine detaillierte Beschreibung verschiedener Zugriffsverfahren erfolgt in Kapitel 7. So können Sie nach der Lektüre der jeweiligen Kapitel auf die nachfolgenden Grafiken mit einem erweiterten Verständnis erneut zurückblicken.

DATENVERARBEITUNGSKONZEPTE

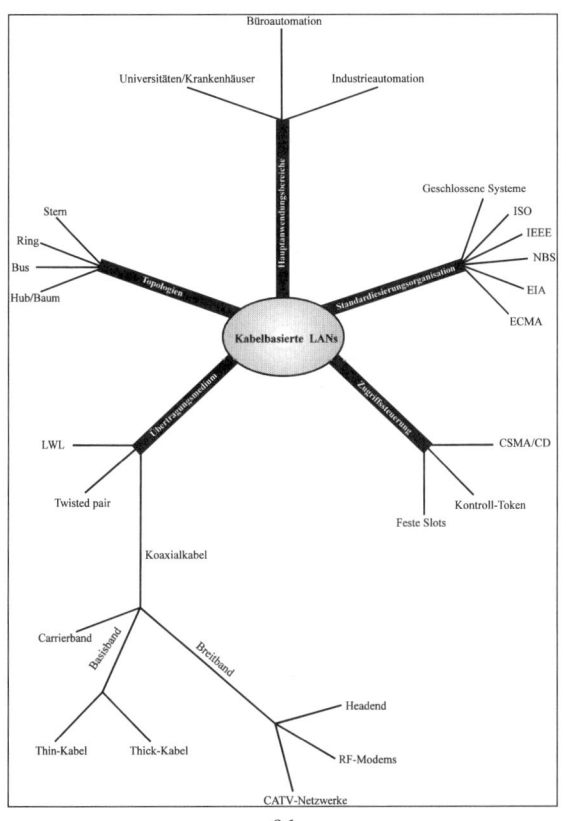

2.1
Kabelbasierte LANs in der Übersicht

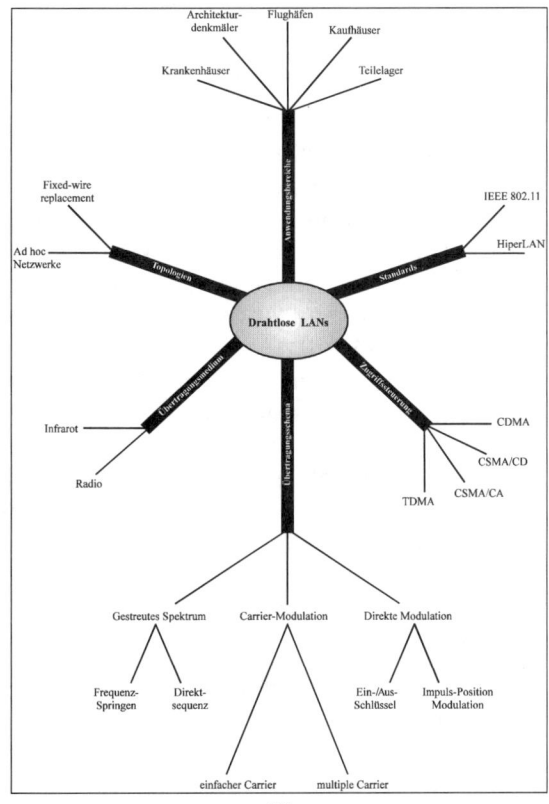

2.2
Drahtlose LANs in der Übersicht

NETZWERKTECHNIK

LAN-Komponenten

Ein lokales Netz besteht aus:

- dem Server, z. B. File- oder Application-Server (auch Datei- oder Anwendungsserver genannt).

- der Arbeitsstation oder Workstation. Server und Arbeitsstation sind bei Peer-to-Peer-Netzen nicht getrennt.

- Verkabelung bzw. Übertragungstechnik (hier zählen im weitesten Sinne des Wortes sowohl die Hardware, wie Netzwerkkarten, Ringleitungsverteiler usw. als auch die verwendeten *Protokolle* wie z. B. das Ethernet-Protokoll dazu; außerdem natürlich die reine Verkabelung).

- der Peripherie, nämlich den Peripheriegeräten wie Drucker, CD-ROM-Laufwerke oder Streamer.

LAN-Technik

- Es können verschiedene Topologien eingesetzt werden, wie z. B. Bus-, Ring- oder Sternnetze. Maschennetze werden hier fast nie und drahtlose Netze nur selten verwendet.

- Es lassen sich verschiedene Verbindungsmedien (*Koaxialkabel*, *Glasfaserkabel*, verdrilltes Kupferkabel) und Systeme (z. B. Ethernet *Token Ring*, ARCnet, FDDI, usw.) einsetzen.

- Auch für die Nutzung unterschiedlicher Tranportprotokolle (z. B. *TCP/IP*, *IPX/SPX,* usw.) ist das LAN ausgelegt.

Peer-to-Peer-Netz

In einem Peer-To-Peer-Netz besteht keine Trennung zwischen einem Server und einer Arbeitsstation. Somit sind alle Stationen gleichzeitig Server und Arbeitsstation, d. h. sie können somit ihre Ressourcen wie lokale Festplatten, Diskettenlaufwerke, CD-ROM-Laufwerke und ähnliche Komponenten den anderen Benutzern im Netz zur Verfügung stellen und umgekehrt (bei reinen Serversystemen ist dies in gewissem Grad nur durch Zusatzsoftware zu bewerkstelligen). Diese Lösung bietet sich für kleinere Netzverbunde bis 10 Teilnehmern an. Unter bestimmten Umständen macht es Sinn, das Peer-to-Peer-Konzept mit einem Serversystem zu kombinieren, etwa bei der Einbindung von CD-ROM-Laufwerken oder ähnlichen Medien. Ein Peer-To-Peer-Netz ist sehr viel preiswerter als File- oder *Client-Server*-Lösungen, verfügt aber über sehr viel geringere Sicherheitsmechanismen. Werden nur unsensible Daten im Netz verarbeitet, ist es eine kostengünstige Alternative.

Beispiele für Peer-To-Peer-Netzwerke

- Novell NetWare Lite bzw. seit einiger Zeit Personal NetWare (Bestandteil von Novell DOS 7)

- MS-Windows for Workgroups

- MS-Windows 95

- LANtastic
- Connect4 (OS/2)
- EasyLAN
- Kirschbaumnetz

File- oder Client-Server

Je nachdem, wie sich Speicher- und Rechenleistung im Netz verteilt, spricht man von einem File-Server-Konzept oder einem Client-Server-Modell.

File-Server-Konzept

Der File-Server oder Datei-Server stellt seine Speicherkapazität im Netz mit entsprechenden Konzepten zum Festplattenzugriff, zur eventuellen Optimierung der Plattenzugriffe, zur Verwaltung der Zugriffsberechtigungen, zur Koordinierung der Zugriffe und zur Dateisperrung zur Verfügung.

Die Speicherleistung erfolgt auf einem oder mehreren File-Servern. Diese speichern die zu verarbeitenden Daten, evtl. auch die Programmdateien.

Die Rechenleistung dagegen erfolgt auf den Arbeitsplätzen. Diese müssen bei Bedarf die zu bearbeitenden Dateien und evtl. auch die Programmdateien vom Server laden, um sie dort im Hauptspeicher des Arbeitsplatzrechners verarbeiten zu können.

Nachteile des File-Server-Konzeptes

- Eine komplett zu bearbeitende Datei muß zum Arbeitsplatz übertragen werden; besonders unangenehm ist dies bei einer großen Adreßkartei, in der man eigentlich nur einen von 200.000 Datensätzen bearbeiten will.
- Ein File-Server kann Datensätze nicht interpretieren, er sieht nur Dateien und macht in deren Behandlung keinen Unterschied zwischen ausführbaren (Binär-) Dateien, ASCII-Dateien sowie strukturierten (Datenbank-) Dateien.
- Daten liegen zeitweise in mehrfacher Form vor. Es müssen deshalb Überlegungen zur Datenintegrität erfolgen: Welche Version ist aktuell? Wer darf speichern? Besteht die Gefahr des Überschreibens? Muß eine Datei auf dem File-Server gesperrt werden? usw.

Vorteil des File-Server-Konzeptes

- Es ist leichter zu implementieren. Die File-Server-Software ist weniger komplex und preisgünstiger. Außerdem muß das File-Server-Betriebssystem nicht auf jede neue Anwendung angepaßt werden.

Client-Server-Prinzip

Beim Client-Server-Modell wird im Gegensatz zum File-Server-Konzept die Rechenleistung im Netz verteilt (die Speicherleistung eventuell auch). Beim Client-Server-Modell geht man eigentlich davon aus, daß auf einem

Server ein Server-Software-Modul, das *Back-End* läuft, welches einen großen Teil der Rechenleistung erbringt, und auf dem Arbeitsplatz ein Client-Software-Modul, das *Front-End*, welches normalerweise relativ wenig Rechenleistung erbringt; seine Hauptaufgabe ist es, als Schnittstelle zum Benutzer zu fungieren.

CLIENT-SERVER: EIN BEISPIEL

Als Beispiel soll eine Datenbank dienen.

Die Aufgabe des Servers bei diesem Prinzip ist zum einen die Datenspeicherung und, im Gegensatz zum File-Server-Prinzip, die eigentliche Datenbearbeitung, wie z. B. das Suchen von einzelnen Datensätzen. Die Datenverarbeitung erfolgt im Arbeitsspeicher des Servers und steigert so die Verarbeitungsgeschwindigkeit enorm, da die Datensätze nicht erst in den Arbeitsspeicher der Workstation gelangen müssen.

Die Workstation oder der Client dient als Benutzerschnittstelle zum Dienst des Servers und ermöglicht so (angenehme) Eingaben von Suchkriterien, (grafische) Darstellung der Ergebnisse, eventuell weitere Aufbereitung der Daten, Möglichkeit zur Bearbeitung von Datenteilmengen, wie etwa das Editieren von Daten.

Mittlerweile wird »Client-Server« als Begriff häufig auch dann verwendet, wenn Anwendungen in mehrere miteinander kommunizierende Softwaremodule aufgeteilt werden, die auf verschiedenen Rechnern laufen, selbst wenn Module gleichwertig sind und nicht mehr die klassische Aufteilung in »Server« (=Dienstbringer) und »Client« (=jemand der Dienste in Anspruch nimmt) erkennbar ist.

SERVER-KONZEPT VS. PEER-TO-PEER-KONZEPT

(REINES) SERVER-KONZEPT	PEER-TO-PEER-KONZEPT
Ein oder mehrere Server können im Netz installiert werden. Server ist meist kein Arbeitsplatz (dedizierter Rechner), läuft unter einem Netzwerkbetriebssystem und stellt seine Dienste und Ressourcen dem Netz zur Verfügung. Arbeitsplätze haben lokale (private) Ressourcen, können aber die Dienste und Ressourcen des/der Server nutzen.	Nur Arbeitsplätze mit eigenen Ressourcen wie lokalen Festplatten, Druckern, Modems, etc., die gegenseitig zur Verfügung gestellt werden können.
Meist sehr aufwendige Sicherungskonzepte für z. B. den Zugriff auf Netzwerk, Ressourcen und Daten, sowie den Schutz vor Ausfall von Komponenten.	Nur relativ einfache Sicherungskonzepte.
Für sehr große Teilnehmerzahlen geeignet.	Teilnehmerzahl relativ klein, bis max. 10 Teilnehmer laut Empfehlung.

2.3
Gegenüberstellung von Server- und Peer-to-Peer-Konzept

Druck-Server

Der Druck- oder Print-Server ist meist als Softwarelösung implementiert. Seine Aufgabe ist die Verwaltung von Druckaufträgen im Netz. Verdeutlichen wir seine Aufgabe anhand eines üblichen Ablaufs beim Drucken über ein Netzwerk. Ein Benutzer möchte ein Dokument an seinem PC aus einer Textverarbeitung heraus drucken. Er startet den Druckauftrag, auch Print- oder Druckjob genannt, wie gewohnt. Die Netzwerk-Software auf seinem Arbeitsplatz leitet diesen Druckauftrag über das Netzwerk in eine Druckerwarteschlange (Print-Queue). Der Begriff Druckerwarteschlange läßt erkennen, daß sich in ihr mehrere Druckjobs hintereinander (deshalb Schlange) befinden können. Diese wird auf dem File-Server als Datei gespeichert. Der Print-Queue wiederum sind ein oder mehrere Netzwerkdrucker zugeordnet. Aufgabe des Print-Servers ist es jetzt, die Warteschlange abzuarbeiten, d. h. die Druckjobs aus der entsprechenden Print-Queue zum zugeordneten Drucker (Printer) zu schicken, der dann endlich das Dokument ausdruckt. Die Zwischenspeicherung der Printjobs auf der Festplatte eines File-Servers hat den Vorteil, daß der Job nicht verloren geht, wenn der Netzwerkdrucker vorübergehend ausgeschaltet wird und der Druck nicht direkt erfolgen kann. Wird der Drucker wieder gestartet, leitet der Print-Server den Job in der Warteschlange sofort zum aktivierten Drucker. Drucker können sowohl direkt an den Print-Server angeschlossen werden, aber auch an Arbeitsstationen, sog. Remote-Printer, und dort mit einer speziellen Software für alle Teilnehmer im Netz zur Verfügung gestellt werden.

Anwendungs-Server

Ein Anwendungs-Server (Applikations-Server) ist ein Server, auf dem Anwendungen laufen (auf reinen File-Servern können Programmdateien gespeichert sein, ausgeführt werden sie aber auf dem Arbeitsplatzrechner).

Die Funktionen des Anwendungs-Servers sind häufig auf der gleichen Maschine wie die Funktionen des File-Servers; dann kann der Großteil der Daten dort verarbeitet werden, wo sie gespeichert sind. Ein Beispiel ist der Datenbank-Server.

Kommunikations-Server

Als Kommunikations-Server bezeichnet man einen Server, der Kommunikation aus LANs hinaus möglich macht, z. B. Faxen im Netz (dies könnte auch als Anwendungs-Server aufgefaßt werden), Zugriff von Außendienstmitarbeitern über Modemstrecke auf das LAN, LAN-LAN-Kopplung über *ISDN*, Anwahl externer Mailboxen oder Datenbanken über Modem, oder einen Gatewayrechner, der LAN mit einem entferntem Großrechner verbindet.

Diese zuvor genannten Serverfunktionen Druck-Server, Anwendungs-Server und Kommunikations-Server werden selten Peer-to-Peer-mäßig auf Arbeitsplätzen realisiert, sondern meistens gibt es dedizierte (keine Arbeitsstation; nur für diese Aufgabe abgestellt) Rechner mit Netzwerkbetriebssystemen, die ihre Dienste dem Netz zur Verfügung stellen. Die Arbeitsplätze nehmen diese Dienste in Anspruch, bieten aber selbst nur in seltenen Fällen Dienste an.

2.2 WAN – ÖFFENTLICHE NETZE

Die Funktion des *Wide Area Networks*, des WANs, ist die Übertragung von Daten über größere Entfernungen, wobei hier die Verbindungswege über öffentliche Flächen führen.

> **INFO SPEZIAL**
>
> DIE DATENVERARBEITUNG FINDET IN DEN ANGESCHLOSSENEN EINZELRECHNERN DES LANS STATT, UND NICHT IM WAN.

Ein WAN verbindet normalerweise autonome Systeme, d. h. Systeme, die für sich allein funktionsfähig sind, z. B. Rechner und LANs.

Rechtlich gesehen steht ein WAN unter der Kontrolle des Betreibers. Dieser stellt es den Benutzern gegen Gebühren zur Verfügung.

Dem Benutzer gegenüber tritt das WAN in Form eines genau spezifizierten Teilnehmeranschlusses in Erscheinung, der nur auf bestimmte Art genutzt werden darf. Der Benutzer kann (innerhalb des zur Verfügung stehenden Angebotes) zwischen Anschlußarten und zur Verfügung stehenden Diensten entscheiden; ansonsten hat er keinen Einfluß auf die Eigenschaften und die Leistungsfähigkeit des Netzes.

BEISPIELE FÜR WAN-VERBINDUNGEN

Eine Kopplung autonomer Systeme kann z. B. über Kommunikationsnetze wie das öffentliche Fernsprechnetz erfolgen. Weitere Beispiele sind Datex-P, Datex-L, Datex-M, ISDN oder Standleitungen. Betreiber dieser Netze ist heute in Deutschland hauptsächlich noch die Deutsche Telekom. 1998 fällt ihr Monopol und viele Privatbetreiber werden entsprechende Leistungen anbieten.

TECHNIK

Bei den heute angebotenen Netzen handelt es sich normalerweise um Maschennetze, die sich durch die Möglichkeit alternativer Wegewahl auszeichnen.

DATENRATE

Die Datenraten auf den WAN-Verbindungen sind wesentlich geringer als in den angeschlossenen LANs. Sie liegen meist unter 100 Kbit/s.

2.3 MAN

Das MAN oder **M**etropolitan **A**rea **N**etwork soll ein auf ein Stadtgebiet oder eine Region begrenztes Netz mit einer angestrebten Übertragungsgeschwindigkeit von über 100 Mbit/s sein.

Es soll ein quasi-öffentliches Netz sein, das mit LAN-Technik arbeitet. Wesentliches Merkmal ist dabei die Mehrdienstfähigkeit (z. B. gleichzeitige Übertragung von Daten und Sprache).

Dieses Verfahren ist 1997 noch in Planung und Standards (IEEE 802.6) werden noch erarbeitet. Es existieren bisher aber schon Realisierungen, z. B. das Kabelfernsehen oder das System DATEX-M der Telekom.

ZUGRIFFSGESCHWINDIGKEITEN

Die Zugriffsgeschwindigkeiten im MAN liegen zwischen 1 Mbit/s bis 100 Mbit/s.

GEGENÜBERSTELLUNG VON LAN UND WAN

Nachfolgend stellen wir die wichtigsten Unterschiede zwischen LAN und WAN tabellarisch gegenüber.

LAN	WAN
Funktion: Daten-, Speichermedien- und Peripherieverwaltung	Funktion: Übertragungsnetz
Begrenzte Teilnehmerzahl	Höhere Teilnehmerzahl
Entfernungen meist unter 2 km, Ausdehnung ist auf Gebäude oder Firmengelände beschränkt	Entfernungen bis zu Tausenden von Kilometern
Häufig Diffusionsnetz	Fast immer Teilstreckennetz
Hohe Bandbreiten (> 1 Mbit/s)	Typische Datenraten bis zu 100 Kbit/s
Verbindung kooperierender Rechner in verteilten Anwendungen	Verbindung autonomer Rechnersysteme
Einfachere Übertragungsprotokolle	Komplexe Übertragungsprotokolle
Benutzer meist gleichzeitig Betreiber	Benutzer und Betreiber meist verschiedene Personen
Niedrigere Bitfehlerraten: ca. 1 Fehler auf 1 Milliarde Bits	Höhere Bitfehlerraten: 1 Bit auf 10000 Bits

2.4
Gegenüberstellung von LAN und WAN

ZUSAMMENFASSUNG

✔ Sie haben hier unterschiedliche Konzepte der Datenverarbeitung in lokalen Netzen kennengelernt. Sicherlich ist es sinnvoll, an Hand einer Problemstellung ein entsprechendes Konzept zu erarbeiten und zu realisieren.

✔ Nicht immer muß ein eher zentral organisiertes System nach dem Serverkonzept die beste Wahl sein. Sie sollten durchaus auch alternative Konzepte prüfen, da diese oft preiswerter und vielfach den Problemen angemessener sind.

✔ Hier gilt es aber auch, stets zwischen Kostenbewußtsein und dem aus einer Lösung resultierenden Verwaltungsaufwand abzuwägen.

✔ Zusammenfassend halten wir fest, daß das LAN zwar schnelle Kommunikationswege besitzt, aber auf einen kleineren räumlichen Bereich (meist unter 2 km) begrenzt ist. Das WAN hingegen besitzt zwar keine räumliche Eingrenzung, erzeugt aber neben einem relativ geringen Datendurchsatz weitere Verbindungskosten durch seine kommerzielle Struktur. Das MAN versucht, die Vorteile der beiden Systeme zu kombinieren. Die zugrundeliegende Technologie bzw. deren Verfügbarkeit befindet sich allerdings noch in der Entwicklung.

ÜBUNGEN

·20· In den zentral organisierten Systemen der ersten Jahre waren die Funktionen eines DV-Systems auf Komponenten wie etwa den _____ konzentriert.

·21· Nennen Sie die englischen Fachbegriffe für *Dienstanbieter* und *Dienstnutzer*.

·22· Für was stehen die Abkürzungen LAN, WAN und MAN?

·23· Beschränkt sich ein LAN räumlich gesehen auf Privat- bzw. Firmengelände?

·24· Ein LAN steht in der Regel unter der Kontrolle des _____, ein WAN dagegen unter der Kontrolle des _____.

·25· Zählen Sie die Komponenten eines LANs auf.

·26· Nennen Sie drei Beispiele für Peripheriegeräte.

·27· In einem _____-Netz gibt es keine Server, sondern nur Workstations, die sich ihre Ressourcen gegenseitig zur Verfügung stellen.

·28· Hat sich bei Recherchen in großen Datenbanken das Client-Server-Prinzip als sehr leistungsfähig erwiesen?

·29· Wie nennt man einen Server, der Druckvorgänge im Netzwerk steuert?

·30· Nennen Sie drei Kommunikationsnetze für WAN-Verbindungen.

·31· Kann ein WAN autonome Systeme verbinden?

·32· Die typische Datenrate bei einem WAN liegt unter _____.

·33· Das Kabelfernsehen ist ein Beispiel für welche Form von Netzwerk?

·34· Existieren mehr Teilnehmer in einem LAN oder in einem WAN?

·35· Die Datenverarbeitung findet in den angeschlossenen Einzelrechnern des _____ statt, und nicht im _____.

ÜBUNGEN

- **·36·** Wie nennt man einen Rechner, der für bestimmte Aufgaben eingesetzt wird und der dabei aber nicht als Workstation zu benutzen ist?

- **·37·** Bei der Übertragung von Daten über ein Netz treten naturgemäß Fehler bei einzelnen Bits auf, die meist selbständig korrigiert werden. Treten mehr Fehler im LAN oder im WAN auf?

- **·38·** Einen Server, der z. B. für das Faxen im Netz eingerichtet wurde, nennt man _____-Server.

- **·39·** Wie nennt man beim Client-Server Prinzip die Server-Software-Module, die

    a) auf dem Server laufen?

    b) auf der Arbeitsstation laufen?

3 Das OSI-Referenzmodell

190 ZEITEINHEITEN

In den vorangegangenen Kapiteln haben Sie gelernt, daß Benutzer in einem Computernetzwerk Dienste von anderen Rechnern auf ihren Arbeitsstationen nutzen. Wesentlich dafür ist die Bereitstellung entsprechender Kommunikationswege.

Die ersten Systeme waren nicht sehr flexibel, ihr Aufbau und ihr Betrieb waren fest vorgegeben. Im Zuge der Weiterentwicklung stiegen jedoch die Anforderungen an universellere Kommunikationsformen. Als Konsequenz daraus leitete sich die Notwendigkeit zur Schaffung von Standards für die Verbindung von Rechnersystemen ab.

Zu Beginn dieser Standardisierungsbestrebungen wurde mit dem *OSI-Referenzmodell* ein architektonischer Rahmen festgelegt. Dieses theoretische Modell beschreibt allgemeingültig die Kommunikation in Form eines mehrschichtigen Systems mit fest definierten Aufgabenstellungen.

Nach der Lektüre dieses Kapitels werden Sie die unterschiedlichen Schichten des OSI-Modells und deren Funktionen benennen können. Das Modell dient als Grundlage für die darauf aufbauenden Erläuterungen in den folgenden Kapiteln.

LERNEN SIE

- Historie und Entstehung des OSI-Referenzmodells kennen
- die Begriffe *Protokoll* und *Schnittstellen* einzuordnen
- was unter einer *virtuellen Verbindung* zu verstehen ist
- wie Protokollstapel arbeiten
- die transportorientierten Schichten des OSI-Modells kennen
- die anwendungsorientierten Schichten zu begreifen

3.1 Historie und Entstehung

Bei der Entwicklung der ersten Netzwerke mußte oder wollte keiner der Hersteller irgendwelche Standards – außer vielleicht die eigenen – beachten. Zum einen existierten noch keine Standards, zum anderen versuchten die Produzenten, ihre eigene Lösung im Markt als ebensolche zu etablieren. Dadurch entwickelte sich eine größere Anzahl von herstellerspezifischen (proprietären) Lösungen, die miteinander nicht oder nur wenig kompatibel waren.

Heterogene Netze, wie sie heute eingesetzt werden, verlangen aber die Verbindung unterschiedlicher Systeme. Sie können somit nur durch die Schaffung und Einhaltung von Standards der einzelnen Hersteller realisiert werden.

Im Laufe der Zeit habt sich eine Reihe von Normierungsorganisationen der oben genannten Aufgabe angenommen. Zu diesen Organisationen zählen sowohl nationale, wie etwa die DIN, die ANSI, als auch internationale, wie etwa die ISO, die ITU (ehemals *CCITT*), ETSI, ECMA usw. Die meisten Organisationen erarbeiten Standards und Empfehlungen für begrenzte Bereiche. So gibt etwa die International Telecomunication Union (ITU) entsprechende Empfehlungen heraus, die primär öffentliche Netze (und damit den WAN-Bereich) betreffen.

Grundlage für eine Vielzahl von Standardisierungvorschlägen ist das von der ISO entworfene Architektur- und Referenzmodell OSI. OSI steht für **O**pen **S**ystem **I**nterconnection. Im weiteren Text sprechen wir nur kurz von 'OSI'. Seit 1983 steht das Modell in seiner aktuellen Form zur Verfügung, die nachfolgenden Entwicklungen orientierten sich stark daran. Da es jedoch zuvor schon ältere Standards gab, stimmen nicht alle Entwicklungsergebnisse vollständig mit dem OSI-Modell überein.

3.2 Protokoll und Schnittstellen

Möchten zwei Menschen miteinander kommunizieren, einigen sie sich auf bestimmte Regeln – auch wenn dies meist unbewußt geschieht.

So werden sie, soweit möglich, dieselbe Sprache nutzen. Ergänzen oder ersetzen diese Menschen die verbale Kommunikation etwa durch Körpersprache, verwenden sie gleichfalls Gesten, die von der Gegenseite interpretiert werden können.

Die Einigung auf allgemein verständliche Vorschriften ist also wesentlich für eine Kommunikation. In der Netzwerktechnik bezeichnen wir eine solche Kommunikationsvorschrift mit dem Begriff *Protokoll*. Nutzen unterschiedliche Geräte dasselbe Protokoll, könnten wir sagen, daß sie »dieselbe Sprache sprechen«.

Um eine reibungslose Kommunikation zu ermöglichen, reicht es allerdings nicht, dieselbe Sprache zu sprechen – also dasselbe Protokoll einzusetzen. Vielmehr bedarf es weiterer Regeln zur Festlegung der Rahmenbedingungen, wie Zeitpunkt, Einigung über die eingesetzte Sprache, Ablauf, etc..

Sicherlich sind Ihnen aus dem Bereich der zwischenmenschlichen Kommunikation Fragen wie »Sprechen Sie Deutsch?« oder »Do you speak English?« vertraut. Letztendlich klären Sie, welches Protokoll in dem folgenden Gespräch verwendet werden soll. Die Floskeln »Wie geht es Ihnen?« bzw. »How do you do?« leiten eine Unterhaltung ein. Ebenso existieren Regeln zur Beendigung eines Gespräches.

> **Info Spezial**
>
> In der Netzwerktechnik gehören diese Signalisierungsvorschriften in die Beschreibung eines Protokolls. Wir unterteilen weiter in Signale für den Verbindungsaufbau und den Verbindungsabbau.

Neben der Einigung auf ein gemeinsames Protokoll muß ein weiterer, eher technischer Aspekt betrachtet werden. Die Kommunikation zwischen einem nicht hörenden und einem nicht sehenden Menschen stellt z. B. ein großes Problem dar – die verbale bzw. gestische Ausdrucksweise kann nicht von beiden Seiten verstanden werden. Rein physisch fehlen den Kommunikationspartnern die für ein bestimmtes Protokoll zwingend notwendigen Rezeptoren wie Augen oder Ohren.

> **INFO SPEZIAL**
>
> DIE TECHNISCHE GRUNDLAGE FÜR DIE NUTZUNG EINES PROTOKOLLS WIRD IN DER NETZWERKTECHNIK MIT DEM BEGRIFF INTERFACE ODER SCHNITTSTELLE BEZEICHNET.

Der Begriff wird in zwei Zusammenhängen eingesetzt. Einerseits kann eine Schnittstellendefinition eine technisch-physikalische Ausprägung haben, wie etwa die Beschreibung eines Steckers mit der dazugehörenden Buchse. Da in komplexen Systemen häufig eine Kommunikation mehrerer aufeinander aufsetzender Komponenten realisiert wird, entsteht andererseits die Notwendigkeit, diese Komponenten zu koppeln. Auch an diesen Verbindungsstellen wird dann von Schnittstellen gesprochen. Oft stellen sich diese Schnittstellen dann in Form von bestimmten Softwarefunktionen dar.

3.3 ZIELSETZUNG VON OSI

Die Zielsetzung von OSI besteht darin, ein *offenes Kommunikationssystem* zu ermöglichen. Im Gegensatz zu geschlossenen Systemen können offene aufgrund ihrer Konzeption mit Endsystemen anderer Ausprägung zusammenarbeiten. Ein offenes System besteht aus zwei Komponenten: dem realen System mit Computer, Software, Ein- und Ausgabegeräten, Terminals, etc. auf der einen sowie dem Kommunikationsverhalten des Systems auf der anderen Seite. Das OSI-Modell beschreibt eben dieses Kommunikationsverhalten in seinen einzelnen Funktionen. Es definiert die Komponenten der Datenkommunikation und setzt diese zueinander in Beziehung.

Das OSI-Referenzmodell unterteilt ein System in insgesamt 7 Schichten, wobei zwei große Gruppen – die *transportorientierten* (1-4) und die *anwendungsorientierten* (5-7) Schichten – unterschieden werden. Jede Schicht ist mit spezifischen Aufgaben betraut.

7	**Application Layer**	Anwendungsschicht
6	**Presentation Layer**	Darstellungsschicht
5	**Session Layer**	Kommunikationsschicht
4	**Transport Layer**	Transportschicht
3	**Network Layer**	Vermittlungsschicht
2	**Data Link Layer**	Sicherungsschicht
1	**Physical Layer**	Bitübertragungsschicht

3.1
Übersicht OSI-Referenzmodell

Die Entstehung von Standards präsentiert sich heutzutage in zwei unterschiedlichen Ausprägungen. In der einen Richtung bemüht sich eine Reihe von Organisationen, in denen zum Teil auch Hersteller mitarbeiten, an

Hand von Prognosen, Standards für zukünftige Kommunikationsanforderungen zu entwickeln. Die Arbeit der Standardisierungsorganisationen ist allerdings oft recht träge und häufig fordert der Markt bereits eine entsprechende Lösung, bevor der Ausarbeitungsprozeß abgeschlossen ist.

Der andere Weg geht direkt von einem einzelnen oder einer Gruppe von Herstellern aus. Sie bieten eine fertige Lösung an und setzen sie schließlich am Markt durch. Wir sprechen hier von einem De-facto Standard, der unter Umständen später in einen offiziellen Standard überführt wird. Die realisierte Lösung ist in punkto Allgemeingültigkeit vielleicht nicht optimal, da sie nur herstellerspezifische Anforderungen berücksichtigt. Oft bietet diese Variante aber die Basis für die Entstehung weiterer Innovationen.

Das OSI-Modell stellt zwar nur eine Empfehlung dar, die Entwicklung der letzten Jahre hat aber gezeigt, daß sich nur wenige Hersteller leisten, Komponenten zu fertigen, die nicht OSI-konform arbeiten. So geben etwa Ausschreibungen der US-Regierung die Orientierung einer Lösung an OSI zwingend vor.

Wenn Sie sich die Ausprägung einer OSI-Schicht-Komponente in der Praxis ansehen, so kann diese sowohl als Hardwarelösung, Softwarelösung oder als eine Kombination aus beiden realisiert sein.

Generell handelt es sich bei der Schicht -1-Komponente um eine Hardwarelösung. Alle anderen Schichten werden meist auf der Softwareseite implementiert.

Es existieren allerdings auch Systeme, welche höhere Schichten mit einer entsprechenden Hardware realisieren; insbesondere in Einsatzgebieten, die sehr hohe Geschwindigkeitsanforderungen voraussetzen oder mit einfach aufgebauten Protokollen arbeiten.

3.4 Beispiel

Bevor wir uns intensiver mit den einzelnen Schichten auseinandersetzen, sehen wir uns ein Beispiel zur Verdeutlichung des Kerngedankens an.

Versuchen wir, die uns allen mehr oder weniger gut bekannte Technologie des Telefonierens in unterschiedliche Kommunikationsebenen einzuteilen.

Notwendige Voraussetzung für ein Telefongespräch ist der entsprechende Verbindungsaufbau. Wir werden hier die technischen Grundlagen desselben nicht berücksichtigen und auch darüber hinaus einige Vereinfachungen vornehmen.

Die Benutzerschnittstelle, mit der wir konfrontiert sind, ist uns allen bekannt: das Telefon. Telefonieren wir mit einer anderen Person, so sagen wir, daß wir mit »jemandem« sprechen. Wir meinen damit den Teilnehmer auf der anderen Seite.

Unter rein technischem Blickwinkel sprechen wir in Wirklichkeit mit dem Telefon. Dieses wandelt die akustischen Schallwellen mit einem Mikrofon in elektrische Impulse um. Das Telefon wiederum »spricht« mit der Vermittlungseinrichtung der Post. Hier »sprechen« dann die Vermittlungseinrichtungen untereinander und übertragen elektrische Impulse. Der Telefonapparat auf der anderen Seite empfängt die Impulse und setzt sie mittels eines Lautsprechers wieder in akustische Signale um.

3.2
Ein Telefongespräch

In diesem Beispiel können wir bereits mehrere Ebenen der Kommunikation ausmachen. Neben den einzelnen Gesprächspartnern sind dies die Telefone, die Vermittlungseinrichtungen und die physikalischen Verbindungen zwischen den Vermittlungseinrichtungen.

3.3
Ebenen einer Kommunikation

Ordnen wir die einzelnen Elemente hierarchisch an, so liegt die physikalische Verbindung (Kabel) zwischen den Vermittlungen ganz unten; darauf setzen die Vermittlung, die Telefone und die Stimmen der beiden Gesprächspartner auf. Die einzelnen Ebenen kommunizieren lediglich mit einer darunter oder darüber liegenden Schicht, also Mensch mit Telefon, Telefon mit Vermittlung, Vermittlung über Kabel mit Vermittlung usw.

> **INFO SPEZIAL**
>
> DIE BERÜHRUNGSPUNKTE ZWISCHEN DEN EINZELNEN SCHICHTEN STELLEN JEWEILS SCHNITTSTELLEN DAR. INFORMATIONEN WERDEN STETS NUR ZWISCHEN ZWEI BENACHBARTEN EBENEN AUSGETAUSCHT.

Diese Einteilung ermöglicht den problemlosen Austausch einer Komponente, ohne die Funktionsweise des Gesamtsystems zu beeinflussen. Solange Geräte oder andere Implementierungen der Schichten schnittstellenkonform bleiben, funktioniert dieses Vorgehen.

Einer der beiden Telefonapparate aus unserem Beispiel läßt sich beliebig gegen ein anderes Modell austauschen. Sogar der Austausch der Vermittlungsstellen im Zuge einer technischen Innovation, wie z. B. in letzter Zeit durch die Umstellung von analoge auf *digitale* Technik geschehen, beeinflußt die Kommunikation nicht. Solange die Vermittlungseinrichtung weiterhin die alten Schnittstellen bereitstellt, können auch die alten Telefone genutzt werden.

> **INFO SPEZIAL**
>
> ES WURDE AN DIESER STELLE EINE STARKE VEREINFACHUNG DER TELEFONVERBINDUNG DARGESTELLT. SICHERLICH IST IHNEN KLAR, DASS EIN TELEFON DURCH EIN KABEL MIT DER VERMITTLUNGSEINRICHTUNG VERBUNDEN IST. SOLL DAS SYSTEM EXAKT ERFASST WERDEN, SO MUSS EIN TELEFON ALS EIN KOMPLETTES KOMMUNIKATIONSSYSTEM ERFASST WERDEN. ÄHNLICHES GILT DANN AUCH FÜR EINE VERMITTLUNGSEINRICHTUNG. BEIDE SYSTEME IMPLEMENTIEREN HIER INTERN EINE REIHE VON AUFGABEN UND NUTZEN DAZU BESTIMMTE PROTOKOLLE.

3.5 Virtuelle Verbindungen

Eine direkte Kommunikation findet bei der Aufteilung eines Systems in verschiedene Schichten also nur auf der untersten Ebene statt. Die Kommunikation zwischen zwei gleichgeordneten Schichten zweier unterschiedlicher Systeme bezeichnen wir als *virtuelle Verbindung*.

Unsere eigentliche Kommunikation zwischen den Gesprächspartnern ordnen wir daher auch als eine virtuelle Verbindung ein.

3.4
Virtuelle Verbindungen

Beachten Sie bitte, daß bereits hier die typischen Grundaufgaben der Ebenen ersichtlich sind:

- Jede Ebene definiert jeweils eine Schnittstelle zu darüber- und eine zu darunterliegenden Ebenen. Bei unserem Telefon werden das Mikrofon und der Lautsprecher als Interface zum Benutzer festgelegt. Die Vermittlungseinrichtung gibt die Schnittstelle in Form von bestimmten Anschlußelementen, in diesem Fall die Telefondose, vor, welche von der Telefonebene zwangsläufig genutzt werden müssen.

- Jede Ebene arbeitet mit zwei Protokollen. Das Protokoll der höher liegenden Ebene wird in das Protokoll der tiefer liegenden Schicht umgesetzt.

- Jede Ebene fügt allen von darüber liegenden Schichten erhaltenen Informationen eigene Protokollinformationen hinzu und gibt diese an tiefer liegende Ebenen weiter. Auf der Gegenseite werden aus den von tiefer liegenden Ebenen erhaltenen Informationen die eigenen Protokollinformationen extrahiert und die Information ohne diese an die höher liegende Schicht weitergeleitet.

In unserem Beispiel gehen wir von der Kompatibilität der einzelnen Ebenen zueinander aus. Bezogen auf das genutzte Protokoll bedeutet dies, daß auf der jeweils gleich hohen Schicht in den beteiligten Systemen das gleiche Protokoll genutzt wird.

Es kann innerhalb eines solchen Modells aber auch mit unterschiedlichen Protokollen gearbeitet werden.

3.5
Protokolle

Durch den Einsatz einer Dolmetscherebene ermöglichen wir in dem oben abgebildeten Beispiel die Kommunikation von Menschen, die nicht die gleiche Sprache (das gleiche Protokoll) sprechen. Die Nutzung solcher Protokollübersetzer ist in der Netzwerktechnik durchaus üblich. Wir werden die möglichen Varianten im letzten Kapitel »Protokollvermittlung« genauer untersuchen.

3.6 Protokollstapel

Betrachten wir die zuvor erläuterten Zusammenhänge auf einer abstrakteren Ebene. Mit Hilfe des OSI-Modells wird die Kommunikation in insgesamt sieben Schichten mit unterschiedlichen Aufgaben unterteilt. Jede Schicht kommuniziert mit jeweils zwei weiteren Schichten über definierte Schnittstellen. Auf jeder der Schichten wird ein bestimmtes Protokoll eingesetzt. Diese Protokolle beschreiben eine spezielle Kommunikationsvorschrift und nutzen in der Regel Protokollinformationen. Bei der Versendung werden die von darüberliegenden Ebenen empfangenen Daten transparent weitergeleitet, nachdem ihnen eigene Protokollinformationen hinzugefügt wurden. Damit wächst die Menge der Basisdaten auf ihrem Weg durch die Schichten um Zusatzinformationen an (s. Abbildung 3.5). Die Empfangsseite verarbeitet die Protokollinformationen und entfernt sie vor der Weiterleitung an die darüberliegende Schicht. So durchwandern die Daten die sieben Schichten einmal aus der Anwendungsschicht bis in die Bitübertragungsschicht auf der Sendeseite und in umgekehrter Reihenfolge wieder zurück in Anwendungsschicht auf der Empfangsseite. Die sich daraus ergebende Struktur nennen wir auch Protokollstapel. Diese schematisch vereinfacht dargestellte Struktur reagiert natürlich in der Praxis wesentlich flexibler. Ein sendendes System muß nicht den kompletten Durchlauf bis in die oberste Ebene der Empfangsstation abwarten, sondern kann, nach Abarbeitung des Sendevorgangs innerhalb einer bestimmten Schicht, Daten auf dieser Ebene empfangen und nach oben weiterleiten.

3.6
Protokollstapel

INFO SPEZIAL

SIE WERDEN SPÄTER NOCH SEHEN, DASS EIN LOGISCHER SENDEVORGANG UNTER UMSTÄNDEN PHYSIKALISCH IN EINE REIHE VON SENDE- UND EMPFANGSVORGÄNGEN MÜNDET. DIES FINDET ETWA DANN STATT, WENN EINE SCHICHT IM PROTOKOLLSTAPEL DES EMPFÄNGERS EINEN FEHLERHAFT ÜBERTRAGENEN TEIL EINER GESAMTINFORMATION ERNEUT ANFORDERT.

Jede der Schichten

- realisiert spezifische Aufgaben
- stellt der darüberliegenden Schicht Dienste zur Verfügung
- nutzt selbst die Dienste der darunterliegenden Schicht

Lediglich die Bitübertragungsschicht nimmt eine Sonderrolle ein. Ihre Aufgabe liegt im physikalischen Transport der Daten, es kommt auf dieser Ebene kein Protokoll zum Einsatz. Auch nimmt diese Schicht keine weiteren Dienste in Anspruch.

3.7 Transportorientierte Schichten

Im folgenden werden Sie die Aufgaben der untersten vier OSI-Schichten kennenlernen. Sie steuern die transportorientierten Aspekte eines Kommunikationsprozesses.

Die vier Ebenen tragen folgende Bezeichnungen:

- 4 – **Transport Layer** (Transportschicht)
- 3 – **Network Layer** (Vermittlungsschicht)
- 2 – **Data Link Layer** (Sicherungsschicht)
- 1 – **Physical Layer** (Bitübertragungsschicht)

Betrachten wir die einzelnen Schichten und ihre Aufgaben genauer.

> **INFO SPEZIAL**
>
> DIE DEUTSCHEN BEZEICHNUNGEN DER SCHICHTEN DES OSI-MODELLS KÖNNEN TEILWEISE IRREFÜHREND SEIN. AUCH IM HINBLICK AUF EINE INTENSIVERE BESCHÄFTIGUNG MIT DEM THEMENKOMPLEX SOLLTEN SIE SICH AN DIE ENGLISCHEN NAMEN GEWÖHNEN.

Physical Layer – Bitübertragungsschicht

Die Aufgabe des *Physical Layer* (Bitübertragungsschicht / OSI-Schicht -1) besteht in der Übertragung digitaler Zustände über einen physikalischen Übermittlungsabschnitt (z. B. Kabel). Eine Absicherung der übertragenen Daten findet nicht statt. Sie wird an eine darüberliegende Schicht delegiert.

Diese Ebene ist die einzige, welche die physikalischen Eigenschaften eines Systems beschreibt. Innerhalb des Physical Layer werden Informationen lediglich in Form einzelner Bits dargestellt, ein Protokoll ist von daher nicht notwendig.

Betrachten wir die Aufgaben, die von einer im System implementierten Komponente (z. B. Netzwerkkarte) erfüllt werden müssen, um die Funktionalität eines offenen Systems auf Ebene 1 zu gewährleisten:

Darstellung eines einzelnen Bits

Je nach eingesetztem Übertragungsmedium kann die Darstellung eines *Bits* von logisch 0 und logisch 1 variieren.

Für dieses Problem gibt es, je nach Implementierung, unterschiedliche Lösungsansätze. Eine negative Volt-Zahl kann beispielsweise als logisch 1, eine positive als logisch 0 interpretiert werden. Denkbar ist auch die Nutzung unterschiedlicher Frequenzen in Abhängigkeit vom Zustand, oder aber, definierte Signalflanken, dargestellt z. B. durch einen Spannungsabfall bzw. einen Spannungsanstieg in einer definierten Zeitspanne.

Soweit nur drei Ansätze, die wir später näher betrachten. In jedem Fall steuert die entsprechende Komponente im Physical Layer die Bit-Darstellung.

Daneben gilt es, festzulegen, wie lange ein Impuls dauert, damit mehrere aufeinanderfolgende gleiche Zustände unterschieden werden können. Wir sprechen dann von dem *Takt* eines Impulses. Sie werden in den folgenden Kapiteln lernen, daß der Takt wesentlich vom eingesetzten Übertragungsmedium abhängig ist.

SENDERICHTUNG UND MULTIPLEXING

Hinsichtlich der Senderichtung muß definiert werden, ob ein Medium zum Datenversand und Datenempfang zur Verfügung steht oder ob mehrere Leitungen zum Einsatz kommen.

Darüber hinaus ist die Entscheidung zu fällen, ob, und wenn ja, welche Arten des Signalmultiplexings eingesetzt werden.

PHYSIKALISCHE SCHNITTSTELLE

Die Definition der notwendigen physikalischen Schnittstelle zählt gleichfalls zu den Aufgaben eines OSI-Schicht -1-Standards. Dazu gehören etwa die Pinbelegungen bei Steckern und Buchsen sowie deren physikalische Form. Daneben müssen die Funktionen der einzelnen (Steuer)-Leitungen vorgegeben werden.

Hinzu kommen Überlegungen zur Erzeugung des Übertragungstaktes. Hier existieren verschiedene Wege, z. B. über entsprechende Generatoren in jeder Sendeeinrichtung oder der Kodierung in eine entsprechende Trägerfrequenz.

DATA LINK LAYER

Dem *Data Link Layer* (Sicherungsschicht / OSI-Schicht -2) bzw. seinen Komponenten weist das OSI-Modell zwei wesentliche Aufgaben zu: Die Absicherung der einzelnen Datenbits durch eine entsprechende Fehlererkennung und -behebung sowie die Ermöglichung einer Adressierung unterschiedlicher Netzwerkknoten.

FRAMING

Zur Erfüllung seiner Aufgaben muß der Data Link Layer die Daten als eine Gruppe zusammengehöriger Einzelsignale auffassen. Daher werden die von der Schicht 1 empfangenen Daten hier zu sog. Datenrahmen (*data frames*) zusammengefaßt. Bei der Absendung an Schicht -1 wird ein *frame* entsprechend in die einzelnen Bits zerlegt und in dieser Form an den Physical Layer weitergegeben. Der Vorgang wird als sog. *Framing* bezeichnet.

Viele der Schicht -2-Protokolle definieren einen Datenrahmen mit einer festen Länge, also z. B. 8 Bits oder 1024 Bits. Solche Frames können mit einfachen Methoden bearbeitet werden, da sie über klar umrissene Grenzen verfügen und ihre Größe nicht anderweitig kodiert werden muß. Nachteilig wirkt sich jedoch aus, daß der Datenrahmen zusätzlich zu den reinen Informationen (Basisdaten / Nutzdaten) mit Protokollinformationen belastet wird. Die Menge der Protokollinformationen ist, unabhängig von der Framegröße, immer gleich groß. Somit hat ein kleinerer Datenrahmen von

z. B. 8 Bit einen größeren Overhead, d. h. mehr Protokollinformationen im Verhältnis zu der belegten oder möglichen Nutzdatenmenge, als ein größerer Frame. Auf der anderen Seite ist, insbesondere bei relativ fehleranfälligen Übertragungswegen, die Gefahr des Datenverlustes und daher der Aufwand der Datenabsicherung bei größeren Datenrahmen höher.

Manche Schicht -2-Protokolle arbeiten mit variablen Framegrößen. Dabei wird der Datenrahmen mit einer *Start-* und *Endemarke* (start- and ending-delimiter) versehen.

Schicht -2 Header	Schicht -3 Daten	Schicht -2 Trailer

3.7
Feste Framegröße

Frame START	Schicht -2 Header	Schicht -3 Daten	Schicht -2 Trailer	Frame ENDE

3.8
Variable Framegröße

ABSICHERUNG

Zur Absicherung der einzelnen Bits nutzen die Schicht -2-Protokolle unterschiedliche Mechanismen. Der Absicherungsprozeß unterteilt sich grundsätzlich in die Fehlererkennung und die Fehlerkorrektur.

FEHLERKORREKTUR

Die meisten Schicht -2-Protokolle setzen zur Fehlerkorrektur ein einfaches Verfahren mit dem Namen ARQ (**a**utomatic **r**epeat **r**equest) ein. Falls ein Fehler erkannt wird, sendet das Protokoll eine entsprechende Nachricht an der Sender und erhält dann den Datenrahmen erneut zugesandt. Beim Einsatz fehleranfälliger Übertragungswege kann dieses Verfahren zu einer großen Anzahl mehrfach versandter Datenrahmen führen. Der Mehraufwand steigt mit der Anzahl der Bits in einem Frame. Umgekehrt beeinflußt der Frameoverhead bei kleiner Framegröße die Effizienz.

Letztendlich muß ein vernünftiger Kompromiß bei der Wahl der Framegröße gefunden werden. Oft helfen Experimente sowie die Bestimmung und Anpassung an eine Schicht -1-Implementierung. Aufgrund dieses Zusammenhangs ist ein Schicht -2-Protokoll häufig direkt von einer bestimmten Schicht -1-Komponente abhängig. Deshalb setzen entsprechende Implementierungen beide Schichten in einen Zusammenhang und beschreiben sie parallel.

> **INFO SPEZIAL**
>
> EINE ANDERE MÖGLICHKEIT DER FEHLERKORREKTUR LIEGT IN DER ÜBERMITTLUNG VON ZUSATZINFORMATIONEN, AUS DENEN IM FEHLERFALL DIE GRUNDINFORMATIONEN WIEDERHERGESTELLT WERDEN KÖNNEN.

Manche Systeme implementieren überhaupt keine Fehlerkorrektur, sondern erkennen diese Fehler lediglich. Unter bestimmten Voraussetzungen ist dies eine durchaus sinnvolle Verfahrensweise. Bei der Übertragung von Bewegtbildern etwa hat der Verlust des Informationsgehalts eines einzelnen Frame unter Umständen kaum Auswirkungen auf die Darstellung. Im Gegenteil: die benötigte Zeitspanne für eine Neuanforderung hat eher ein merkliches Stocken des Bildflusses zur Folge.

Die Entscheidung zugunsten einer der Methoden hängt also im wesentlichen vom eingesetzten Übertragungsmedium und dem Inhalt der übertragenen Daten ab.

FEHLERERKENNUNG

Damit der Empfänger den empfangenen Frame auf evtl. Fehler überprüfen kann, generieren Schicht-2-Protokolle entsprechende Prüfsummen. Zu diesem Zweck werden zum Teil einfache Algorithmen wie die *Paritätsprüfung* oder andere, mathematisch komplexere, Methoden eingesetzt.

Je nach Protokoll werden lediglich die eigenen Protokollinformationen, oder nur die Daten oder beides gesichert. Falls auch eine Datenabsicherung läuft, sendet ein Schicht-2-Protokoll an das darunterliegende Schicht-1-Element zuerst einen Kopfsatz (*Header*), dann die Daten und schließlich einen Fußsatz (*Trailer*) mit der während der Übertragung berechneten Prüfsumme.

Schicht-2 Header	Schicht-3 Daten	Schicht-2 Trailer inkl. Prüfsumme

3.9
Header und Trailer mit Prüfsumme des Frames

EMPFANGSBESTÄTIGUNG

Zu den Aufgaben eines Schicht-2-Protokolls gehört gleichfalls die Erzeugung einer Empfangsbestätigung. Die Datenrahmen werden an den Empfänger versandt und es wird auf eine entsprechende positive Bestätigung gewartet. Erst dann kann der nächste Frame generiert und verschickt werden.

Manche Protokolle benötigen auch eine negative Rückmeldung, um die Sendung wiederholen zu können. Andere gehen nach Ablauf einer definierten Zeitspanne ohne Bestätigung vom Fehlerfall aus und senden automatisch noch einmal.

FLUSSKONTROLLE/ZUGRIFFSTEUERUNG

Eine sog. *Flußkontrolle* bzw. *Flußsteuerung* benötigen wir, wenn die Geschwindigkeit der beteiligten Endgeräte stark voneinander abweicht. Durch entsprechende Kontrollnachrichten kann ein Endgerät in einen Wartezustand versetzt werden. Sobald wieder Daten verarbeitet werden können, teilt der Empfänger dem Sender dies durch eine weitere Kontrollnachricht mit. Zwischen LAN und WAN bestehen Unterschiede in bezug auf die Bereitstellung einer Flußkontrolle. Die relativ schnellen Übertragungssysteme in lokalen Netzen machen eine künstliche Regelung der übertragenen Datenmenge meist überflüssig.

Falls Sender und Empfänger ein einziges Übertragungsmedium nutzen und beide Seiten parallel Daten verschicken möchten, kann es sinnvoll sein, mit entsprechenden Schicht-2-Protokollen den gemeinsamen Zugriff auf das Medium zu regeln. Damit gehört auch die *Zugriffsteuerung* zu den Aufgaben der Schicht-2.

Adressierung

Um in einem Netzwerk mehrere Empfänger erreichen zu können, ist eine eindeutige Identifizierung derselben unabdingbar. Innerhalb eines Schicht-2-Protokolls werden den einzelnen Netzwerkknoten physikalische Adressen zugeordnet.

Betrachten Sie den Kopfsatz eines Schicht -2-Protokolls, so finden Sie eine sog. Source- und eine Destination-Adresse vor, mit denen sowohl der Sender als auch der Empfänger einer Sendung auszumachen sind. Diese Adressen bezeichnen wir mit dem Begriff *MAC-Adressen* (**m**edia **a**ccess **c**ontrol).

Dazu finden sich noch weitere Informationen im Header, die für andere Aufgaben benötigt werden.

Schicht -2 Header			Schicht -3 Daten
Source	Destination	xxx	

3.10
Schicht -2 Protokoll Header

Network Layer

Der Network Layer (Vermittlungsschicht / OSI-Schicht -3) ermöglicht den Austausch von Daten von Endsystem zu Endsystem über mehrere Transitsysteme.

Die Hauptaufgabe dieser Schicht liegt dabei in der Wegwahl.

Datagram

Die aus der Schicht -4 in Empfang genommenen Datenrahmen werden in der Schicht -3 wiederum mit eigenen Protokollinformationen bestückt. Das resultierende *Datenpaket* nennen wir ein *Datagram*.

Schicht -3 Header	Schicht -4 Daten

3.11
Schicht -3 Datenpaket – Datagram

Routing / Wegwahl

Größere Netzwerke bestehen oft aus einer Reihe von Teilnetzen. Diese Einteilung macht Sinn, damit stark genutzte, also belastete, Teile des Netzes das Gesamtnetz nicht negativ beeinflussen. Abhängig von der eingesetzten Topologie kann aber auch die Anzahl der Knoten in einem Netzwerk begrenzt sein, wodurch sich wiederum die Aufteilung in Teilnetze anbietet. Ein Weitverkehrsnetz, welches mehrere LANs verbindet, besteht zwangsläufig aus mehreren Teilabschnitten.

> **INFO SPEZIAL**
>
> DAMIT IN EINEM SOLCHEN VERBUND VON TEILNETZEN NICHT NUR TEILNEHMER IM EIGENEN TEILNETZWERK, SONDERN DARÜBER HINAUS DIE ANWENDER AUS DEN ANDEREN TEILABSCHNITTEN ERREICHT WERDEN KÖNNEN, MÜSSEN DIE DATAGRAMME DER SCHICHT -3 GEGEBENENFALLS MEHRERE TRANSITNETZE DURCHLAUFEN.

Der Transport von Datagrammen von einem Netz in ein anderes und die korrekte Zustellung an den Empfänger stellt somit den Aufgabenschwerpunkt eines Schicht-3-Protokolls dar. Zu diesem Zweck werden entsprechende Protokollinformationen in den Schicht-3-Header aufgenommen.

Dazu zählt die Information über das Netzwerk und den anvisierten Knoten. Die Adresse eines Netzwerkes muß, wie schon zuvor erläutert, innerhalb aller verbundenen Netze eindeutig sein. Die Adresse des Knotens wird im Network Layer funktional interpretiert. Mit anderen Worten, ein Knoten mit einer einzigen physikalischen Adresse kann mehrere logische Adressen auf der Schicht-3 besitzen.

3.12
Schicht-3 Header

Ein Schicht-3-Protokoll stellt Funktionen bereit, mit deren Hilfe anhand einer logischen Netzwerk- bzw. Knotenadresse die physikalische MAC-Adresse ermittelt werden kann. Es existieren auch intelligente, sinnvolle Umkehrungen dieser Verfahrensweise, die wir Ihnen im Kapitel 10 »Transportprotokolle« detaillierter vorstellen.

3.13

Anhand der Netzwerkadresse ist ein Vermittlungssystem der Schicht-3 in der Lage, eine Entscheidung hinsichtlich der Weiterleitung an ein bestimmtes Transitsystem zu treffen. In einem nachfolgenden Kapitel werden Sie die dazu notwendigen Schritte kennenlernen.

TRANSPORT-LAYER

Der Transport-Layer (Transportschicht / OSI-Schicht-4) rundet die Aufgaben der transportorientierten Schichten des OSI-Referenzmodells ab. Ein Protokoll der Schicht-4 wandelt eine Endsystem-zu-Endsystem-Verbindung in eine Teilnehmerverbindung um. Diese Verbindungsart bezeichnen wir auch als *logische Verbindung* (logisches Multiplexing).

Segmentierung

Die aus der Schicht -5 empfangenen Datagramme werden in der Schicht -4 abermals mit eigenen Protokollinformationen versehen. Das entsprechende Datenpaket heißt *Segment*.

Schicht -4 Header	Schicht -5 Daten

3.14
Schicht -4 Datenpaket – Segment

Verbindungsorientierung

Die OSI-Schichten -1 bis -3 arbeiten meist verbindungslos, es sei denn, die Form der Vermittlungstechnik (Leitungsvermittlung) impliziert eine Verbindung. Ein Protokoll der Schicht -4 kann einen verbindungsorientierten Dienst bereitstellen. Aus der Sicht eines Nutzers dieses Protokolls besteht eine solche Verbindung ständig. Während der gesamten Kommunikationsdauer ermöglicht diese Verbindung Datenaustausch. Real ist die Verbindung allerdings nur in dem Moment existent, in dem Daten zur Versendung bereitstehen. Sollte der Verbindungsaufbau sich verzögern, werden die anstehenden Daten entsprechend zwischengespeichert.

Erhaltung der Sequenzreihenfolge

Ein weiteres, wichtiges Gebiet ist die Gewährleistung der korrekten Reihenfolge versendeter Segmente. Es darf nicht vorkommen, daß ein Datenpaket ein anderes sozusagen überholt. In Weitverkehrsnetzen, die teilweise aufgrund von Vermaschung redundante Wege ermöglichen, besteht diese Gefahr durchaus.

Das Schicht -4-Protokoll verwaltet die Sequenzreihenfolge der Pakete, indem zu früh angekommene Datenpakete zwischengespeichert bzw. verlorengegangene Datenpakete neu angefordert werden.

Unterstützung paralleler Prozesse

Moderne Betriebssysteme erlauben den Rückgriff auf parallele Prozesse, wie den Ausdruck einer Datenbank und gleichzeitig die Bearbeitung eines Textes. Insbesondere Serversysteme bearbeiten im Auftrag mehrerer angebundener Clients viele Aufgaben parallel.

Das Schicht -4 Protokoll nimmt in diesem Rahmen die Aufgabe wahr, allen Prozessen die Chance des Zugriffs auf entsprechende Netzwerkressourcen einzuräumen. Zudem realisiert das Protokoll eine Entkopplung der Ressourcen voneinander, um z. B. eine einzige Netzwerkkarte zur gemeinsamen Nutzung zu Verfügung zu stellen.

Aber auch Systeme, die nicht direkt die Abarbeitung paralleler Prozesse unterstützen, profitieren hiervon. Soll beispielsweise eine Datei von einem Netzwerkserver in eine andere Datei auf dem gleichen Server kopiert werden, so stehen beide Dateien parallel zur Öffnung und Bearbeitung bereit. Stünde ein entsprechendes Protokoll nicht zur Verfügung, gelte es, die Datei zuerst auf den lokalen Rechner zu kopieren, zu bearbeiten und zu schließen, um sie letztendlich zurückzukopieren.

Schicht -4 Header			Schicht -5
Verbindungsnr.	Sequenznr.	xxx	Daten

3.15
Aufbau des Schicht -4 Headers

3.8 Anwendungsorientierte Schichten

Den anwendungsorientierten Schichten des OSI-Referenzmodells kommt in bezug auf die Netzwerktechnik eine eher untergeordnete Funktion zu. Oft werden diese Ebenen gemeinsam als Teile eines Anwendungsprogramms oder des Betriebssystems realisiert.

Der Vollständigkeit halber stellen wir die Aufgaben und Funktionen der einzelnen Ebenen dar, ohne jedoch an dieser Stelle in die Tiefe zu gehen. Im Kapitel 11 »Anwendungsprotokolle« werden Sie eine Reihe von Beispielen und Standards der anwendungsorientierten Schichten kennenlernen.

Session Layer

Der *Session Layer* (Kommunikationsschicht – OSI-Schicht -5) ermöglicht den Kommunikationskontakt zweier Anwendungsinstanzen.

Zu den Funktionen gehört neben dem Auf- und Abbau dieser Verbindungen auch die Dialogsteuerung. So zählt etwa die Bereitstellung einer An- und Abmeldefunktion für einen Benutzer und die Verbindung mit Netzwerkressourcen zu den Aufgaben der OSI-Schicht -5.

Einem Endbenutzer kann durchaus die Gelegenheit eingeräumt werden, sich auf einer Arbeitsstation mit mehreren Sessions parallel an unterschiedliche Netzwerkserver anzubinden und dort entsprechende Dienste zu nutzen. Nach der Anbindung an die zuständigen Ressourcen ist ein Benutzer in der Lage, eine Textverarbeitung von einem Dateiserver zu starten, dort eine Datei zu öffnen, die auf einem weiteren Server liegt, und diese schließlich von einem dritten Server ausdrucken zu lassen.

Ein Protokoll dieser Schicht ergänzt die Informationen aus höheren Ebenen gleichfalls durch eigene Informationen in Form eines vorgeschalteten Headers.

Presentation Layer

Der *Presentation Layer* (Darstellungsschicht – OSI-Schicht -6) setzt das System in den Stand, gemeinsame Datendarstellung (z. B. Darstellung von Zeichen, Integer, Floating-Point-Zahlen, etc.) und Dateistrukturen festzulegen. Daneben ist diese Ebene für die Umwandlung in die maschineninternen verwendeten Formate zuständig.

Darüber hinaus können Funktionen wie Datenkompression oder Datenverschlüsselung von dieser Schicht wahrgenommen werden.

Wiederum wird ein Header zur Steuerung der notwendigen Aufgaben genutzt. Als Besonderheit und im Unterschied zu den anderen Schichten findet hier jedoch unter Umständen einer starke Modifikation des Datenanteils statt, beispielsweise im Zuge einer Kompression, Verschlüsselung oder Umwandlung in einen anderen Zeichensatz.

Application Layer

Häufig treffen wir auf den *Application Layer* (Anwendungsschicht – OSI-Schicht -7) als Bestandteil eines Anwendungsprogrammes. Dann repräsentiert er den Teil der Anwendung, welcher für die Kommunikation mit entfernten Systemen zuständig ist.

Allgemeiner formuliert stellt eine Anwendung der OSI-Schicht -7 die Kommunikationsschnittstelle für aufsetzende Benutzer oder Anwendungen dar. Ein Interface des Application Layers kann sehr unterschiedlich ausgeprägt sein. Es existieren einerseits direkte Benutzerschnittstellen, etwa ein Menüsystem oder eine einfache Kommandozeile. Daneben werden Schnittstellen speziell für Anwendungsentwickler aufgebaut, in diesem Fall sprechen wir von einer *API* (**a**pplication **p**rogramming **i**nterface).

Anmerkungen

In vielen Fällen umfassen bestimmte Protokolle mehrere Schichten oder Teilschichten.

Realisiert ein einziges Protokoll mehrere OSI-Ebenen, wird für dieses Protokoll auch nur ein einziger Header erstellt. Die Generierung in den anderen betroffenen Schichten entfällt.

In der Vergangenheit wurden die ehemals herstellerspezifischen Protokolle vielfach als Vorlage für einen Standard genutzt. Aufgrund der festgelegten Schnittstellen können Geräte und Software unterschiedlicher Hersteller kombiniert werden. Es ist z. B. relativ einfach, einen UNIX-Rechner etwa von IBM mittels des Standard-Protokolls TCP/IP mit einem Rechner der Firma SUN zu koppeln.

Schichtabhängige Bezeichnung eines Datenpakets

Der Begriff Datenpaket findet allgemein Verwendung, wird jedoch, abhängig von der Schicht, unterschiedlich bezeichnet:

Anwendungsorientierte Schichten :	Message
Transportschicht :	Segment
Netzwerkschicht :	Datagram
Sicherungsschicht:	Frame
Bitübertragungsschicht :	Bits (keine Pakete !)

3.16
Verschiedene Bezeichnungen für Datenpaket

Das OSI-Referenzmodell

ZUSAMMENFASSUNG

✓ Sie haben gesehen, daß das OSI-Referenzmodell versucht, eine klare Aufgabenteilung der Systeme in einem offenen Kommunikationssystem festzulegen.

✓ Um diese Zielsetzung erfüllen zu können, wird das Kommunikationsverhalten eines Systems im OSI-Referenzmodell in sieben Schichten eingeteilt: 1. Physical Layer, 2. Data Link Layer, 3. Network Layer, 4. Transport Layer, 5. Session Layer, 6. Presentation Layer, 7. Application Layer.

✓ Jeder implementierten Komponente innerhalb eines Systems kommen spezifische Funktionen auf jeder Schicht des Modells zu.

✓ Die mit Hilfe des OSI-Modells entwickelten Protokolle und Standards ermöglichen vielfach erst den Aufbau einer heterogenen Netzwerkumgebung.

ÜBUNGEN

·40· Wie nennt man ausgeschrieben das von der ISO entworfene Architektur- und Referenzmodell von 1983?

·41· Zur Kommunikation ist eine Einigung auf Vorschriften unerläßlich. Wie bezeichnet man solche Kommunikationsvorschriften in der Netzwerktechnik?

·42· Wie nennt man die technische Grundlage in der Netzwerktechnik für die Nutzung eines Protokolls? Bitte geben Sie sowohl den englischen als auch den deutschen Begriff an.

·43· In welchen zwei Formen können diese technischen Grundlagen vorkommen?

·44· Das OSI-Referenzmodell unterteilt ein System in insgesamt sieben Schichten. Zwischen welchen zwei großen Gruppen wird dabei unterschieden?

·45· Bitte vervollständigen Sie die Tabelle um die deutschen Übersetzungen:

7	Application Layer	
6	Presentation Layer	
5	Session Layer	
4	Transport Layer	
3	Network Layer	
2	Data Link Layer	
1	Physical Layer	

3.17

·46· Auf welcher Schicht des OSI-Referenzmodells wird normalerweise nur Hardware benötigt?

45 ZEITEINHEITEN

Das OSI-Referenzmodell

ÜBUNGEN

·47· Bei einem Telefongespräch kann man zwischen verschiedenen Ebenen der Kommunikation unterscheiden. Welches Element liegt dabei in der Hierarchie ganz unten?

·48· Ein direkte Kommunikation findet bei dem Beispiel des Telefongesprächs nur auf der untersten Ebene statt. Die Kommunikation zwischen zwei gleichgeordneten Schichten zweier unterschiedlicher Systeme findet lediglich in einer sog. _____ statt. Bitte ergänzen Sie den fehlenden Begriff.

·49· Mit wie vielen weiteren Schichten kann eine Schicht des OSI-Referenzmodells kommunizieren?

·50· Jede Schicht stellt der darüberliegenden Schicht Dienste zur Verfügung bzw. nutzt selbst die Dienste der darunterliegenden Schicht. Welche Schicht bildet eine Ausnahme von dieser Regel?

·51· Die transportorientierten Ebenen des OSI-Referenzmodells werden in vier Schichten aufgeteilt. Bitte nennen Sie die zweite Schicht sowohl in seiner englischen als auch deutschen Bezeichnung.

·52· Die Definition von notwendigen physikalischen Schnittstellen sind Aufgabe eines OSI-1-Standards. Dazu gehören etwa die _____ bei Stecker und Buchsen. Bitte ergänzen Sie den fehlenden Begriff.

·53· Zu was werden die empfangenen Daten der OSI-Schicht -1 auf der OSI-Schicht -2 dem Data Link Layer zusammengefaßt?

·54· Unter welchen Bedingungen ist der Einsatz von kleineren data frames sinnvoller als der von großen data frames?

·55· Wie nennt man ein einfaches Verfahren zur Fehlerkorrektur auf der OSI-Schicht 2?

·56· In bestimmten Situationen kann es durchaus sinnvoll sein, keine Fehlerkorrektur zu implementieren. Bitte nennen Sie ein Beispiel.

·57· Unter Zuhilfenahme welcher Methoden kann der Empfänger auf der OSI-Schicht 2 einen empfangenen Frame auf Fehler überprüfen?

·58· Ein Schicht -2-Protokoll sendet abgesicherte Daten in folgender Reihenfolge an das darunterliegende Schicht -1 Element: Header – Trailer – Daten. Ist diese Aussage richtig?

·59· Wann ist eine Flußkontrolle bzw. Flußsteuerung notwendig?

·60· Zu welchem Begriff werden die sog. Source- und Destination-Adresse, wie in der Abbildung gezeigt, zusammengefaßt?

Schicht -2 Header			Schicht -3 Daten
Source	Destination	xxx	

3.18

Übungen

- **61.** Welche zwei Hauptaufgaben kennzeichnet das Schicht-3-Protokoll des OSI-Referenzmodells?

- **62.** Aus welchen Bereichen setzt sich ein Datagram zusammen? Zeigen Sie dies bitte an einer Zeichnung.

- **63.** Größere Netzwerke bestehen häufig aus mehreren Teilnetzen. Damit in einem solchen Verbund verschiedene Teilnehmer mit Teilnehmern anderer Netze kommunizieren können, werden entsprechende Protokollinformationen in den Schicht-3-Header aufgenommen. Um welche Informationen handelt es sich hierbei?

- **64.** Mit Hilfe eines Protokolls wird aus einer End-zu-Endsystem-Verbindung eine Teilnehmerverbindung. Wie heißt die Schicht des OSI-Referenzmodells, auf der diese Aufgabe ausgeführt wird?

- **65.** Die aus der Schicht-3 empfangenen Daten werden in der Schicht-4 mit eigenen Protokollinformationen versehen. Wie nennt man das resultierende Datenpaket?

- **66.** Ein Kriterium für die Verbindungsorientierung der Schicht-4 ist die Erhaltung der Sequenzreihenfolge der versendeten Datenpakete. Welche Möglichkeit hat das Protokoll dieser Schicht, falls ein Datenpaket durch ein anderes überholt wird?

- **67.** Wie ist ein Schicht-4-Header aufgebaut? Bitte zeichnen Sie eine Skizze.

- **68.** Wie werden oft die anwendungsorientierten Schichten des OSI-Referenzmodells realisiert?

- **69.** Wie nennt man die Schicht des OSI-Referenzmodells, die neben dem Auf- und Abbau von Verbindungen die Dialogsteuerung übernimmt?

- **70.** Welche Funktionen werden durch den Presentation Layer, die sechste OSI-Schicht, wahrgenommen?

- **71.** Wie nennt man die OSI-Schicht, die für die Kommunikation mit entfernten Systemen zuständig ist?

- **72.** Wie bezeichnet man die Schnittstellen der OSI-Schicht-7, die speziell für Anwendungsentwickler aufgebaut werden?

- **73.** Welchen Vorteil bietet ein Protokoll, das auf mehreren OSI-Ebenen verwendet werden kann?

- **74.** Bitte nennen Sie ein Beispiel für solch ein Protokoll?

- **75.** Der Begriff Datenpaket wird allgemein verwendet und besitzt aber in Abhängigkeit von der OSI-Schicht verschiedene Namen. Bitte ergänzen Sie die fehlenden Begriffe.

    Anwendungsorientierte Schichten :   Message

    Transportschicht :

ÜBUNGEN

Netzwerkschicht :

Sicherungsschicht:

Bitübertragungsschicht :

4 Netzwerktopologien

55 ZEITEINHEITEN

Im Laufe der Zeit sind viele unterschiedliche Formen von Netzwerken entstanden. Bei der Klassifikation von Netzwerken hilft eine grobe Einteilung in zwei spezielle Eigenschaften. Die eine leitet sich aus der Betrachtung eines Netzwerkes unter physikalischen Gesichtspunkten (Verkabelung) ab, die andere aus der Untersuchung der Softwarestruktur. In diesem Kapitel werden wir die erste Eigenschaft, die Netzwerktopologie, kennenlernen. Nach Bearbeitung dieses Kapitels sind Sie in der Lage, mit Hilfe bestimmter, im folgenden erläuterter, Begriffe eine Klassifikation von Netzwerken hinsichtlich ihrer Topologie vorzunehmen. In späteren Kapiteln analysieren wir dann den zweiten Begriff, der einer Systematisierung von Netzwerken dient, das Protokoll.

LERNEN SIE

- welche Rolle Knoten und Verbindungen in einem Netzwerk spielen
- was unter einer Ringtopologie zu verstehen ist
- nach welchen Kriterien eine sternförmige Verkabelung im topologischen Ring aufgebaut ist
- die Struktur einer Sterntopologie kennen
- den Aufbau einer Bustopologie zu verstehen
- wie eine Baumtopologie strukturiert ist
- wie ein Maschennetz funktioniert
- Beispiele für drahtlose Vernetzungen kennen
- die Begriffe Diffusions- und Teilstreckennetz in dem Umfeld topologischer Netzwerk-Klassifikationen einzuordnen und gegeneinander abzusetzen

4.1 Topologie

Eine *Topologie* beschreibt den physikalischen Aufbau des Netzes, d. h. die Verbindung der Netzwerkknoten untereinander. Die Hauptkomponenten des technischen Aufbaus, wie Kabel, Stecker, Adapter und ähnliches, stellen wir Ihnen in Kapitel 4 noch im Einzelnen vor.

4.2 Knoten und Verbindung

Betrachten wir die Bestandteile eines Netzwerkes: Bezogen auf die Topologie unterscheiden wir zwischen *Knoten* (nodes) und *Verbindungen* (connections).

Netzwerkknoten

Als Netzwerkknoten bezeichnen wir ein speziell für die Vermittlung und Übertragung von Daten entwickeltes Datenverarbeitungssystem.

> **Info Spezial**
>
> Diese Funktion könnte auch Nebenfunktion eines Systems mit ganz anderen Hauptaufgaben sein.

Beispiele für Knoten sind etwa:

- intelligente Arbeitsstationen
- Datenverarbeitungsanlagen
- zentrale Großrechner
- Netzwerk-Server
- Gateways
- aktive Vermittlungsknoten (z. B. *Repeater, Bridges, Router, Hubs*)
- passive Vermittlungsknoten (z. B. *Leitungs-Splitter, passive Hubs*)
- Drucker mit direktem Netzwerkanschluß
- bei weniger strenger Definition: alle Geräte, die Daten senden und/oder empfangen

Manchmal wird noch ein weiteres Element erwähnt: Endgeräte, d. h. Systeme, die in erster Linie der Datenverarbeitung dienen und damit nicht unbedingt obiger Definition für Netzknoten entsprechen. Diese Systeme senden und/oder empfangen Daten, vermitteln aber keine Daten für andere Systeme. Sie müssen mit einem echten Netzwerkknoten in Verbindung stehen. Häufig ist eine strenge Unterscheidung zwischen vermittelnden Systemen und rein sendenden/empfangenden Systemen unnötig. In diesem Fall werden Endgeräte der Einfachheit halber als Netzknoten dargestellt.

> **Info Spezial**
>
> Bei einer sehr strengen Auslegung des Begriffs Knoten werden lediglich die Komponenten eines komplexen Systems (z. B. eines PCs) als Knoten bezeichnet, die aktiv die Verbindung zum Netzwerk herstellen. In PCs übernehmen meist Netzwerkkarten diese Aufgabe.

Verbindung

Unter einer *Verbindung* verstehen wir die physikalische Verknüpfung zwischen Knoten in einem Netzwerk. Die meisten Knoten sind sicherlich über Kabel (z. B. Koaxialkabel, Glasfaserkabel, verdrillte Kupferleitung) miteinander verbunden. Daneben existieren weitere, drahtlose Verbindungsarten, wie etwa Richtfunkstrecken, Satelitenverbindungen oder die Infrarotverbindung.

4.3 Grundtopologien

Die im folgenden erläuterten Grundtopologien bestimmen mit ihren spezifischen Eigenschaften den weiteren Aufbau eines Netzwerkes. Ihre historische Entwicklung verlief weitestgehend parallel. Die Entscheidung für oder gegen eine bestimmte topologische Struktur hängt von verschiedenen Voraussetzungen (Kostenrahmen, Vertragspartner, Netzwerkprotokoll) ab.

4.4 Ring

Innerhalb der *Ringtopologie* hat jeder Knoten einen definierten Vorgänger und Nachfolger. Der Datentransport findet in einer bestimmten Richtung von Knoten zu Knoten statt.

Wichtig ist hierbei, daß das Netz sozusagen »durch« jeden Knoten verläuft. Die zu versendenden Daten müssen im Extremfall $n - 2$ Knoten durchlaufen, wobei n die Anzahl der Knoten des Rings angibt.

4.1
Ringtopologie

Aus der Abbildung geht ein klarer Nachteil der reinen Ringtopologie hervor: Der Ausfall eines Knotens oder einer Verbindung legt den kompletten Ring lahm, deshalb gibt es in der Praxis verschiedene Auslegungen.

Sternförmige Verkabelung im topologischen Ring

In der sternförmigen Verkabelung treffen wir auf die wohl bekannteste Auslegung der Ringtopologie. Diese Verkabelungsform findet etwa im IBM-*Token Ring* Verwendung. Hier wird der Ring über eine zentrale Komponente geführt, den Ringleitungsverteiler, auch *MAU* (**m**edia **a**ttachment **u**nit) genannt. Eine Logik innerhalb des Ringleitungsverteilers ermöglicht es, einen Netzwerkknoten unproblematisch in den Ring ein- bzw. aus dem Ring auszukoppeln und somit einen funktionsuntüchtigen Knoten zu übergehen. Dabei spricht eine Steuerspannung aus dem Knoten ein Relais im Ringleitungsverteiler an, um einen Knoten einzukoppeln. Bei Ausfall des Knotens, z. B. durch Abschalten, wird das Relais nicht mehr mit Strom versorgt und schaltet damit den Knoten wieder aus dem Ring.

4.2
Sternverkabelung im Token Ring

INFO SPEZIAL

BITTE BEACHTEN SIE, DASS ES SICH BEI DER OBEN GENANNTEN VERBINDUNGSART LEDIGLICH UM EINE FEHLERTOLERANTE AUSLEGUNG DER RINGTOPOLOGIE HANDELT, AUCH WENN DIE STERNFÖRMIGE STRUKTUR DES IBM-TOKEN RING ETWAS ANDERES VERMUTEN LÄSST. IM TOPOLOGISCHEN SINN IST DER TOKEN RING EIN RING.

Doppelter Ring

Der doppelte Ring stellt eine weitere in der Praxis eingesetzte Abwandlung der reinen Ringtopologie dar. Zwei Ringe werden parallel verlegt, wobei lediglich einer der beiden im Normalbetrieb als Datenweg dient. Der zweite Ring kommt im Falle der Fehlfunktion einer Teilstrecke des ersten als Redundanz zum Einsatz.

4.3
Doppelter Ring

Die beiden Ringe sollten räumlich getrennt voneinander verlegt werden, um die Gefahr der Beschädigung beider Strecken gleichzeitig durch bauliche Maßnahmen so gering wie möglich zu halten. Die Auslegung des Backuprings (Ersatzweges) mit einer geringeren Datenübertragungsrate macht unter Umständen aus Kostengründen Sinn, hängt jedoch vom Einzelfall ab.

Neben seiner Funktion als Backupring ist auch eine Nutzung des Parallelweges zur Steigerung des Datendurchsatzes denkbar.

4.5 Stern

Im Gegensatz zum Ring liegen die Arbeitsstationen (Knoten) in der Sterntopologie nicht in einer Reihe, sondern sind über einen zentralen Knoten verbunden. Als Knoten fungiert die Datenverarbeitungsanlage, etwa der zentrale Großrechner, oder aber ein reiner Vermittlungsknoten, der Sternverteiler.

4.4
Stern

Ein gravierender Nachteil dieser Lösung ist, daß der Ausfall des Zentralknotens die gesamte Funktionalität des Sterns unterbricht. Das Versagen anderer Knoten wirkt sich dagegen kaum auf den Gesamtablauf aus.

In Netzen mit hohem Datenaufkommen kann der zentrale Knoten zum Flaschenhals werden, denn seine Leistungsfähigkeit bestimmt die Leistung des gesamten Netzes mit.

Anders als in einer Ringstruktur müssen die Daten im Stern höchstens einen Zwischenknoten durchlaufen.

INFO SPEZIAL

AUS DIESEM TECHNISCHEN UNTERSCHIED MUSS SICH NICHT UNBEDINGT EINE HÖHERE VERARBEITUNGSGESCHWINDIGKEIT ABLEITEN. DA DIE ZENTRALE KOMPONENTE FÜR DIE WEITERLEITUNG DER DATEN AN BESTIMMTE KNOTEN ZUSTÄNDIG IST, ERGIBT SICH BEI SEHR VIELEN KNOTEN EINE STARKE BELASTUNG AN DIESES ELEMENT; IN EINER RINGTOPOLOGIE HINGEGEN VERTEILT SICH DIESE AUFGABE GLEICHMÄSSIG AUF ALLE KNOTEN.

Die meisten Implementierungen (technischen Umsetzungen) eines Sternes basieren auf einfachen Verbindungswegen, d. h., sowohl für das Senden als auch den Empfang von Daten wird das gleiche Kabel genutzt. Hierfür sprechen hauptsächlich ökonomische Gründe.

4.6 Bus

In einer *Bustopologie* liegen alle Knoten, über Transceiver oder Steckerverbindungen angeschlossen, an einem gemeinsamen Medium. Die Signale der einzelnen Netzknoten werden auf das Zentralkabel ausgestrahlt und können von allen anderen Knoten empfangen werden.

4.5
Bus

Da die einzelnen Stationen nur an- und nicht in das System eingehängt werden, wirkt sich der Ausfall einer Station nicht negativ auf die Funktionstüchtigkeit des Gesamtnetzes aus.

Allerdings sind die Knoten oft passiv, sie senden selbst keine empfangenen Signale weiter. Somit findet in einer Bus-Netzkommunikation keine Signalregenerierung statt. Der Signaltransport läuft Gefahr, auf der Gesamtstrecke des Zentralmediums einfach »auszulaufen« und sein Ziel niemals zu erreichen. Folglich ist die maximale Buslänge – abhängig vom verwendeten Kabel – beschränkt.

> **INFO SPEZIAL**
>
> WIR WERDEN IN EINEM SPÄTEREN ABSCHNITT LERNEN, DASS DIE BUSLÄNGE DANEBEN VON ANDEREN FAKTOREN WIE ETWA DEM EINGESETZTEN ZUGRIFFSVERFAHREN ABHÄNGIG IST.

Alle Knoten hören ständig den Bus ab, um an sie adressierte Daten auszufiltern. Kabelfehler oder auch Unterbrechungen lassen sich in einem Busnetz nur schwerlich finden.

All diese Faktoren sprechen gegen die Wahl einer Bustopologie, die ein hohes Risiko von Datenverlusten in sich birgt. Als besonders preisgünstige Lösung bleibt sie dennoch interessant.

> **INFO SPEZIAL**
>
> AUF DIESES FÜR UND WIDER UNTERSCHIEDLICHER ANSÄTZE STOSSEN WIR IN DER AUSEINANDERSETZUNG MIT DEM VIELSCHICHTIGEN THEMA NETZWERKTECHNIK IMMER WIEDER. DESHALB MÖCHTEN WIR AN DIESER STELLE EINEN GRUNDGEDANKEN FORMULIEREN, DEN SIE IM LAUFE DER WEITEREN LEKTÜRE STETS IM HINTERKOPF BEHALTEN SOLLTEN: DER EINE RICHTIGE WEG ZUM ZIEL EXISTIERT NICHT. EIN NETZWERK INTELLIGENT ZU KONZIPIEREN BEDEUTET VOR ALLEM, MÖGLICHE, VONEINANDER ABWEICHENDE LÖSUNGEN MIT IHREN VOR- UND NACHTEILEN GENAU ZU KENNEN UND SITUATIONSBEZOGEN GEGENEINANDER ABZUWÄGEN. IST DIE ENTSCHEIDUNG FÜR EINEN BESTIMMTEN WEG GEFALLEN, GILT ES, DIE ENTSPRECHENDEN RISIKOFAKTOREN GEZIELT AUSZUSCHALTEN.

Der Bus findet, ebenso wie der Ring und der Stern, häufig in lokalen Netzen, sog. *LANs* (local area network), Verwendung. Die wahrscheinlich bekannteste Netzart, das *Ethernet* mit seinen Varianten Thick und Thin Ethernet, zählt zu den Bustopologien.

BAUM

Die Baumtopologie, im Grunde eine Erweiterung der Sterntopologie, besitzt eine hierarchische Struktur.

4.6
Baum

Großrechnernetze sind vielfach als Baum organisiert. Auf der oberste Ebene befindet sich der Mainframe (Großrechner). Auf der untersten Ebene finden wir die Endgeräte wie Terminals und Drucker. Die mittlere Ebene wird mit Datenübertragungsvorrechnern oder *Multiplexern* (Cluster-Controllern) besetzt.

Auch das ARCnet, ein von der Firma Datapoint entwickeltes LAN, zählt zu den klassischen Baumstrukturen. Heute findet es in seiner ursprünglichen Form kaum mehr Verwendung.

Die Baumstruktur ist leicht erweiterbar und eignet sich daher besonders für komplexe Netze.

Der Ausfall bestimmter Knoten oder Verbindungen blockiert aber unter Umständen ganze Äste des Baumes.

4.7 Maschen

In einem *Maschennetz* sind die Knoten über *Punkt-zu-Punkt-Verbindungen* miteinander verbunden. Wäre jeder Knoten mit jedem anderen verknüpft, läge ein sog. vollständiger Graph (Verbund) vor. Der vollständige Graph stellt jedoch nur ein theoretisches Modell dar, in der Praxis kommt er nicht vor.

Das Maschennetz ist eine typische Topologie für sog. Weitverkehrsnetze, wie etwa das öffentliche Telefonnetz.

4.7
Maschennetz

Innerhalb einer Maschentopologie erreichen Nachrichten normalerweise über eine Reihe von Zwischenknoten den Empfänger. Die Erreichung eines optimalen Datenflusses und akzeptable Laufzeiten kristallisieren sich als kritische Punkte dieses Aufbaus heraus.

Da es in Maschennetzen durchaus unterschiedliche Wege von einem Sender zu einem Empfänger geben kann, stellt die Installation besondere Anforderungen an die Wahl des Datentransportweges auf Protokollebene, um Probleme effektiv zu vermeiden.

Netzwerktopologien

> **Info Spezial**
>
> Spezielle Vorkehrungen, etwa in Form von Vermittlungssoftware auf den Vermittlerknoten, müssen getroffen werden. Mehr dazu erfahren Sie im Kapitel 10 »Transportprotokolle«.

Ein klarer Vorteil der Vermaschung ist die theoretisch beliebig erweiter- und ausdehnbare, ausgesprochen flexible Struktur. Abhängig von der Verbindungsdichte im Maschennetz stehen in der Regel bei Ausfall von Knoten oder Verbindungen alternative Wege zur Verfügung.

Vermaschung wird nicht nur auf der untersten physikalischen Ebene eingesetzt, sondern auch auf höheren Ebenen (des OSI-Modells) oder in größeren Zusammenhängen, z. B. durch die Verbindung von, gegebenenfalls verschiedenen, Topologien mittels Routern.

Im folgenden sehen Sie als Beispiel für die oben angesprochene Flexibilität zwei Varianten einer Vermaschung, die auf uns schon bekannten, anderen Grundtopologien aufbauen: den »verknüpften« Stern (Stern) und eine ringförmige Teilvermaschung (Ring).

4.8
»Verknüpfte« Sterne

4.9
Ringförmige Teilvermaschung

4.8 DRAHTLOSE NETZE

In dieser topologischen Spielart stehen die Knoten sozusagen »verbindungslos« miteinander in Verbindung. Anders ausgedrückt: der Kommunikationsweg zwischen Knoten in *drahtlosen Netzen* ist körperlich nicht greifbar.

Die Funktionsweise eines solchen Netzes kann sehr unterschiedlich aussehen. Je nach Technik wird jede Sendung vom Adressaten direkt empfangen (z. B. Fernsehen oder Rundfunk) oder aber, die Nachricht wird über eine Zwischenstation geleitet (z. B. Richtfunk).

Die Mobilität der Knoten oder zumindest Endgeräte spricht für den Aufbau drahtloser Netze.

Dem stehen allerdings die hohen Kosten, die beispielsweise beim Einsatz von Satellitentechnik anfallen, und die in manchen Bereichen noch nicht zuverlässige bzw. noch nicht flächendeckende Verfügbarkeit der Technologien gegenüber.

4.10
Beispiel für ein drahtloses Netz

> **INFO SPEZIAL**
>
> IN DER PRAXIS GEHÖREN NETZE HÄUFIG NICHT NUR EINER GRUNDTOPOLOGIE AN, SONDERN SIND EINE KOMBINATION MEHRERER TOPOLOGIEN. ES IST NICHT EINHEITLICH GEREGELT, WELCHE TOPOLOGIEN WIRKLICH DIE GRUNDTOPOLOGIEN VERTRETEN. SO WIRD MANCHMAL DIE BAUMTOPOLOGIE ALS ERWEITERUNG DER STERNTOPOLOGIE AUFGEFASST.

4.9 Diffusions-/Teilstreckennetz

Die topologische Struktur eines Netzes bestimmt die Art der Datenübermittlung. Hinsichtlich der Übermittlung von Daten unterscheiden wir zwischen zwei Netz-Kategorien, den *Diffusionsnetzen* und den *Teilstreckennetzen*.

Diffusionsnetz

In einem Diffusionsnetz sind alle Stationen an ein gemeinsames Medium angeschlossen. Gesendete Nachrichten breiten sich daher im gesamten Netz aus. Diese Eigenschaft stand auch Pate bei der Namensgebung: Das lateinische Wort »diffusio« bedeutet Zerstreuung, Vermischung, Durchdringung.

Die passiven Knoten einer auf Diffusion aufbauenden Struktur hören das Zentralmedium ständig auf Nachrichten ab. Nur so können sie die an ihre Adresse gerichteten Daten aus dem großen Pool von Nachrichten herausfiltern.

Zu den Diffusionsnetzen zählen die Busnetze sowie einige drahtlose Netze (z. B. der öffentliche Rundfunk).

4.11
Beispiel für die Informationsübermittlung im Diffusionsnetz

TEILSTRECKENNETZ

In einem Teilstreckennetz gelangen die Nachrichten über eine oder mehrere Teilstrecken vom Sender zum Empfänger, es entstehen Zwischenknoten. Die einzelnen Knoten nehmen aktiv an der Weiterleitung von Daten teil. Jeder Knoten bildet den Anfang bzw. das Ende mindestens einer Teilstrecke.

Klassische Beispiele für Teilstreckennetze sind das Maschennetz und das Ring-Netz. Daneben gehören auch einige drahtlose Netze wie die Mikrowellenübertragung und der Richtfunk in diese Kategorie.

Ein Sternnetz könnte in beiden Formen organisiert sein:

- Als Diffusionsnetz sendet ein aktiver oder passiver Verteiler in der Sternmitte alles, was er empfängt, aus allen anderen Anschlüssen heraus. Die komplette Nachricht wird so im Netz verbreitet.

- Als Teilstreckennetz sendet ein zentraler Knoten im Stern die Daten nur an die gewünschten Empfänger.

4.12
Beispiel für die Informationsübermittlung im Teilstreckennetz

Gegenüberstellung

Diffusionsnetz	Teilstreckennetz
Passive Knoten	Aktive Knoten
Die Entfernung zwischen den Knoten muß begrenzt ausgelegt werden, da keine Signalregenerierung durch Zwischenknoten stattfindet; jeder Knoten erreicht jeden anderen direkt über das gemeinsam genutzte Medium.	Theoretisch beliebige Entfernung bei Einsatz einer entsprechend hohen Anzahl von Zwischenknoten.
Stationenzahl ist begrenzt: a) physikalisch durch die maximale Ausdehnung des Zentralmediums. b) Auf dem gemeinsam genutzten Medium kann sich jeweils nur eine Nachricht befinden.	Stationenzahl kann begrenzt sein. So darf beispielsweise im Ringnetz, je nach Auslegung, nur ein Knoten senden. Es ist aber auch eine unbegrenzte Konzeption denkbar, z. B. im Maschennetz. Hier können mehrere Stationen gleichzeitig senden, wenn es keine gemeinsame Teilstrecke gibt oder der Zwischenknoten Pakete zwischenspeichern kann, bis die Teilstrecke erneut freigegeben wird.
Hauptverzögerung: Warten auf den Zugriff zum gemeinsamen Medium. a) bei der Leitungsvermittlung hängt die Geschwindigkeit der Datenübermittlung vom Aufbau der Leitung ab. b) bei anderen Vermittlungen entscheidet - die Wegewahl - die Möglichkeit zur Zwischenspeicherung auf Vermittlungsknoten - die Signalregenerierung bzw. die Kontrolle der Datenpakete (Stichwort: Prüfsumme) auf den Vermittlungsknoten.	Verzögerung abhängig von Vermittlungstechnik.
Kontrolle der Übertragung (Übertragungsfehler, Hand-Shake) direkt zwischen dem Sender und dem Empfänger.	Kontrolle der Übertragung meist auf jeder Teilstrecke.
Redundanz normalerweise nicht realisierbar.	Redundanz leichter realisierbar, insbesondere beim Maschennetz.
Übertragungsweg kann vollständig passiv sein ⇒ höhere Ausfallsicherheit.	Übertragung enthält aktive Komponenten, die ausfallen können.

4.13
Gegenüberstellung Diffusions- und Teilstreckennetz

NETZWERKTOPOLOGIEN

ZUSAMMENFASSUNG

✓ Sie haben in diesem Kapitel die verschiedenen Topologien von Netzwerken kennengelernt: den Ring, den Bus, den Stern, den Baum, das Maschennetz und drahtlose Netze. Auf die Ringtopologie und den Bus treffen wir insbesondere in lokalen Netze.

✓ Anhand einer topologischen Klassifizierung können Fehler in Netzwerken leichter lokalisiert und behoben werden.

✓ Die Datenübertragungsart – wie Teilstrecke oder Diffusion – beeinflußt oft ganz wesentlich die Art des Netzwerkprotokolls, wie Sie an anderer Stelle sehen werden.

ÜBUNGEN

- **·76·** Was beschreibt eine Netzwerktopologie ?
- **·77·** Welche Bestandteile eines Netzwerkes unterscheiden wir in Bezug auf seine Topologie ?
- **·78·** Was bezeichnen wir als Netzwerkknoten ?
- **·79·** Nennen Sie fünf Beispiele für Netzwerkknoten.
- **·80·** Was verstehen wir unter einer Verbindung in einem Netzwerk ?
- **·81·** Welche Verbindungsarten existieren neben der üblichen Form des Kabels? Wir suchen hier den Oberbegriff.
- **·82·** Die historische Entwicklung der Grundtopologien verlief weitestgehend _____. Bitte vervollständigen Sie den Satz.
- **·83·** Was stellt die folgende Abbildung dar ?

4.14

- **·84·** Worin besteht der wesentliche Nachteil der reinen Ringtopologie ?

35 ZEITEINHEITEN

Übungen

- ·85· Wie heißt die bekannteste Variante der Ringtopologie und wo findet sie Verwendung?
- ·86· Wie nennen wir die zentrale Komponente im IBM-Token Ring?
- ·87· Der IBM-Token Ring ist eine _____ Auslegung der Ringtopologie. Bitte vervollständigen Sie den Satz.
- ·88· Was stellt die folgende Grafik dar?

4.15

- ·89· Die beiden Ringe sollten räumlich getrennt voneinander verlegt werden, um was zu vermeiden?
- ·90· Welcher Ring wird im doppelten Ring als Datenübertragungsmedium genutzt?
- ·91· Welche Einsatzmöglichkeiten bietet der zweite Ring innerhalb eines doppelten Ringes?
- ·92· Als Knoten innerhalb einer Sterntopologie fungieren entweder die _____ , etwa der zentrale Großrechner, oder aber ein reiner _____ , der Sternverteiler. Bitte ergänzen Sie den Satz.
- ·93· Zeichnen Sie eine schematische Skizze des topologischen Sterns.
- ·94· Nennen Sie den gravierendsten Nachteil innerhalb eines Sterns.
- ·95· In Netzen mit hohem Datenaufkommen kann der zentrale Knoten zum _____ werden, seine Leistungsfähigkeit bestimmt die Leistung des gesamten Netzes mit. Bitte vervollständigen Sie den Satz.
- ·96· Wieviel Zwischenknoten müssen die Daten, im Gegensatz zur Ringstruktur, im Stern höchstens durchlaufen?
- ·97· Warum basieren die meisten Implementierungen (technischen Umsetzungen) eines Sternes auf einfachen Verbindungswegen?

ÜBUNGEN

·**98**· Welche Grundtopologie entspricht folgendem Schema?

4.16

·**99**· In einer _____ liegen alle Knoten über Transceiver oder Steckerverbindungen angeschlossen an einem gemeinsamen Medium. Bitte ergänzen Sie das fehlende Wort.

·**100**· Warum findet in einem Busnetz keine Signalregenerierung statt?

·**101**· Welche Topologien finden in LANs am häufigsten Verwendung?

·**102**· Wie heißt die bekannteste Form der Bustopologie und welche Varianten gingen aus ihr hervor?

·**103**· Um welche Topologie handelt es sich bei folgender Grafik?

4.17

Übungen

·104· Die in Frage 103 abgebildete Topologie, im Grunde eine Erweiterung der Sterntopologie, besitzt eine _____ Struktur. Bitte vervollständigen Sie den Satz.

·105· Welche Art von Netzen besitzt häufig eine Baumstruktur?

·106· Die Baumstruktur ist nur schwer erweiterbar und eignet sich daher nicht für komplexe Netze. Stimmt diese Aussage?

·107· Wie sind die Knoten in einem Maschennetz miteinander verbunden?

·108· Skizzieren Sie ein Maschennetz.

·109· Wann würden wir von einem vollständigen Graph sprechen?

·110· Für welche Art von Netzen ist die Maschenstruktur eine typische Typologie?

·111· Innerhalb einer Maschentopologie erreichen Nachrichten normalerweise über eine Reihe von _____ den Empfänger.

·112· Welche kritischen Punkte kristallisieren sich deshalb in dieser Topologie heraus?

·113· Abhängig von der Verbindungsdichte im Maschennetz stehen in der Regel beim Ausfall von Knoten oder Verbindungen alternative Wege zur Verfügung. Ist diese Aussage richtig?

·114· In welcher Spielart von Netzen ist der Kommunikationsweg zwischen Knoten nicht körperlich greifbar?

·115· Wie wird die Sendung vom Adressaten im Rundfunk empfangen, direkt oder indirekt?

·116· Worüber werden Nachrichten im Richtfunk geleitet?

·117· Was spricht für den Aufbau drahtloser Netze?

·118· Welche Nachteile stehen dem gegenüber?

·119· In welche Kategorien teilen wir Netzwerke hinsichtlich der Übermittlung von Daten ein?

·120· Erläutern Sie in kurzen Stichworten, warum es sich bei folgender Abbildung um ein Diffusionsnetz handelt.

4.18

·121· Sind die Knoten in einem Diffusionsnetz aktiv oder passiv?

·122· Welche Grundtopologien zählen zu den Diffusionsnetzen?

Übungen

·123· In einem Teilstreckennetz gelangen die Nachrichten über eine oder mehrere Teilstrecken vom Sender zum Empfänger, es entstehen _____. Bitte ergänzen Sie den Satz.

·124· Klassische Beispiele für Teilstreckennetze sind das Maschennetz, das Busnetz, das Baumnetz und das Ringnetz. Welche Netzarten gehören nicht in diese Aussage?

·125· Ein Sternnetz könnte als Diffusionsnetz und als Teilstreckennetz organisiert sein. Stimmt diese Aussage?

5 Basiswissen Nachrichtentechnik

Dieses Kapitel hilft Ihnen, das grundlegende, physikalische Basiswissen zum Verständnis eines Datenübertragungsvorgangs zu erlangen. Im Rahmen Ihrer weiteren Lektüre werden Sie auf diese Grundlagen immer wieder zurückgreifen können.

Lernen Sie

- zwischen Basis- und Breitbandübertragung zu unterscheiden
- verschiedene Modulationsverfahren kennen
- unterschiedliche Betriebsarten zu verstehen
- zwischen möglichen Übertragungsformen zu differenzieren
- gängige Sicherungsverfahren zu begreifen
- verschiedene Verbindungsverfahren kennen
- den Begriff Multiplexing einzuordnen

5.1 Digitale Übertragung

Die digitale Übertragung von Daten erfolgt über genau zwei Zustände, die als Null (0) und Eins (1) definiert werden. Im Gegensatz dazu können bei der *analogen* Übertragung theoretisch beliebig viele Zustände genutzt werden. Damit liegt auch der Vorteil der digitalen Übertragungsart auf der Hand. Bei der Verwendung von nur zwei Zuständen sind die Möglichkeiten der Verfälschung deutlich geringer. Ebenso können verstärkte Signale leichter erkannt und wieder hergestellt werden.

Obwohl natürlich ein Kabel nur analoge Signale übertragen kann, sprechen wir im folgenden von der Übertragung digitaler Signale. Daraus läßt sich aber jetzt schon schlußfolgern, daß die digitalen Daten in analoge Signale umgesetzt werden müssen.

5.2 Basis- und Breitband

Alle Verkabelungssysteme arbeiten mit einer bestimmten *Übertragungsbandbreite*. Diese Übertragungsbandbreite ist ausschlaggebend für die maximale Übertragungsgeschwindigkeit, mit der ein lokales Netzwerk arbeiten kann. Wenn wir von einer Übertragungsleistung von 10 Mbit pro Sekunde sprechen, bedeutet dies, daß die Signale mit 10 MHz über das Kabel übertragen werden. Diese 10-MHz-Frequenz ist die Übertragungsbandbreite des Netzes.

Bei der Basisbandtechnologie wird die gesamte Bandbreite für die Übertragung der Signale verwendet. Es kann somit nur zu einem Zeitpunkt in eine Richtung übertragen werden.

5.1
Basisbandtechnologie

Im Gegensatz dazu können bei der *Breitbandtechnologie* zu einem Zeitpunkt mehrere unterschiedliche Übertragungen über ein und dasselbe Kabel erfolgen.

Ein typisches Breitbandnetz kennen Sie aus dem täglichen Leben. Wenn Sie sich Ihren Fernseher zu Hause ansehen, werden Sie feststellen, daß an diesem nur ein Kabel an der Rückseite mit der Fernsehantenne oder dem Kabel-TV-Anschluß verbunden ist. Dennoch ist es möglich, daß Sie mehr als ein Programm zeitgleich über nur ein vorhandenes Kabel empfangen können.

Das Breitbandsystem teilt das gesamte Frequenzspektrum, das zur Verfügung steht, in kleinere Frequenzbänder ein. Jedem Übertragungsdienst wird auf diese Weise ein ganz bestimmtes Frequenzspektrum, ein bestimmter Kanal, zugewiesen, auf dem die Übertragung zu erfolgen hat. Um dies auch durchführen zu können, muß das übertragende Signal in eine geeignete Frequenzlage für das Medium gebracht werden. In der folgenden Abbildung sehen Sie, wie sich mehrere Kanäle das gesamte Frequenzspektrum teilen.

5.2
Breitbandtechnologie

5.3 MODULATIONSVERFAHREN

Digitale Signale können die beiden Zustände »0« und »1« einnehmen. Zur Übertragung dieser Rechteck-Impulse sind aber die meisten Kabel nicht geeignet, da sie nur in der Lage sind, analoge Schwingungen (Sinus-Schwingungen) zu übermitteln. Da die meisten Netze aber auf die Übertragung digitaler Signale angewiesen sind, wurden mehrere Verfahren entwickelt, digitale Signale in analogen Signalen zu »verstecken«. Diese Verfahren werden mit dem Oberbegriff *Modulation* bezeichnet. Die Rückwandlung in digitale Signale im Empfänger nennt man *Demodulation*.

Bevor wir uns aber damit beschäftigen, unternehmen wir einen kleinen Ausflug in die Welt der elektrischen Schwingungen. Uns interessieren dabei die beiden Größen **Amplitude** und **Frequenz**.

5.3
Sinusschwingung

Die Frequenz hat das Symbol f und die Einheit *Hz*, wobei 1 Hz als 1 Schwingung pro Sekunde oder kurz 1/s definiert ist. Zwei Schwingungen pro Sekunde entsprechen dann 2 Hz, eine Million Schwingungen in der Sekunde 1 MHz usw.

In der nachfolgenden Abbildung hat also die erste Schwingung die Frequenz 1 Hz, die zweite Schwingung die Frequenz 2 Hz. Die Größe der Schwingungen nach oben und nach unten nennt man Amplitude. Hier sind beide Amplituden gleich groß.

5.4
Schwingungen ungleicher Frequenz

AMPLITUDEN-, FREQUENZ- UND PHASEN-MODULATION

Bei der Amplituden-Modulation (AM) oder engl. **a**mplitude **k**ey **s**hifting (AKS) werden zur Unterscheidung der binären Zustände »0« und »1« zwei verschiedene Schwingungen gleicher Frequenz aber unterschiedlicher Amplitude verwendet (daher der Name Amplituden-Modulation). Nachfolgende Abbildung soll dieses Prinzip verdeutlichen.

5.5
Amplitudenmodulation

Dieses Modulations-Verfahren ist sehr anfällig für Störungen und *Dämpfung* und deshalb nur für geringe Datenübertragungsraten geeignet.

Bei der Frequenz-Modulation (FM) oder engl. **f**requency **k**ey **s**hifting (FKS) werden den beiden binären Zuständen nicht unterschiedliche Amplituden, sondern verschiedene Frequenzen zugeordnet.

5.6
Frequenzmodulation

Die Verwendung zweier Frequenzen macht das System wesentlich stabiler, und so lassen sich höhere Übertragungsraten und Entfernungen erreichen.

Phasen-Modulation (PM) oder engl. **p**hase **s**hift **k**eying (PSK) ist von allen drei das Verfahren, das sich durch die höchsten Übertragungsraten auszeichnet.

5.7
Phasenmodulation

Wir erkennen, daß hier nicht komplette Schwingungen übertragen werden, sondern beim Übergang von »0« und »1« und »1« und »0« Phasenverschiebungen verwendet werden.

Quantisierung

Die Quantisierung beschreibt ein gegensätzliches Verfahren, bei dem analoge Signale in digitale umgesetzt werden. Oft bezeichnen wir Quantisierung auch mit dem Begriff Digitalisierung. Das Einsatzfeld eines Quantisierungsverfahren liegt beispielsweise in der Umwandlung analoger Sprach- oder Tonsignale in digitale Informationen zur Speicherung in einem DV-System.

Mit Hilfe eines Zeitrasters werden die analogen Schwingungen in digitale Werte umgesetzt. In festgelegten zeitlichen Abständen, Abtastraten, wird die höchste Frequenz des analogen Signals in der Abtastzeit in binäre Informationen umgewandelt. Dadurch gehen mögliche Nuancen der analogen in der digitalen Abbildung verloren. Je höher die Abtastrate, desto größer ist zwar die Übereinstimmung zwischen den Informationen, allerdings steigt mit der Abtastrate auch die Menge der resultierenden Daten.

Manche Verfahren, wie etwa die insbesondere in der Telefontechnik eingesetzte PCM (**p**ulse **c**ode **m**odulation), haben unterschiedliche Abtastraten, die sich aus der Frequenz ableiten. Bestimmte Frequenzbereiche werden schneller, andere weniger schnell »getastet«. Dadurch entsteht in gewissem Maße eine Kompression ohne nennenswerte Qualitätseinbußen.

5.4 Betriebsarten

Im Rahmen der Datenübertragung ist der Informationsfluß gesondert zu betrachten, da es hier auf Grund der Signalähnlichkeiten zu Problemen kommen kann. In der Praxis stehen drei verschiedene Lösungen, Betriebsarten genannt, zur Verfügung.

Die erste Möglichkeit ist der *Simplexbetrieb*, bei dem Daten nur in eine Richtung versendet werden können. Es existiert also nur ein Sender und am Ende des Datenübertragungsweges ein Empfänger. Typische Beispiele für diese Betriebsart sind Radio- und Fernsehübertragungen.

Die zweite Betriebsart, der *Halbduplexbetrieb*, ermöglichst das abwechselnde Versenden von Daten zwischen Sender und Empfänger. Eine gleichzeitige Sende- und Empfängeraktivität ist hier ausgeschlossen. Vielmehr verfügen beide Endeinrichtungen über Umschalter, mit denen sie je nach Bedarf auf Sendung oder Empfang geschaltet werden können. Ein Beispiel für diese Betriebsart ist der Sprechfunk.

> **INFO SPEZIAL**
>
> DER DUPLEXBETRIEB ODER AUCH VOLL-DUPLEXBETRIEB IST EINE DRITTE MÖGLICHKEIT, DEN INFORMATIONSFLUSS ZU STEUERN. IM GEGENSATZ ZU DEN VORHER BESCHRIEBENEN LÖSUNGEN KÖNNEN IM DUPLEXBETRIEB DATEN ZEITGLEICH ZWISCHEN SENDER UND EMPFÄNGER IN BEIDE RICHTUNGEN VERSCHICKT WERDEN. ALS TYPISCHES BEISPIEL FÜR DIESE BETRIEBSART SEI HIER DAS TELEFONIEREN ERWÄHNT.

Eine Sonderform des Voll-Duplexbetriebes ist der *Multiplexbetrieb*, dem am Ende dieses Kapitels ein eigener Abschnitt gewidmet ist.

5.5 Wechsel-, Gleichspannungs- und Differentialverfahren

Allen im folgenden beschriebenen Verfahren ist gemein, daß sowohl bei der Modulation von Signalen als auch bei der Codierung von digitalen Daten verschiedene Spannungsfelder für den Transport aufgebaut werden müssen. Um diese Spannungsfelder später für den Empfänger wieder erkennbar zu machen, muß ein Konsenz, eine Referenz für die Ermittlung der Spannungsfelder, also der wechselnden Signalhöhen, gefunden werden. Im weiteren gehen wir davon aus, daß dieses sogenannte Referenzsignal die Erde (Masse), also 0 V ist.

Davon können nun die unterschiedlichen Spannungsverfahren abgeleitet werden. Das Wechselspannungsverfahren ist, wie in der folgenden Abbildung verdeutlicht wird, durch seine wechselnde Polarität charakterisiert; gemeint ist hier eine Signalhöhe oberhalb von 0 Volt (+) bzw. unterhalb von 0 Volt (-).

5.8
Wechselspannungsverfahren

Im Gegensatz dazu ändert sich zwar die Signalhöhe beim Gleichspannungsverfahren, jedoch befindet sich das Spannungsfeld immer innerhalb einer bestimmten Polarität, wie in nachfolgender Abbildung dargestellt.

5.9
Gleichspannungsverfahren

Beim neuartigen Differentialverfahren wird ein zusätzliches Signal mit auf den Weg geschickt, wobei es unerheblich ist, welche Polarität beide Signale besitzen. Für den Empfänger ist bei diesem Verfahren nur die Differenz zwischen den unterschiedlichen Signalhöhen (Amplituden) von Interesse, wie aus nachfolgender Abbildung ersichtlich.

5.10
Differentialverfahren

5.6 Serielle und parallele Datenübertragung

Für die Übertragung von Daten existieren zwei grundsätzliche Möglichkeiten.

Die serielle Übertragung erfolgt bitweise, d. h. ein Bit nach dem anderen wird über eine Leitung versendet.

5.11
Serielle Datenübertragung

Bei der parallelen Übertragung von Daten werden diese byteweise verschickt; hier werden dann mehrere parallele Datenleitungen genutzt. Denkbar ist hier auch, daß mehrere Bytes gleichzeitig versendet werden. Diese sehr kostenintensive Methode empfiehlt sich natürlich nur für kurze Übertragungswege, wie z. B. für ein Kabel innerhalb eines Rechners.

5.12
Parallele Datenübertragung

5.7 Synchronisationsverfahren

In der Datenfernübertragung (DFÜ) erfolgt die Datenübertragung über größere Entfernungen fast immer seriell. Bei der seriellen Übertragung ist eine Synchronisation, d. h. ein Gleichlauf von Sender und Empfänger, erforderlich, um die korrekte Interpretation der Wechsel zwischen den binären Zuständen »0« und »1« zu gewährleisten.

Die Signalwechsel werden deshalb in einen sogenannten Rahmen verpackt, um die Unterscheidung von Nutzinformation, Steuerinformation und Pausen zu ermöglichen. Innerhalb dieses Rahmens müssen Sender und Empfänger zeitsynchron laufen, damit der Empfänger genau weiß, wie lang ein Bit ist und wann das nächste Bit abgetastet werden muß.

In der Praxis wird zwischen zwei verschiedenen Synchronisationsarten unterschieden:

- das asynchrone Datenübertragungverfahren
- das synchrone Datenübertragungsverfahren

Asynchrone Datenübertragung

Die *asynchrone Datenübertragung* erfolgt zwischen Sender und Empfänger immer zeichenweise. Dabei wird vor jedes Zeichen, das übertragen werden soll, ein Startbit gestellt. Ebenso wird das übertragene Zeichen am Ende mit einem *Stoppbit* versehen. Diese auch *Delimiter* genannten Bits werden vom Sender eingefügt und spätestens beim Abspeichern durch den Empfänger wieder herausgenommen. Es ist jeweilige Vereinbarungssache zwischen den Kommunikationspartnern, wie viele Bits hierzu verwendet werden, gewöhnlich 1 oder 2 Start-Bits und kein oder 1 Stopp-Bit.

> **Info Spezial**
>
> Da die Synchronisationsphasen zwischen Sender und Empfänger immer nur für kurze Zeit vorgenommen werden, weisen sowohl Sender als auch Empfänger eine relativ grosse Toleranz für die Gleichlaufgenauigkeit auf.

Der Vorteil beim Einsatz der asynchronen Datenübertragung liegt unter anderem darin, daß die nötige Hardware einfach und billig sein kann. Nachteilig hingegen ist die Empfindlichkeit gegen Signalverzerrungen, die vor allem bei höheren Übertragungsgeschwindigkeiten und längeren Bitfolgen auftreten. Deshalb wird die asynchrone Datenübertragung auch nur bei niedrigen Übertragungsgeschwindigkeiten eingesetzt.

Ein weiterer Schwachpunkt ist zudem die große Redundanz durch den erhöhten Synchronisationsaufwand je Zeichen. Dadurch steigen dann nämlich die Kosten für die Datenübertragung.

```
   1  ┌──────┬─────┬─────┬─────┬─────┬─────┬─────┬──────┐
      │ Start│ Bit │ Bit │ Bit │ Bit │ Bit │ Bit │ Stop │
      │ Bit  │  0  │  1  │  2  │  3  │  4  │  5  │ Bit  │
   0  └──────┴─────┴─────┴─────┴─────┴─────┴─────┴──────┘
                    └──────── Information ────────┘
             └──────────────── Rahmen ────────────────┘
```

5.13
Rahmenaufbau der asynchronen Übertragung

SYNCHRONE DATENÜBERTRAGUNG

Bei der *synchronen Datenübertragung* wird die Empfangsbereitschaft aus dem Leitungssignal wiedergewonnen. Dieses Verfahren ist somit frei von Start- und Stoppbits. Es werden immer ganze Datenblöcke übertragen, meistens mehrere hundert Zeichen, bevor eine neue Synchronisation zwischen Sender und Empfänger durchgeführt wird. Die Erkennung des Rahmenbeginns und seines Endes muß aber trotzdem durchgeführt werden. Man unterscheidet hier zwischen der *Bitsynchronisation*, im deutschen Schrittsynchronisation, und der *Bytesynchronisation*, im deutschen Zeichensynchronisation genannt.

Der Unterschied zwischen diesen beiden Verfahren soll im folgenden Abschnitt erläutert werden.

BITSYNCHRONISATION

Bei der bitsynchronen Datenübertragung wird der Takt ebenfalls aus dem Leitungssignal wiedergewonnen. Im Gegensatz zur Bytesynchronisation muß der Empfänger die ankommenden Signale nicht mehr als Oktettsequenz interpretieren, da zur Rahmenbildung eindeutige, einfache Bitsequenzen an beliebiger Stelle verwendet werden.

Verwendung finden hier einem codierten Zeichensatz entnommene, charakteristische Bitmuster, genannt **Flags** bzw. **Synchronisationszeichen** wie 01010101, 11111111 oder 0111110, die das »Einschwingen« der Empfängerelektronik ermöglichen. Diese Zeichen können außerdem dazu verwendet werden, das Ruhe- oder Füllmuster zwischen den Blöcken zu kennzeichnen und so permanente Synchronisation zwischen Sender und Empfänger aufrecht zu halten.

BYTESYNCHRONISATION

Zusätzlich zur Bitsynchronisation muß der Empfänger noch einen sogenannten **Oktettgleichlauf** aufbauen. Um dieses Ziel zu erreichen, wird vor der Übertragung des Rahmens ein für diesen Zweck reserviertes Zeichen zwei- bis viermal übertragen. Hierfür läßt sich zum Beispiel das ASCII-Zeichen <SYN> verwenden. Damit stellt sich der Empfänger auf die weiteren nachfolgenden Oktettsequenzen ein. Die eigentliche Rahmenbildung erfolgt dann, je nach eingesetztem Protokoll, mit weiteren Zeichen.

Im ASCII-Code sind dies die folgenden Zeichen:

- <SOH> Start of Header
- <STX> Start of Text

- ‹ETX› End of Text
- ‹EOT› End of Transmission

Diese Zeichen können generell nicht mehr als Informationseinheit verwendet werden, sondern dienen nur noch zur Synchronisation. Problematisch ist dies immer dann, wenn im Datenpaket trotzdem beliebige Zeichen übertragen werden, also auch die Zeichen, die zur Rahmenbildung verwendet werden. Abhilfe schafft eine Technik, die auch als *Transparenz* bezeichnet wird, wobei hier zwei verschiedene Möglichkeiten zur Auswahl stehen.

Zum einem kann der Sender ein Ausweichzeichen (bei ASCII-Code das Zeichen ‹DLE›) vor das zu übermittelnde Zeichen einfügen. Die andere Lösung sieht vor, daß der Rahmenteil mit einem Ausweichzeichen gekennzeichnet wird. Im Informationsteil muß dann nur noch das Zeichen ‹DLE› bei der Übertragung mit Hilfe eines Ausweichzeichens gekennzeichnet werden, welches beim Empfänger anschließend wieder entfernt wird.

Zum »Takt«

Unter Takt versteht man ein Signal, das zwei verschiedene Werte annehmen kann. Es wechselt seinen Wert in periodischen Abständen. Betrachten wir nachfolgende Abbildung mit idealisierten Rechtecksignalen zur Klärung wichtiger Grundbegriffe.

5.14
Taktdauer und Taktperiode

Wie man sieht, entspricht die Taktdauer der Zeit zwischen einer ansteigenden und einer absteigenden Flanke (die senkrechten Striche des Signals nennt man Flanken), während die Taktperiode die Zeit in Sekunden zwischen zwei absteigenden oder auch zwei ansteigenden Flanken definiert. Bildet man den Kehrwert der Taktperiode (1/Taktperiode) nennt man das Ergebnis **Taktfrequenz**. Die Einheit der Taktfrequenz ist Hertz (Hz). Die Mikroprozessoren unserer heutigen PCs arbeiten z. B. mit mehreren Millionen Takten pro Sekunde, im MHz-Bereich. Erzeugt wird der Takt durch einen Taktgenerator (Schrittaktgeber). Ein weiterer wichtiger Begriff ist die Schrittgeschwindigkeit in *Baud* (Bd). Sie gibt die Anzahl der in einer Sekunde vom Taktgenerator ausgeführten Schritte an und wird in diesem Kapitel noch erklärt.

Wozu wird der Takt aber nun benötigt?

Wir lernten bereits, daß die Übertragung von Daten bitseriell erfolgt, d. h., die Bits eines Zeichens werden nacheinander übertragen. Eine sendende Station schickt diese Bits in einem bestimmten Zeitraster (Sendezeitraster) auf den Übertragungsweg. Dann werden Sie bei der Empfangsstation mit gleichem Zeitraster (Empfangszeitraster) aufgenommen. Die Zeitraster werden von je einem Schrittaktgenerator im Sender und Empfänger erzeugt. Sende- und Empfangsraster müssen zeitgleich arbeiten, um sicherzustellen, daß die gesendeten Bits im Empfänger auch richtig interpretiert werden können. Man erreicht dies, indem der Empfängerschritttaktgenerator durch eingehende Bits des Sendeschrittaktgenerators abgestimmt, also synchronisiert wird. Diese Form der Synchronisation nennt man Bit- oder Schrittsynchronisation.

5.8 Baud versus bit / s

Die Übertragungsgeschwindigkeit wird in Bits pro Sekunden (Bit/s) gemessen. Daneben wird häufig eine weitere Größe, die Schrittgeschwindigkeit, genutzt. Die Schrittgeschwindigkeit gibt die Anzahl Signalwechsel innerhalb einer Sekunde an. Mit Signalwechsel meinen wir den Übergang vom definierten Nullwert zu einem Maximum (oder Minimum) zurück zum Nullwert. Die Maßeinheit ist das Baud, kurz Bd.

Wird mit Hilfe eines Signalwechsels jeweils ein Bit dargestellt, so entspricht ein Bit pro Sekunde einem Baud. Oft werden aber einzelne Bits mit Hilfe mehrerer Signalwechsel dargestellt oder innerhalb der Zeitspanne des Signalwechsels mehrere Bits transportiert. Die Gleichsetzung von Bit/s und Baud ist dann nicht mehr zulässig.

Die beiden Geschwindigkeitsbegriffe werden sehr oft verwechselt; gleiches gilt für die Einheiten Bd und bit/s.

5.9 Übertragungssicherung

In der Übertragungstechnik ist es normalerweise wesentlich, daß die Daten unverfälscht den Empfänger erreichen. Damit die Störung einer Übertragung etwa durch elektromagnetische Einwirkungen auf das Übertragungskabel erkannt wird, werden Verfahren zur Übertragungssicherung eingesetzt.

Alle Sicherungsverfahren fügen den eigentlich zu übertragenden Daten Zusatzinformationen hinzu. Diese Zusatzinformationen, z. B. eine Prüfsumme, werden beim Sender berechnet und auf der Gegenseite an Hand der empfangenen Daten erneut gebildet. Liegt ein Unterschied vor, wurde die Übertragung gestört.

Im folgenden wollen wir Ihnen zwei bestimmte Verfahren zur Übertragungssicherung näher vorstellen.

PARITÄTSPRÜFUNG

Im Rahmen der Paritätsprüfung wird eine Gruppe gebildet, die aus einer Reihe von Datenbits und einem sog. Paritätsbit gesteht. Die Anzahl der gesetzten Bits muß je nach Verfahren gerade (*even parity*) oder ungerade (*odd parity*) sein. Durch Setzen oder Löschen des Paritätsbits wird die entsprechende Bedingung hergestellt.

Die Bildung der Paritätsbits kann zeichenweise (Querparität) oder über mehrere Zeichen hinweg (Längsparität) vonstatten gehen. Bei einer Längsparität wird nach den gesicherten Zeichen ein weiteres mit den Paritätsinformationen übertragen.

Datenbits					Querparität (even parity)
0	1	0	0	1	0
0	0	0	1	0	1
1	0	0	0	1	0
1	1	0	1	0	1
0	1	0	1	1	1
0	1	0	1	1	1

Längsparität (even parity)

5.15
Längs- und Querparität

Beide Verfahren weisen einen großen Nachteil auf: Zwei gleichzeitige, sich aufhebende Fehler, z. B. eine »1« wird zur »0« und eine »0« wird zur »1«, werden nicht erkannt. Aus diesem Umstand hat sich die *Kreuzsicherung* entwickelt, bei der sowohl die zeichenweise und die blockweise Informationssicherung parallel verwendet wird.

ZYKLISCHE BLOCKSICHERUNG

Die zyklische Blocksicherung (*CRC* = **c**yclic **r**edundancy **c**heck) beschreibt ein Sicherungsverfahren, in dem eine mathematische, auf der Polynomrechnung basierende Vorschrift eine Prüfsumme über eine größere Anzahl von Bits berechnet. Die Prüfsumme wird dann an die zu übertragenden Daten angehängt und auf der Gegenseite zur Prüfung verwendet.

> **INFO SPEZIAL**
>
> DAS VERFAHREN FÜHRT, OBWOHL IN DER REGEL NUR 16 ODER 32 BIT UMFASSENDE PRÜFSUMMEN EINGESETZT WERDEN, MIT HOHER WAHRSCHEINLICHKEIT ZU EINER ERKENNUNG FEHLERHAFTER BITS.

5.10 Verbindungsformen

Die Datenübertragung zwischen Sender und Empfänger kann mit zwei verschiedenen Verbindungsformen realisiert werden, zum einen durch die verbindungslose Kommunikation, zum anderen durch eine verbindungsorientierte Kommunikation. Im folgenden Abschnitt lernen Sie die Unterschiede der beiden Methoden und deren Funktionsweise kennen.

Verbindungslose Kommunikation

Bei dieser Kommunikationsart muß vor dem Austausch von Daten keine Verbindung zwischen Sender und Empfänger aufgebaut werden. Die Übermittlung kann also willkürlich beginnen, und Daten können dem Transportmedium übergeben werden.

Die zu übertragenden Daten werden in Blöcke unterteilt und können dann selbstverständlich auch auf unterschiedlichen Wegen an den Empfänger verschickt werden. Aus diesem Grund ist es einleuchtend, daß jedem Datenblock sowohl die Absender- als auch die Empfängeradresse beigegeben werden muß.

Verbindungsorientierte Kommunikation

Bei der verbindungsorientierten Kommunikation muß im Unterschied zur verbindungslosen Kommunikation vor der Übertragung von Daten eine logische Verbindung aufgebaut werden. Zum besseren Verständnis haben wir diese Kommunikationsart in die folgenden drei Phasen aufgeteilt:

- Verbindungsaufbauphase
- Datentransferphase
- Verbindungsabbauphase

Zur Verbindung zwischen Sender und Empfänger schickt der Sender eine Nachricht an den Empfänger mit der Bitte um Verbindungsaufbau. Diese Nachricht muß neben der Anforderung für den Verbindungsaufbau auch die gesamte Netzadresse des Empfängers enthalten. Nach erfolgreicher Bestätigung durch den Empfänger kann die zweite Phase, der Datentransfer, beginnen. Während dieser Phase werden den Daten nur noch kurze Verbindungsidentifizierer mit Angaben über Sender und Empfänger mitgegeben. Der Verbindungsabbau wird dann wieder durch den Sender eingeleitet, indem er dem Empfänger eine Verbindungsabbauanforderung übermittelt. Eine Bestätigung seitens des Empfängers erfolgt nicht.

5.11 Die Mehrfach-Ausnutzung des Übertragungsmediums

Möchte man ein Übertragungsmedium nicht nur für einen Kanal sondern für mehrere nutzen (zum Beispiel Kabelfernsehen), stehen prinzipiell zwei Verfahren zur Verfügung: Frequenz-Multiplexing und Zeit-Multiplexing.

FREQUENZ-MULTIPLEXING (FDMA)

Das Frequenz-Multiplexing oder **f**requency-**d**ivision-**m**ultiple-**a**ccess (FDMA) ist das historisch ältere Verfahren und wird etwa beim Kabelfernsehen eingesetzt. Hierzu wird die Bandbreite eines Kabels in Kanäle aufgeteilt und den einzelnen Kanälen sog. Trägerfrequenzen zugeordnet (engl. carriers). Die Eingangssignale werden dann auf die jeweilige Trägerfrequenz moduliert. So können mehrere Kanäle gleichzeitig übertragen werden. Frequenz-Multiplexing eignet sich besonders gut für die Übertragung analoger Daten.

ZEIT-MULTIPLEXING (TDMA)

Das Zeit-Multiplexing, auch **t**ime-**d**ivision-**m**ultiple-**a**ccess (TDMA) genannt, ist für das Senden und Empfangen digitaler Daten geeigneter. Hierbei wird die zur Verfügung stehende Zeit für die Datenübertragung in Zeitscheiben (slots) fester Dauer unterteilt und jedem (sequentiellen) Kanal eine Zeitscheibe zugeordnet. Dem Benutzer steht nur die Zeit seiner Scheibe zur Übertragung zur Verfügung. Da der Wechsel zwischen Kanälen sehr schnell erfolgt, bekommt der Benutzer davon nichts mit. Er ist der Überzeugung, daß ihm das Kabel exklusiv zur Verfügung steht. Die einzelnen Kanäle werden also quasi gleichzeitig (sequenziell, nacheinander) bedient.

ZUSAMMENFASSUNG

✓ Sie haben in diesem Kapitel die technischen Hintergründe der Datenübertragung kennengelernt, wissen jetzt, wie digitale Daten auf analoge Signale moduliert werden und wie ein Medium mehrfach genutzt werden kann.

✓ Sie wissen, was man unter »Takt« versteht, und verwechseln nicht mehr Schritt- und Übertragungsgeschwindigkeit.

✓ Sie können weiterhin verschiedene Betriebsarten bei der Übertragung unterscheiden und sich etwas unter Verfahren zur Übertragungssicherung vorstellen.

ÜBUNGEN

·126· Das Breitbandsystem teilt das gesamte Frequenzspektrum, das zur Verfügung steht, in kleinere _____ ein.

·127· Welche Frequenz hat ein Wechselspannungs-Signal, daß in einer Sekunde 50 vollständige Schwingungen ausführt?

·128· Wie nennt man das Verfahren, das digitale Signale in analogen Signalen »versteckt«?

·129· Das _____-Modulationsverfahren ist sehr viel anfälliger für Störungen und Dämpfung als das _____-Verfahren.

35 ZEITEINHEITEN

Übungen

·130· Welches Modulationsverfahren haben Sie noch kennengelernt?

·131· Bei der Amplituden-Modulation ändern sich die _____ der Signale.

·132· Wie wird die Betriebsart genannt, bei der gleichzeit in beide Richtungen der Übertragungsstrecke übertragen werden kann?

·133· Nennen Sie die beiden grundsätzlichen Möglichkeiten für die Übertragung von Daten.

·134· Nachfolgende Abbildung zeigt eine bestimmte Art der Datenübertragung. Wie nennt man diese?

5.16

·135· Wie nennt man die Stopp-Bits bei der asynchronen Übertragung?

·136· Bei der Bitsynchronisation muß im Gegensatz zur Bytesynchronisation der Empfänger die ankommenden Signale nicht mehr als _____ interpretieren.

·137· Was stellt nachfolgende Abbildung dar?

5.17

·138· Der Takt wird von einem _____ erzeugt.

·139· Wie nennt man die Zeit zwischen einer ansteigenden und einer absteigenden Taktflanke?

·140· In welcher Einheit wird die Größe des Schrittakts angegeben, in welcher Einheit die Übertragungsgeschwindigkeit?

·141· Wird bei der synchronen Übertragung im Prinzip die Quer- oder Längs-Parität eingesetzt?

·142· Bei der Quer-Parität können die Paritätsbits auf _____ oder _____ Parität ergänzt werden.

·143· Bei welcher Kommunikationsart muß vor dem Austausch von Daten keine Verbindung zwischen Sender und Empfänger aufgebaut werden?

ÜBUNGEN

·144· Wie heißt die zweite Kommunikationsart, bei der dies nicht der Fall ist?

·145· Der Oberbegriff für die Technik der Mehrfach-Ausnutzung eines Übertragungsmediums lautet: _____ .

6 Netzverkabelung – physikalische Grundlage

100 ZEITEINHEITEN

Die Verbindung von Netzwerkknoten setzt eine Vielzahl von Entscheidungen hinsichtlich der Struktur des Netzwerkes voraus. Wie in Kapitel 4 »Netzwerktopologien« bereits angedeutet, spielt die Wahl eines adäquaten Verbindungsmediums beim Aufbau eines Netzwerkes eine wichtige Rolle.

Wir treffen auf unterschiedliche Kabel mit ihren entsprechenden Verbindungselementen. Es gilt, für eine gewünschte Lösung die richtige Verkabelungsform zu finden.

Anhand dieses Kapitels sollen Sie einen Überblick über die unterschiedlichen Medien gewinnen und genügend Kenntnisse erlangen, um aktiv an der Auswahl einer bestimmten Verkabelungsart teilzunehmen.

Lernen Sie

- Koaxialkabel-Vernetzungen,
- UTP/STP-Verbindungen,
- LWL (Glasfaser) -Verkabelungen sowie
- drahtlose Verbindungen (Infrarot, Funk, Laser) zu unterscheiden und die folgenden Begriffe einzuordnen:
- Terminierung
- Impedanz
- Dispersion
- Crimping
- strukturierte Verkabelung

6.1 Koaxialkabel-Vernetzung

Das Koaxialkabel

Vielleicht kennen Sie diesen Typus bereits, denn er findet neben dem Einsatz in der Vernetzung auch Anwendung im Bereich der Funk- und Fernsehtechnik. Auf dem Gebiet der Netzwerktechnologie treffen wir in Busnetzen und im ARCnet auf Koaxialkabel (gebräuchlich ist auch der Begriff Koaxkabel).

Es besteht zumeist aus Kupfer. Deshalb sprechen wir auch vom Kupferkoaxialkabel. Über einen Kabelkern, der entweder als Draht oder als Litze ausgeführt wird, werden mittels elektrischer Impulse Daten gesendet oder empfangen.

Um den Kern herum befindet sich ein Mantel aus einem nichtleitenden Material (Dielektrikum). Als sog. Abschirmung liegt um das Dielektrikum ein Geflecht aus Draht. Zum Schutz gegen äußere Einflüsse werden die Kabel außen mit einer Schicht aus Kunststoff ummantelt.

6.1
Koxialkabel

Betrachten wir auch kurz einige gebräuchliche Typen von Koaxialkabeln und ihre Einsatzgebiete:

KABELTYP	ÜBERTRAGUNGSART	EINSATZGEBIET
RG-11	Basisband	Thick Ethernet
RG-58	Basisband	Thin Ethernet
RG-59	Breitband	Kabel-TV
RG-62	Basisband	ARCnet

6.2
Koaxialkabel und ihre Einsatzgebiete

Ein Koaxialkabel kann analoge, sinusförmige Wechselstromsignale unterschiedlicher Frequenzen übertragen. Frequenzen werden in Schwingungen pro Zeiteinheit angegeben. Legt man als Zeiteinheit eine Sekunde zu Grunde, nennt man das Maß Hertz oder als wissenschaftliches Kürzel Hz (1 Hz = 1 / s). Da es unterschiedliche Koaxialkabeltypen gibt, besitzen sie auch verschiedene physikalische Eigenschaften, so gibt es z. B. bei jedem Kabel eine zulässige Maximalfrequenz. Je höher aber diese Frequenz ist, um so mehr Informationen können letztendlich in einer Sekunde übertragen werden. Ein Maß für diese Eigenschaft ist die **Bandbreite** und somit von besonderer Bedeutung bei der Wahl eines geeigneten Übertragungsmediums. Sie ist ein Begriff aus der Elektrotechnik und bestimmt den Frequenzbereich, die Differenz aus Maximal- und Minimalfrequenz, den das Medium verkraften kann. Auch ihre Maßeinheit ist deshalb das Hertz (Hz).

Auf dem Kabel befinden sich also in der Regel elektrische Schwingungen unterschiedlicher Frequenzen. Dies sind nicht die eigentlichen Daten, die in einem Netzwerk transportiert werden sollen. Da es dort bekanntlich zwei grundlegende Formen von Daten gibt, analoge und digitale Daten, existieren auch zwei Übertragungsverfahren: das **Basisband**- und das **Breitbandverfahren**. Auf dem Medium gibt es, wie wir erfuhren, nur Analogtechnik; wie sollten auch Einsen und Nullen, die Grundlage der Digitaltechnik, über einen metallischen Leiter direkt übertragen werden? Also muß eine Vorschrift, ein Kode zur Generierung und Interpretation der digitalen Zustände »0« und »1« existieren, und zwar in dem analogen Signalgemisch »versteckt«. Man sagt auch, die Signale sind **Trägerfrequenzen** für die Daten. Wie Sender und Empfänger diese »Geheimsprache« letztendlich aushandeln, darauf hat das Kabel keinen Einfluß, es muß nur in der Lage sein, physikalisch den Anforderungen der jeweiligen Technik zu entsprechen.

Koaxialkabel lassen sich deshalb u. a. in Breitband- und Basisbandkabel unterteilen, je nach der gewählten Übertragungsart. Breitbandkabel, wie z. B. unser heimisches TV-Kabel, erlauben die gleichzeitige Übertragung mehrerer sog. Datenkanäle (z. B. ARD, ZDF usw.). Den einzelnen Datenkanälen werden bestimmte, exklusive Bandbreiten zugeordnet. Sie können, da Breitbandkabel eine wesentlich höhere Bandbreite als die der einzelnen Kanäle besitzen, gleichzeitig übertragen werden – sie teilen sich die Bandbreite. Dabei werden analoge Daten über analoge Frequenzen unidirektional über das Kabel übertragen. Das Breitband-Übertragungsverfahren hat sich allerdings im LAN-Bereich nicht durchgesetzt, weil diese Technik zusätzlich aktive Komponenten erfordert, die einen erheblichen Mehraufwand für ein Netzwerk bedeuten.

> **INFO SPEZIAL**
>
> IM BASISBANDKABEL DAGEGEN, WIE Z. B. IM KOAXIALKABEL DES ETHERNETS, WERDEN DIGITALE DATEN BIDIREKTIONAL ÜBER EINE ANALOGE FREQUENZ ÜBERTRAGEN. HIERZU IST DIE GESAMTE BANDBREITE DES KABELS ERFORDERLICH UND STEHT JEDEM ANGESCHLOSSENEN DATENENDGERÄT EXKLUSIV ZUR VERFÜGUNG. ES GIBT SOMIT AUCH NUR EINEN DATENKANAL. DAMIT KANN IMMER NUR EIN KNOTEN NACH DEM ANDEREN ÜBER DAS KABEL SENDEN ODER EMPFANGEN.

Eine weitere, sehr wichtige physikalische Eigenschaft eines Koaxialkabels ist sein **Dämpfungsverhalten**. Es wird in Dezibel (dB) als positiver Wert gemessen und besagt im Prinzip, wie weit ein Signal übertragen werden kann, bevor es zu schwach, zu sehr gedämpft wird. Genauer ist es die Abschwächung der Signalstärke beim Durchlaufen eines Übertragungsmediums. Sie ist frequenzabhängig und wird durch Energiestreuung bei der Überwindung von Impedanz und Widerstand erzeugt. Kleinere dB-Werte sind bei der Auswahl des Mediums zu bevorzugen.

> **INFO SPEZIAL**
>
> EIN FAKTOR, DER DIESES VERHALTEN U. A. BEEINFLUSST, IST DER QUERSCHNITT DES KABELKERNS ODER INNENLEITERS. DICKE QUERSCHNITTE BEWIRKEN GERINGERE DÄMPFUNGEN UND ERMÖGLICHEN SOMIT WEITERE ÜBERTRAGUNGSWEGE – EIN WICHTIGER ASPEKT BEI DER PLANUNG EINES NETZES.

Abschließend erwähnt sei noch der Wellenwiderstand, auch Kabelimpedanz genannt. Er gibt den Wechselstromwiderstand eines Kabels bei einer bestimmten Frequenz in Ohm an. Nur Koaxialkabel gleichen Typs und gleicher Impedanz können direkt miteinander verbunden werden. So mag beispielsweise ein für das Ethernet geeignetes 50-Ohm-Kabel äußerlich nicht von einem 75-Ohm-TV-Kabel zu unterscheiden sein, in der Praxis allerdings handelt es sich um grundverschiedene Medien. Erfordert eine Netzwerkarchitektur an seinen Kabelenden sog. Abschlußwiderstände, müssen diese für dieselbe Impedanz ausgelegt werden.

Für den Netzwerkanschluß von Endgeräten an ein Koaxialkabel als Übertragungsmedium ist zunächst für jedes Endgerät eine Netzwerkkarte erforderlich. Die Anpassung an das Kabel geschieht über einen sog. Transceiver, eine Sende- und Empfangseinrichtung. **Transceiver** ist ein Kunstwort aus **Transmitter** (Sender) und **Receiver** (Empfänger). Er befindet sich meist on-board auf der Netzwerkkarte, aber auch externe Transceiver werden bei bestimmten Koaxialkabeln verwendet, wobei dann ein spezielles Kabel die Netzwerkkarte mit dem externen Transceiver verbindet; der interne Transceiver wird dabei abgeschaltet. Allen Anschlußarten ist aber gemeinsam, daß die Transceiver in relativer Nähe zum Kabel liegen müssen.

> **INFO SPEZIAL**
>
> DIE HEUTE GEBRÄUCHLICHSTEN NETZWERKKARTEN BESITZEN EINEN EINGEBAUTEN TRANSCEIVER, DER DURCH SCHALTER, STECKBRÜCKEN ODER AUCH PROGRAMMGESTEUERT ZU- ODER ABGESCHALTET WERDEN KANN.

Während bei TV-Netzen Breitband-Koaxialkabel eingesetzt werden, stehen uns für Computernetzwerke auf Koaxialbasis zwei Basisband-Typen zur Verfügung: dünnes Koaxialkabel (Thinnet) und dickes Koaxialkabel (Thicknet).

THICKNET

Beim Thicknet handelt es sich um ein relativ starres Koaxialkabel von etwa 1 Zentimeter Durchmesser. Wegen seiner gelben Farbe wird es auch »Yellow Cable« genannt. Weitere gebräuchliche Bezeichnungen für diesen Kabeltyp sind z. B. 10 Base-5-Kabel, RG-11-Kabel oder Standard Ethernet, da es als erstes Medium in der bekannten Ethernet-Architektur verwendet wurde. Seine Kabelimpedanz beträgt nominal 50 Ohm. Sein Innenleiter ist wesentlich dicker als beim Thinnet, was den Vorteil hat, daß Signale über längere Distanzen übertragen werden können als bei einem dünneren Kabelkern, bevor sie zu stark gedämpft werden. Thicknet wird etwa im Thick Ethernet verwendet und erlaubt eine Leitungslänge von max. 500 Metern, danach muß das Signal ggf. wieder regeneriert werden.

Seine dicke Isolation macht es weniger anfällig für äußere Störungen, wie z. B. elektromagnetische Felder. Nachteilig wirkt sich allerdings die Stärke des Kabels beim Verlegen aus. Durch seine Starrheit gestaltet sich dies weit schwieriger als bei dünnerem Kabel. Auch der höhere Preis für das Thicknet und die Mehrkosten für zusätzliche Hardware zur Verbindung der Knoten mit dem Netzwerkkabel hat seine Verbreitung mit Aufkommen des Thinnets drastisch reduziert. Es wurde daher in Umgebungen hoher Störstrahlung eingesetzt, wo das Thinnet nicht ausreichte. Auch zur Verbindung zweier LANs über einen sog. *Backbone* kam es häufig zum Einsatz.

Die Verbindung zum Kabel erfolgt beim Thicknet über externe Transceiver. Auf dem Kabel befinden sich Markierungen im Abstand von 50 Zentimetern. Sie kennzeichnen mögliche Anschlußpunkte für die Transceiver. Der Mindestabstand zwischen zwei Transceivern muß unbedingt eingehalten werden, damit Daten die empfangenden Stationen nicht verfälscht erreichen.

Die Anschlußformen der Endgeräte an das Kabel entwickelten sich im Laufe der Zeit. Wurde anfangs das Yellow Cable noch durchtrennt und der Transceiver zwischen die beiden Leitungsenden montiert, setzten sich zur Vereinfachung Techniken durch, die einen Direktanschluß ermöglichten. Ein typischer Vertreter ist die sog. *Vampirklemme*. Sie sitzt auf dem

Transceiver und hat Dorne, welche die schützende Isolation des Mediums durchstoßen und so den Direktkontakt zu den Leitern herstellen. Jetzt benötigen wir nur noch eine Verbindung vom Transceiver zum AUI-Anschluß der Netzwerkkarte, und unser Endgerät ist am Netz. Diese Verbindung nennt man Transceiver-Kabel; weitere Bezeichnungen sind u. a. Drop-Kabel, Receiver-Kabel oder AUI Kabel. Das max. 50 Meter lange AUI-Kabel besteht aus 4 Adernpaaren und endet in einem 15-poligen Stecker, dem DB-15- oder *DIX-Stecker*, benannt nach seinen Entwicklern, den Firmen Digital, Intel und Xerox.

> **INFO SPEZIAL**
>
> DA NETZWERKKARTEN OFT ÜBER MEHRERE ANSCHLUSSTECHNIKEN VERFÜGEN, BESITZEN SIE TRANSCEIVER DIREKT AUF DER KARTE. DIESE MÜSSEN BEI VERWENDUNG DES EXTERNEN TRANSCEIVERS DEAKTIVIERT WERDEN.

6.3
Anschluß über Transceiver mit Vampirklemme und AUI-Kabel

THINNET

Aus Kostengründen hat sich aus dem ursprünglichen »Yellow Cable« ein oft schwarzes »Billig«-Kabel entwickelt, das Cheapnet- oder Cheapernet-Kabel. Weitere, häufig verwendete Bezeichnungen für diesen Koaxialkabel-Typ lauten: Thinnet, 10 Base-2-Kabel, RG-58-Kabel oder Thin Ethernet-Kabel. Mit seinen etwa 5 Millimetern Durchmesser läßt es sich flexibel verlegen und paßt in jeden Kabelkanal. Als Innenleiter finden wir einen soliden Kern wie beim RG-58/U oder solche mit verdrillten Adern, z. B. beim RG-58A/U. Die Ausführungen mit solidem Kern sollten nicht eingesetzt werden, da sie elektrophysikalisch gesehen störanfälliger sind und außerdem durch eine fehlende IEEE-Norm Inkompatibilitäten erahnen lassen.

Netzverkabelung – physikalische Grundlage

6.4
Thinnet-Kabel mit geschlossenem Kupferkern (RG-58 /U)

6.5
Thinnet-Kabel mit gedrillten Einzelkabeln im Kern (RG-58 A/U)

Betrachten wir eine Übersicht typischer Thinnet-Vertreter.

Kabelbez.	Nom. Impedanz	Bemerkungen
RG-58/U	50 Ohm	solider Kern
RG-58A/U	50 Ohm	Kern mit verdrillten Adern
RG-58A/C	50 Ohm	wie RG-58A/U, aber bessere Abschirmung
RG-59A/U	75 Ohm	Kabel-TV, Breitbandkabel, verdrillte Adern
RG-62A/U	93 Ohm	ARCnet, verdrillte Adern

6.6
Thin Ethernet-Varianten

Aufgrund des geringeren Innenleiterquerschnitts ist das Dämpfungsverhalten höher. Beim Thin Ethernet z. B. ist die Leitungslänge deshalb auf 185 Meter beschränkt.

Den Kern umgibt gewöhnlich ein Dielektrikum, meist ein Kunststoff. Darüber breitet sich der Außenleiter, entweder als metallische Folie oder häufiger noch als Metallgeflecht. Zum äußeren mechanischen Schutz steckt das Ganze noch in einer Kunststoffummantelung wie etwa PVC.

6.7
Cheapnet-Verkabelung

Die Verbindungstechnik, ob Netzanschluß, Verbindung von Kabelstücken oder Kabelabschluß mit *Terminatoren*, ist komplett BNC-Technik ausgelegt. Die BNC-Stecker werden auf das Kabel geschraubt, gelötet oder meist gecrimpt. Einzelne Kabelstücke können mit einem BNC Barrel-Stück bis zur maximalen Segmentlänge verlängert werden. Eine besondere Form der Verbindung zweier Kabelstücke ist das BNC T-Stück. Es weist im Gegensatz zum reinen Verbindungsstück zusätzlich noch einen seitlichen Anschluß auf. Seine Form ähnelt einem T, deshalb der Name T-Stück. An diesen seitlichen Ausgang wird z. B. beim Ethernet- oder ARCnet-Bus die Netzwerkkarte mit dem Transceiver on-board direkt mit dem T-Stück verbunden. Wie beim Thicknet ist auch hier ein Mindestabstand zwischen zwei angeschlossenen Endgeräten vorgeschrieben, nämlich 0,5 Meter.

Verbindungskomponenten des Koaxialkabels

Der BNC-Stecker

Wie oben angerissen, gilt es, die Übergänge vom Koaxialkabel zur jeweiligen Netzwerkkarte zu schaffen. Hierzu dient erst einmal der *BNC-Stecker* (BNC steht für Bayonet-Neill-Concelmann), sowohl in der Thick- als auch der Thin Ethernet-Lösung.

6.8
BNC-Stecker

6.9
Koaxialkabel mit BNC-Stecker

Einmal mit BNC-Steckern an beiden Enden versehen, werden im Thin Ethernet zwischen die Kabelenden T-Stücke gesetzt, um die Überleitung zum on-board-Transceiver zu realisieren. Rufen wir uns an dieser Stelle noch einmal unsere Erläuterungen zur Bus-Topologie ins Gedächtnis. Die BNC und BNC T-Stecker innerhalb einer Kette von Koaxialkabeln bringen keinesfalls eine Unterbrechung der Datenübermittlung mit sich. Vielmehr bildet diese Kette das Gesamtmedium (auch Koaxialsegment, siehe weiter unten), auf dem sich nach dem Prinzip des Diffusionsnetzes die Nachrichten ausbreiten. Der angeschlossene Transceiver wandelt die Signale zur ständigen Abfrage nach Sendungen für das Endgerät bzw. die Signale zur Versendung von Informationen aus dem Endgerät um.

6.10
BNC T-Stecker

Der AUI-Anschluss

Im Thicknet ist die Ansteuerung der Netzwerkkarte vom Transceiver über den AUI-Anschluß realisiert. Ein Bildbeispiel finden Sie in Abbildung 6.3 dieses Kapitels. Die Funktionsweise dieser AUI-Schnittstelle haben wir bereits oben angeschnitten. Sie besteht aus einem AUI-Kabel und den unten abgebildeten Anschlußsteckern an den Transceiver.

6.11
Anschlußstecker an den Transceiver

> **INFO SPEZIAL**
>
> WIE IN DER OBIGEN ABBILDUNG ERSICHTLICH, WIRD BEI ANSCHLUSS-
> ELEMENTEN IM ALLGEMEINEN ZWISCHEN MÄNNLICHEN UND WEIBLI-
> CHEN UNTERSCHIEDEN. DIE MÄNNLICHEN ANSCHLUSSSTÜCKE SIND
> MIT PINS, AUSWÖLBUNGEN ODER ÄHNLICHEM VERSEHEN, DIE WEIBLI-
> CHEN MIT LÖCHERN, EINWÖLBUNGEN, ETC.

DER TERMINATOR

Um die gestreuten Signale auf dem Buskabel zu absorbieren und so eine Reflektion zu vermeiden, werden BNC-Terminatoren auf jedes Ende des Mediums aufgesetzt. Ohne den Abschluß durch zwei Terminatoren ist ein Busnetz nicht funktionsfähig.

6.12
BNC-Terminator

DARSTELLUNG DER KABELKONFEKTIONIERUNG

Da das Koaxialkabel weitreichend Verwendung findet, möchten wir der Herstellung einen gesonderten Abschnitt widmen. Üblicherweise werden benötigte Koaxialkabel aus zwei Gründen selbst konfektioniert. Zum einen sind die im Handel erhältlichen Standardkabellängen von 3m, 5m, 10m, 20m, 50m entweder zu kurz oder zu lang. Zum anderen sprechen Kostengründe für eine Eigenproduktion. Sie ist in größeren Mengen wesentlich günstiger.

Zuerst einmal erstellen wir eine Material- und Werkzeugliste.

Material

- abgeschirmtes Koaxialkabel (siehe Abbildung 6.1)
- zwei BN- Stecker female (siehe Abbildung 6.8)

Werkzeug

- Crimpzange
- Abisolierzange
- Seitenschneider

Nun schneiden wir das Koaxialkabel auf seine endgültige Länge zu. Bedenken Sie, daß Ihr Kabel nicht via Luftlinie, sondern durch eventuell vorhandene Kabelkanäle gelegt werden muß. Wenn Sie das Kabel korrekt gekürzt haben, schieben Sie die dem Steckersatz beiliegende Metallhülse über das Ende des Kabels. Danach können Sie das Kabel, wie im ersten Schritt der folgenden Grafik abgebildet, vorsichtig mit der Zange abisolieren. Dabei dürfen weder der Innenleiter noch die Abschirmung beschädigt werden. Daraufhin wird die metallene Abschirmung von der Kunststoffummantelung fort nach außen gebogen.

Nun stecken Sie den Pin auf den abisolierten Innenleiter (s. Schritt 3 der Abbildung), anschließend wird der Pin mit der Crimpzange auf dem Innenleiter fixiert. Kontrollieren Sie hier den festen Sitz des Pins. Schieben Sie jetzt den Stecker auf das Kabelende (s. Schritt 4). Dann schieben Sie die Hülse in Richtung Stecker, bis diese ganz plan am Stecker aufsitzt (s. Schritt 5). Damit haben Sie die aufgebogene Abschirmung an den äußeren Ring des Steckers gedrückt.

Um den Stecker endgültig fest mit dem Kabel zu verbinden, pressen Sie zu guter Letzt die Hülse mit der Crimpzange zusammen. Auf Wunsch kann der Anschluß mit einer Gummitülle geschützt werden. Sie muß dann als allererstes auf das Kabel geschoben werden.

Wiederholen Sie den Vorgang am anderen Ende des Kabels.

6.13
Kabelkonfektionierung eines Koaxialkabels mit BNC-Stecker

EAD-Anschluss

Die ursprüngliche Cheapernet-Verkabelung wird oft mit sog. Crimpverbindungen hergestellt. Insbesondere die Verbindung zwischen Kabel und Stecker ist dabei nur mäßig stabil; ein kräftiges Ziehen oder ein Stolpern über das Kabel lockert oder zerstört es sogar.

> **Info Spezial**
>
> Da die BNC-Verbindungen nicht gesichert sind, stellen auch sie eine potentielle Fehlerursache dar.

Aus diesen Erfahrungen hat sich der sog. EAD-Anschluß entwickelt. Grundsätzlich bestehen hierbei kaum Unterschiede zum Cheapernet. Die Kabelverbinder enden jedoch nicht direkt in T-Stücken, sondern werden mit den EAD-Dosen verbunden. Für den Anschluß werden spezielle Kabel geliefert, die in ihrem Aufbau einem Hin- und Rückkabel sowie einem integrierten T-Stück entsprechen.

Durch das Einstecken des EAD-Steckers, der in seiner Form einem Telefonstecker (TAE) ähnelt, wird der Bus kurzzeitig unterbrochen und dann über das Anschlußkabel zum Endgerät hin verlängert.

6.14
EAD-Dose für Ethernetanschluß

Koaxialsegment

Als Koaxialsegment wird ein Kabelabschnitt bezeichnet, an dem ein oder mehrere Datenendgeräte angeschlossen sind. Die maximale Länge eines Koaxialsegments ist, abhängig vom verwendeten Kabel, begrenzt. Koaxialkabel finden häufig in Busnetzen Verwendung. Hier werden Kabel mit einem festgelegten Wellenwiderstand (Impedanz) eingesetzt.

6.2 Twisted Pair-Kabel

Ursprünglich in den Telefonnetzen der USA zu finden, feiert dieses Twisted Pair Cable, wie es dort heißt, seinen weltweiten Siegeszug praktisch durch alle relevanten Netzwerktopolgien. Ins Deutsche übersetzt heißt Twisted Pair Cable *Zweiader-Drillkabel*. Dies beschreibt das Kabel schon recht gut. Es besteht nämlich in seiner einfachsten Form aus zwei isolierten, soliden Kupferleitern, die miteinander verdrillt (twisted) sind. Zum besseren Handling und mechanischen Schutz wird es meist mit einer Kunststoffhülle ummantelt.

6.15
Twisted Pair-Kabel

In der Praxis finden wir allerdings hauptsächlich Kabel mit mehreren Adernpaaren. Standardausführungen sind 2, 3, 4 oder 6 verdrillte Paare mit solidem Kupferkern. Die zusätzlichen Adernpaare erhöhen z. B. die Flexibilität der Netzwerkarchitektur und können zur Steigerung der Datenübertragung zusätzlich genutzt werden. Die Verdrillungen der Leiterpaare reduziert den gegenseitigen Einfluß, die elektromagnetischen Interferenzen, denen stromdurchflossene Leiter naturgemäß ausgesetzt sind. Die Verdrillung verbessert also die elektrischen Leitereigenschaften. Die Anzahl der Verdrillungen pro Fuß oder Meter hat u. a. großen Einfluß auf Dämpfungsverhalten oder maximale Übertragungsgeschwindigkeit des Mediums. Die Kabel werden deshalb in Kategorien unterteilt und genügen unterschiedlichen Anforderungen.

Ein besonders unerwünschter Effekt bei zwei benachbarten Leitern ist das *Übersprechen* oder englisch *Crosstalk*, bei dem Signale des einen Leiters in den anderen eingestreut werden und umgekehrt. Wir kennen diesen Effekt praktisch vom Telefonieren, wenn außer dem gewünschten Gesprächspartner noch andere »Geister«-Stimmen zu hören sind. Zur Reduzierung des Übersprechens gibt es Twisted Pair-Kabel mit zusätzlichen Abschirmungsfolien.

So gibt es zwei Hauptgruppen von Twisted Pair-Kabeln (TP-Kabeln): die unabgeschirmte Variante *Unshielded Twisted Pair* (UTP) und *Shielded Twisted Pair* (STP) mit Abschirmung.

UTP-Kabel

Twisted Pair-Kabel ohne jegliche Abschirmung werden als Unshielded Twisted Pair-Kabel (UTP = ungeschirmtes Kabel) bezeichnet. Sie besitzen einen Wellenwiderstand von 100 Ohm und eine maximale Kabellänge von 100 Metern.

6.16
Unshielded Twisted-Pair

NETZVERKABELUNG – PHYSIKALISCHE GRUNDLAGE

Auf dem nordamerikanischen Kontinent stellt das UTP-Kabel den Standard in der Telefonverkabelung dar. Die Electronic Industries Association (*EIA*) und die Telecommunication Industries Association (*TIA*) haben die UTP-Verkabelung in den Vereinigten Staaten unter der Kennziffer 568 eines Verkabelungsstandards öffentlicher Gebäude spezifiziert. Die sog. *EIA/TIA 568* gewährleistet dem Kunden Überblick und Produktqualität. Entsprechend ihren Übertragungseigenschaften existieren fünf Kategorien (Gruppen) von UTP-Kabeln, wobei die Kategorie 5 im Rahmen der Netzwerkverkabelung am häufigsten eingesetzt wird:

Kategorie 1	Beschreibt das traditionelle UTP-Telefonkabel, welches zwar Sprache, aber keine Daten übertragen kann. Fast alle Telefonkabel fielen bis 1983 unter die Kategorie 1.
Kategorie 2	UTP-Kabel mit einer Datenübertragungsrate von bis zu 4 Mbit/s. Es besteht aus vier gedrillten Paaren.
Kategorie 3	UTP-Kabel mit einer Datenübertragungsrate von bis zu 10 Mbit/s. Es besteht aus vier gedrillten Paaren mit drei Drehungen pro Fuß.
Kategorie 4	UTP-Kabel mit einer Datenübertragungsrate von bis zu 16 Mbit/s. Es besteht aus vier gedrillten Paaren.
Kategorie 5	UTP-Kabel mit einer Datenübertragungsrate von bis zu 100 Mbit/s. Es besteht aus vier gedrillten Paaren aus Kupferkabel.

6.17
Kategorien der UTP-Kabel

Ein wichtiges Einsatzgebiet des UTP-Kabels ist das Ethernet mit Twisted-Pair, da dieses für UTP spezifiziert ist. Bei der Übertragungsrate des 10 Base-T Ethernets genügen Kabel der Kategorie 3, aber im Hinblick auf einen möglichen Umstieg in die Welt der 100 Mbit /s wird heute überwiegend die Kategorie 5 eingesetzt.

STP-KABEL

Abgeschirmte Twisted-Pair Kabel besitzen eine Abschirmung für jede Ader, jedes Adernpaar und zusätzlich einen Gesamtschirm. Sie werden als Shielded Twisted Pair-Kabel (*STP = geschirmtes Kabel*) bezeichnet. Der Wellenwiderstand beträgt 150 Ohm. Aus Gründen der »Elektromagnetischen Verträglichkeit« (EMV) kommen auch 100-Ohm Kabel zum Einsatz, die einen Gesamtschirm haben. Diese Kabelart wird als Screened-Unshielded Twisted Pair-Kabel (S/UTP) bezeichnet.

6.18
Shielded Twisted-Pair

6.19
Shielded Twisted-Pair, Kombi-Kabel mit Telefonleitung

UTP/STP-Kabel finden Verwendung in der strukturierten Verkabelung, aber auch die Verkabelung im IBM-Token Ring wird in der Regel mit Hilfe von UTP-Kabeln einer bestimmten Kategorie hergestellt.

VERBINDUNGSKOMPONENTEN DES TWISTED-PAIR

Das Kürzel RJ kommt von *Registered Jack* und ist annähernd mit »genormter Stecker« zu übersetzen. Der *RJ-45* Stecker sieht dem *RJ-11* Stecker beim (Export-)Telefon oder Modem sehr ähnlich. Er ist aber größer und hat 8 statt 4 Anschlüsse und darf nicht mit ihm verwechselt werden. Das TP-Kabel hat an beiden Enden RJ-45 Stecker. Einer wird in die RJ-45 Buchse einer PC-Netzwerkkarte gesteckt; sie rastet hörbar ein. Der Stecker des anderen Endes wird mit einem Port eines Konzentrators oder der Buchse einer (Wand-) Datendose verbunden, je nach Komplexität des TP-Netzwerkes.

6.20
RJ-45-Stecker

6.21
RJ-45-Buchse

Betrachten wir einmal die Konfektionierung der RJ-45 Stecker eines typischen (Patch-) Kabels zwischen PC und Datendose:

Verbindung PC – Datendose:

PIN 1 – PIN 1 , Weiß/Orange , Senden (+)

PIN 2 – PIN 2 , Orange/Weiß , Senden (–)

PIN 3 – PIN 3 , Weiß/Grün , Empfangen (+)

PIN 6 – PIN 6 , Grün/Weiß , Empfangen (–)

Wie wir erkennen, sind die Pins des einen Steckers an dem einen Kabelende mit den jeweils gleichnamigen Pins des anderen Steckers am anderen Kabelende verbunden. Wir sprechen auch von einem symmetrischen oder 1:1 aufgelegten Kabel.

Es existieren aber auch andere Kabelauflegungen, die untereinander inkompatibel sind. So können z. B. mit einem speziellen Kabel zwei PCs über die RJ-45 Buchsen ihrer Netzwerkkarten direkt gekoppelt werden. Die Steckerbelegungen sehen dabei folgendermaßen aus:

Direktverbindung PC – PC:

PIN 1 – PIN 3 , Weiß/Orange , Senden (+) auf Empfangen (+)

PIN 2 – PIN 6 , Orange/Weiß , Senden (–) auf Empfangen (–)

PIN 3 – PIN 1 , Weiß/Grün , Empfangen (+) auf Senden (+)

PIN 6 – PIN 2 , Grün/Weiß , Empfangen (–) auf Senden (–)

Hier ist jeweils Pin 2 (Senden) mit Pin 6 (Empfangen) gekreuzt, und umgekehrt.

6.3 LWL (Glasfaser)

Neben metallenen Leitern werden in der Netzwerktechnik auch *Lichtwellenleiter (LWL)* eingesetzt. Diese bieten wesentlich größere Datenübertragungsraten und sind nicht anfällig gegen elektromagnetische Störungen. Unter Störungen verstehen wir Strahlungen, die die Übertragung beeinflussen können. Auch strahlen LWL-Kabel selber nicht ab.

Das Kabel besteht aus einem Innenleiter aus Glas oder Quarz, der mit verschiedenen Schichten ummantelt ist. Die äußeren Schichten dienen hauptsächlich der mechanischen Stabilität des Kabels.

6.22
Lichtwellenleiter

Auf beiden Seiten des Kabels befindet sich eine Sende- und Empfangseinheit, die die elektrischen Signale in Lichtimpulse umsetzt und umgekehrt. Die Erzeugung der Lichtimpulse im Sender geschieht entweder mittels einer Leuchtdiode (light emitting diode; LED) oder einer Laserdiode. Im Empfänger befinden sich Photodioden, die die Lichtimpulse wieder aufnehmen.

6.23
Funktionsweise eines Lichtwellenleiters

Je nach technischer Ausführung unterscheiden wir zwischen Stufenindexfasern, Monomodefasern oder Gradientenindexfasern.

Bei allen Faserarten werden die Lichtstrahlen, verursacht durch unterschiedliche Brechungsindexe in der Faser, wie durch ein System von Spiegeln vom Sender zum Empfänger transportiert, wobei das Licht bei verschiedenen Einfallswinkeln unterschiedliche Entfernungen zurücklegt und dadurch auch mit unterschiedlicher Geschwindigkeit übertragen wird.

6.24
Ausdehnung von Lichtwellen in einem LWL

Dispersion im LWL

Nach einem grundlegenden Gesetz der Optik ist bei einer Reflexion der Einfallswinkel gleich dem Ausfallwinkel. Dadurch entstehen bei unterschiedlichen Einfallswinkeln Strahlen mit geringerer und solche mit längerer Laufzeit. Damit sich die Signale einer vorhergehenden Sendung nicht mit späteren Sendungen überlagern, darf erst dann mit einer weiteren Sendung begonnen werden, wenn alle Strahlen sicher beim Empfänger angekommen sind.

Diese Form der Laufzeitunterschiede und eine dadurch verursachte Überlagerung wird als *Dispersion*, genauer als *Moden-Dispersion* bezeichnet.

Moden

Einen Lichtstrahl, der mit einem bestimmten Einfallswinkel via Reflektion übertragen wird, bezeichnen wir als Mode. Bei der Übertragung von Strahlen mit unterschiedlichen Einfallswinkeln sprechen wir von einer Multimodefaser. Eine Monomodefaser überträgt hingegen idealerweise lediglich Strahlen mit einem ganz bestimmten Einfallswinkel und minimiert damit die Dispersion.

Anschluss von LWL-Kabeln

Da es sich hier nicht um einen elektrischen Anschluß handelt, ist der Verbindungsaufbau handwerklich recht kompliziert. Die innenliegende Faser muß abgeschliffen werden und mit einer geeigneten Methode mit einem Verbindungselement (etwa einem Stecker) verbunden werden. In der Regel werden die Fasern heute mit einem speziellen Klebstoff verklebt.

Die Fertigung einer LWL-Verbindung nach diesem Vorgehen wird *Splicing* genannt und erfordert neben hohem handwerklichen Geschick ein hohes Maß an Erfahrung.

Fasertypen

Wie bereits erwähnt kommen bei der LWL-Technik Stufenindexfasern, Monomodefasern oder Gradientenindexfasern zum Einsatz.

Die verschiedenen Fasern eines LWL besitzen unterschiedliche Faserquerschnitte, deren Durchmesser je nach Typ zwischen 200 µm (= 200 * 10^{-6} m) und 4 µm (= 4 * 10^{-6} m) liegt. Bei der Gradientenfaser z. B. kann er bei 50 µm oder 62,5 µm liegen, während er bei der Monomodefaser in der Regel 8 oder 9 µm beträgt. Man erahnt schon, daß die Anschlußtechnik bei der extrem dünnen Monomodefaser wesentlich komplizierter ist, damit aber auch die Kosten für Kabel und Anschluß. Deshalb kommt meist die Gradientenfaser zum Einsatz, obwohl die Monomodefaser größere Leitungslängen zuläßt. Die Wellenlänge (physikalisch als Lambda bezeichnet) des übertragenen Lichtsignals ist bei den verschiedenen Leitern unterschiedlich. Bei der Gradientenfaser sind es z. B. 850 nm (= 850 * 10^{-9} m = 850 Tausendstel Millimeter) oder 1300 nm, während bei der Monomodefaser Licht mit einer Wellenlänge von 1300 nm bzw. 1500 nm übertragen wird.

Hauptsächlich liegt die Verwendung von LWL-Kabeln in der Verbindung von Leistungskomponenten in einer strukturierten Verkabelung.

Es gibt folgende Vorteile von Lichtwellenleitern gegenüber Kupferleitern:

- Unempfindlichkeit gegen äußere Störungen wie z. B. elektromagnetische Felder
- hohe Abhörsicherheit
- hohe Datenübertragungsraten
- Potentialtrennung durch metallfreien Aufbau (Blitzschutz)

Nachteile von Lichtwellenleitern gegenüber Kupferleitern sind:

- hohe Kosten für Kabel und Steckerkonfektionierung und Verbindungstechnik
- umfangreiche Verlegevorschriften

6.4 x-Base-x / x-Broad-x

Zur Klassifizierung von Verkabelungssystemen wird oft ein standardisiertes Verfahren eingesetzt. Ein Beispiel hierfür ist etwa 10BASE2. Die Benennung eines Typs setzt sich dabei aus drei Komponenten zusammen.

Die erste Zahl gibt die max. Datenübertragungsrate in MBit/s (Megabit pro Sekunde) an. Die letzte Zahl definiert die max. Länge des Kabelsegments in 100 m bzw. die Verkabelungsart. Hier steht etwa eine 2 für eine Segmentlänge von 200 m, eine 5 für 500m, ein T steht für Twisted-Pair, ein F für Fiber, usw..

Der in der Mitte stehende Begriff bezeichnet die Art der Datenübertragung, Base für Baseband (*Basisband*) und Broad für Broadband (*Breitband*). Bei der Basisbandübertragung wird auf dem Kabel lediglich ein Frequenzbereich genutzt. Bei der Breitbandübertragung stehen mehrere Frequenzbereiche zur Verfügung, die jeweils einer bestimmten Verbindung (Datenkanal) zugewiesen werden.

10BASE5

Das 10BASE5- oder Thick-Ethernetkabel wird wegen seiner gelben Farbe auch als »Yellow Cable« bezeichnet und ist mechanisch sehr starr. Es wird überwiegend im »Backbone-Bereich« zur Verbindung zentraler Netzbestandteile eingesetzt. Die Verbindung von der Netzwerkkarte zu 10BASE5 erfolgt mit einem bis zu 50 m langen Transceiverkabel. Die externen Transceiver werden mit »Vampirklemmen« (dort sitzt der Transceiver) angeschlossen, wobei die Montage ohne Betriebsunterbrechung möglich ist. Um bei der Montage der Transceiver die Einhaltung des vorgeschriebenen Abstandes zu erleichtern, befinden sich alle 2,5 m schwarze Ringe auf dem Kabel. Der Terminatorwiderstand beträgt 50 Ohm.

10BASE2

Das 10Base2-Verkabelungssystem, weitere Bezeichnungen sind Thin-Ethernet und Cheapernet, basiert auf einem Koaxialkabel mit 50 Ohm Wellenwiderstand. Der Anschluß an das Netz erfolgt über BNC-Klemmverbindungen, die direkt auf der Netzwerkkarte sitzen. Bei 10Base2 beträgt der Mindestabstand zwischen zwei Knoten 0,5 m.

10Base-T, 100Base-T

Dies ist eine Verkabelungsart mittels UTP/STP-Kabeln bei einer maximalen Übertragungsrate von 10 bzw. 100 MBit/s.

100Broad-F

Dies ist die Verkabelungsart mit Lichtwellenleitern für den Einsatz von *FDDI*.

6.5 Drahtlose Verbindungen

Neben Kabelverbindungen werden unter bestimmten Umständen auch kabellose Verbindungsarten eingesetzt. Beliebt sind etwa Verbindungen mit Infrarot oder Mikrowellen, die die Anbindung von Arbeitsstationen ermöglichen, die sonst nur sehr umständlich zu verkabeln wären.

Für die Verbindung von mehreren Gebäuden einer Firma kann eine Laserverbindung sinnvoll sein, wenn ansonsten öffentliche Flächen zu durchqueren wären. Hierdurch kann die Miete einer öffentlichen WAN-Verbindung (Standleitung etc.) entfallen. Notwendig für diese Form der Verbindung ist allerdings eine Sichtverbindung zwischen den Anschlußpunkten. Mittlerweile sind Lösungen bis zu 5 km durchaus realistisch, allerdings ist bei diesen Weiten die Verbindung anfällig gegen »atmosphärische Störungen« wie Regen und Schnee.

6.6 Strukturierte Verkabelung

Die Komplexität heutiger Anforderungen an ein Netzwerk ist sehr groß. Wurden früher Netze installiert und später so lange erweitert und modifiziert, bis sie sich kaum noch administrieren ließen, hat sich heute, nicht zuletzt mit Einführung der LWL- und TP-Kabel, die »strukturierte Verkabelung« etabliert.

Folgende Anforderungen hinsichtlich der Verkabelung bei einem geplanten Netzwerkkonzept sind u. a. zu berücksichtigen:

- die Möglichkeit zum strukturierten Aufbau des Netzes
- Möglichkeiten der redundanten Auslegung zur Steigerung der Ausfallsicherheit
- Erweiterbarkeit
- Möglichkeiten zur Reduzierung des administrativen und Wartungsaufwands
- Integrationsmöglichkeiten für unterschiedliche Dienstleistungen

Ein strukturiertes Netzwerk wird in drei Abschnitte aufgeteilt und als »strukturierte Verkabelung« bezeichnet. Sie besteht aus der

- Geländeverkabelung (Primärverkabelung), der
- Gebäudeverkabelung (Sekundärverkabelung) und der
- Etagenverkabelung (Tertiärverkabelung).

Für die Primär- und Sekundärverkabelung werden hauptsächlich LWL-Kabel eingesetzt. In der Tertiärverkabelung kommt aus wirtschaftlichen Gründen noch überwiegend das UTP/STP-Kabel zum Einsatz. Hierfür gelten die von IEEE 802.3 als 10Base-T festgelegten Standards.

Das 100-Ohm-UTP-Kabel oder das UTP/STP-Kabel verbindet sternförmig die Anschlußdosen der Arbeitsplatzrechner mit dem im Sternmittelpunkt liegenden Rangierfeld (Patchpanel) der Etagenverteilung.

INFO SPEZIAL

DER STANDORT DER ETAGENVERTEILUNG MUSS SO GEWÄHLT WERDEN, DASS DIE LÄNGE DER TERTIÄRKABEL 90 M NICHT ÜBERSCHREITET. DAMIT STEHEN FÜR DAS ANSCHLUSSKABEL DES ENDGERÄTES UND FÜR DAS KABEL DES RANGIERFELDES (PATCHKABEL) NOCH 10 M ZUR VERFÜGUNG, DA DIE GESAMTLÄNGE 100 METER NICHT ÜBERSCHREITEN DARF.

Mit dem Patchkabel wird die am Patchpanel abgeschlossene, festverlegte Tertiärverkabelung mit dem Sternkoppler verbunden. Dieser stellt als aktiver Verteiler (Konzentrator) die Verbindung zur Sekundärverkabelung her.

6.25
Beispiel einer strukturierten Verkabelung

6.7 Netzgestaltung eines LANs

Die Netzgestaltung eines LANs ist deutlich begrenzt. So dürfen die bestehenden Längenbeschränkungen und die Anzahl der angeschlossenen Stationen nicht überschritten werden. Werden entsprechend große Netze errichtet, ist bei der Planung eines LANs eine Aufteilung in Subnetze (Teilnetze) vorzusehen. Solch eine Aufteilung ist häufig schon bei geringeren Größen zweckmäßig.

Gründe für eine Aufteilung sind beispielsweise

- die Verbindung von räumlich weit auseinanderliegenden LANs über Weitverkehrsstrecken,
- die Bildung von Subnetzen zur Verringerung der Verkehrslast im Gesamtnetz (Stationen, die häufig miteinander kommunizieren, werden

NETZVERKABELUNG – PHYSIKALISCHE GRUNDLAGE

in der Form zusammengeschaltet, daß die erzeugte Netzlast in einem Subnetz bleibt; nur der netzübergreifende Verkehr belastet weitere Subnetze),

- auftretende Fehler werden auf einen abgegrenzten Bereich beschränkt,
- das Netzmanagement kann einzelne Unterbereiche getrennt analysieren,
- für Segmentverbindungen lassen sich Ersatzwege schalten, und
- zur Erhöhung der Datensicherheit kann die Kommunikation auf bestimmte Bereiche begrenzt werden.

ZUSAMMENFASSUNG

✓ Sie haben in dieser Einheit die unterschiedlichen Typen von Verkabelungssystemen, die in der Netzwerktechnik eingesetzt werden, kennengelernt.

✓ Soll ein komplexes Netzwerk aufgebaut werden, ist es sicherlich ratsam, einen Verkabelungsingenieur zu Rate zu ziehen. Die zu beachtenden Vorschriften und die potentiellen Probleme, sowie die daraus evtl. entstehenden Kosten, sollten dieses Vorgehen rechtfertigen. Stellen Sie sich vor, Ihre Firma ist mit der Installation eines Netzwerkes im Krankenhausbereich beauftragt, und Sie müssen auch die Intensivstation einbeziehen. Hier stößt man schnell an seine Grenzen bzgl. der geforderten Auflagen. Ein Abnahmeprotokoll eines versierten Dienstleisters bringt Sie auf die sichere Seite bei eventuellen Regreßforderungen.

✓ Eine gute Infrastruktur – und insbesondere eine gut geplante strukturierte Verkabelung – ist die Grundlage für ein funktionell optimal und kosteneffizient arbeitendes Netzwerk.

ÜBUNGEN

·146· Um den Kern eines Koaxialkabels befindet sich ein Mantel aus einem nichtleitenden Material. Wie nennt man diese nichtleitende Schicht in der Elektronik?

·147· Bitte nennen Sie zwei der vier im Text erwähnten Kabeltypen mit Angaben über die Übertragungsart und deren Einsatzgebiete.

·148· In welcher Form werden Wechselstromsignale unterschiedlicher Frequenzen über das Koaxialkabel übertragen?

·149· Je höher die übertragene Frequenz auf einem Koaxialkabel ist, um so weniger Informationen können letzendlich in einer Sekunde übertragen werden. Ist diese Aussage zutreffend?

·150· Zwischen welchen zwei grundlegenden Formen von Daten und Datenübertragsverfahren muß unterschieden werden?

ÜBUNGEN

- **151.** In welchen Bereichen findet das Breitbandkabel Verwendung?

- **152.** Wie werden digitale Daten im Basisbandkabel, wie z. B. im Koaxialkabel des Ethernets, übertragen?

- **153.** Eine wichtige physikalische Eigenschaft des Koaxialkabels ist sein Dämpfungsverhalten. In welcher Einheit wird dieses Verhalten gemessen?

- **154.** Für den Netzwerkanschluß von Endgeräten an ein Koaxialkabel als Übertragungsmedium ist zunächst für jedes Endgerät eine _____ erforderlich. Bitte vervollständigen Sie den Satz.

- **155.** Aus welchen zwei Begriffen setzt sich das Kunstwort Transceiver zusammen?

- **156.** Beim Thicknet handelt es sich um ein relativ starres Koaxialkabel. Welche Bezeichnungen haben sich für dieses Kabel eingebürgert?

- **157.** Das Thicknet besitzt Vor- und Nachteile bei der Netzwerkverkabelung. Bitte nennen Sie jeweils einen Vor- und Nachteil.

- **158.** Um eine Verbindung zwischen einem Transceiver und dem AUI-Anschluß einer Netzwerkkarte herzustellen, kann man diverse Kabel einsetzen. Wie heißen diese?

- **159.** Welchen Namen trägt das Teil oberhalb des Transceivers, der ihn mit dem Kabel verbindet, in der unten abgebildeten Darstellung?

6.26

Netzverkabelung – physikalische Grundlage

Übungen

- **160.** Aus dem ursprünglichen »Yellow Cable« hat sich ein oft schwarzes »Billig«-Kabel entwickelt, das Cheapnet- oder Cheapernet-Kabel. Welche anderen Bezeichnungen kennen Sie für diesen Koaxialkabel-Typ?

- **161.** Auf welche Leitungslänge ist das Thinnet beim Thin Ethernet beschränkt?

- **162.** Mit welchen Techniken können ein BNC-Stecker und das Cheapernet-Kabel verbunden werden?

- **163.** Wie nennt man den Teil innerhalb eines Netzes, mit dem im Thin Ethernet die BNC-Stecker mit dem Transceiver verbunden werden?

- **164.** Um die gestreuten Signale auf dem Buskabel zu absorbieren und so eine Reflektion zu vermeiden, werden _____ auf jedes Ende des Mediums gesetzt. Bitte vervollständigen Sie den Satz.

- **165.** Welches Werkzeug benötigen Sie, um das Koaxialkabel für den Eigengebrauch selbst zu konfektionieren?

- **166.** Wiederholen Sie die im Abschnitt »Darstellung der Kabelkonfektionierung« gelernten Schritte zur Herstellung einer BNC-Stekker– Koaxialkabel-Verbindung.

- **167.** Welchen Anschluß können Sie statt des BNC-Steckers wählen, um eine Verbindung zwischen Endgerät und Bus herzustellen?

- **168.** Was versteht man unter einem Koaxialsegment?

- **169.** Aus mindestens wie vielen soliden und miteinander verdrillten Kupferleitern besteht das Twisted-Pair-Kabel?

- **170.** Bitte nennen Sie die zwei Hauptgruppen von Twisted-Pair-Kabeln (TP-Kabeln).

- **171.** Welchen Wellenwiderstand besitzen Unshielded Twisted Pair-Kabel (UTP=ungeschirmtes Kabel)?

- **172.** Was stellt die folgende Abbildung dar?

6.27

- **173.** Über wie viele Anschlüsse verfügt der RJ-45-Stecker?

- **174.** Beim RJ-45-Stecker sind die Pins des einen Steckers jeweils mit den gleichnamigen Pins des anderen verbunden. Man spricht hier auch von einem symmetrischen Kabel. Welche Ausnahmen gibt es?

- **175.** Aus welchem Grund werden in der Netzwerktechnik auch Lichtwellenleiter eingesetzt?

NETZVERKABELUNG – PHYSIKALISCHE GRUNDLAGE

ÜBUNGEN

- 176. Auf beiden Seiten eines Lichtwellenleiters befindet sich eine Sende- und Empfangseinheit, die die elektrischen Signale in Lichtimpulse umsetzt und umgekehrt. Die Erzeugung der Lichtimpulse im Sender geschieht entweder mittels einer _____ oder einer _____. Im Empfänger befinden sich _____, die die Lichtimpulse wieder aufnehmen. Bitte vervollständigen Sie die Sätze.

- 177. Zwischen welchen Faserarten wird bei den Lichtwellenleitern unterschieden?

- 178. Mit welchem Begriff wird der Vorgang, bei dem sich Lichtwellen, die infolge der Reflexion so aufeinander treffen, daß bei einem Signal die Spitze nach oben zeigt, die des anderen nach unten zeigt und sich deshalb auslöschen, bezeichnet?

- 179. Wie heißt ein Lichtstrahl, der mit einem bestimmten Einfallswinkel via Reflexion übertragen wird?

- 180. Mit welchem Begriff wird die Fertigung einer Verbindung zwischen einem Lichtwellenleiter und einem Verbindungselement bezeichnet?

- 181. Bitte nennen Sie vier Vorteile für die Verwendung von Lichtwellenleitern im Gegensatz zu Kupferkabeln.

- 182. Für was steht die Abkürzung 100Base-T?

- 183. Neben Kabelverbindungen werden unter bestimmten Umständen auch kabellose Verbindungsarten eingesetzt. Welche Techniken stehen dafür zur Verfügung?

- 184. In welche drei Abschnitte wird ein strukturiertes Netzwerk aufgeteilt?

7 Übertragungsprotokolle im LAN

190 Zeiteinheiten

Nachdem Sie sich in den letzten drei Kapiteln das OSI-Referenzmodell im Überblick sowie topologische Kriterien und technische Grundlagen für den Aufbau einer physikalischen Netzwerkverbindung erarbeitet haben, sind Sie nun bestens gerüstet, um in die Tiefen der Netzwerktechnik vorzudringen.

Wir wollen Ihnen mit diesem Kapitel die komplexe Funktionalität wichtiger Standards, wie des Ethernets oder des Token Ring, auf den OSI-Schichten -1 und -2 näherbringen.

Dazu beschränken wir uns, unter Berücksichtigung internationaler Normierungen, auf Techniken und Verfahren, die im LAN zum Einsatz kommen.

Nach diesem Kapitel kennen Sie die Funktionsweise der folgenden Übertragungsprotokolle und können Vor- und Nachteile der einzelnen Systeme benennen:

Lernen Sie

- was unter einem Zugriffsverfahren zu verstehen ist
- die Funktionsweise der Ethernet-Übertragungsprotokolle kennen
- den Token Ring auf Ebene der Übertragungsprotokolle zu begreifen
- das ARCnet hinsichtlich seiner Übertragungsprotokolle einzuordnen

7.1 Einordnung in das OSI-Referenzmodell

Sie haben bereits im Kapitel 3 »Das OSI-Referenzmodell« gesehen, daß Implementierungen der OSI-Schicht -1 und -2 häufig gemeinsam behandelt werden.

Zu den Aufgaben eines Verfahrens, das in die ersten beiden Schichten von OSI einzuordnen ist, zählt neben der Abbildung binärer Informationen auf das physikalische Medium in Schicht -1 auch die Regelung des gemeinsamen Zugriffs auf das physikalische Medium (Zugriffsverfahrens). Daneben definiert ein solches Verfahren die gesicherte Übertragung von Datenrahmen (Schicht -2). Wir sprechen in diesem Zusammenhang von Geräten bzw. Verfahren, die ein Übertragungsprotokoll realisieren.

Die IEEE als Standardisierungsorganisation hat eine Reihe von OSI-1/-2 Implementierungen im Standard IEEE 802 vorgeschlagen. Sie unterteilt die Funktionen der ersten beiden OSI-Ebenen in weitere unabhängige Teilschichten (sublayers).

ÜBERTRAGUNGSPROTOKOLLE IM LAN

OSI	IEEE 802
Schicht 2	LLC – Logical Link Control
Datensicherung	MAC – Media Access Control
Schicht 1	PLS – Physical Signaling
Bitübertragung	PMA – Physical Medium Attachment

7.1 Osi und IEEE 802

Die einzelnen Teilschichten erhalten bestimmte Aufgaben:

LOGICAL LINK CONTROL SUBLAYER

Diese Teilschicht präsentiert sich als Schnittstelle für höhere Schichten. Mit ihr können schon innerhalb der OSI-Schicht-2 Umsetzungen mit unterschiedlichen physikalischen Anschlußformen vorgenommen werden (siehe dazu das Kapitel »Vermittlungssysteme«).

Funktionell nimmt die LLC-Teilschicht die Aufgaben eines OSI-2-Elements wahr, also primär die Fehlererkennung und -behebung.

Die Spezifikation des *LLC sublayer* liegt als Standard IEEE 802.2 vor.

MEDIA ACCESS CONTROL SUBLAYER

Der MAC Sublayer definiert die Art und Weise des parallelen Zugriffs mehrerer Netzwerk-Knoten auf ein Medium. Daneben wird auf dieser Ebene die physikalische Adresse eines Netzwerkknotens festgelegt.

Zu den Aufgaben des MAC Sublayers gehören:

- Bildung von Dataframes beim Sendevorgang (Encapsulation)
- Berechnung einer Prüfsumme und die Plazierung im Frame
- Implementierung und Beachtung einer Strategie für den gemeinsamen Medienzugriff
- erneute Berechnung der Prüfsumme und die evtl. Fehlermeldung beim Empfangsvorgang
- Bearbeitung der empfangenen Frames (Decapsulation)

Bezogen auf das OSI-Modell befindet sich der MAC Sublayer in Schicht -2.

NETZWERKADRESSEN

Von elementarer Bedeutung für die Betrachtung der nachfolgend beschriebenen Übertragungsprotokolle ist der Begriff der Netzwerkadresse. Diese Adresse identifiziert eine bestimmte Station (Workstation, Server) in einem Netzwerk. Die Adressen der einzelnen Stationen müssen unbedingt eindeutig vergeben werden, damit die Daten die richtigen Adressaten erreichen können.

Bei bestimmten Netzwerkkarten werden diese Adressen von Hand eingestellt (ARCnet), in anderen Systemen (im Ethernet und, in der Regel, im Token Ring) sind diese Adressen fest in der Logik der Karte verankert. Diese *Hardwareadressen* sind durch entsprechende Absprachen zwischen den Herstellern weltweit eindeutig vergeben.

Die hardwareseitig vorgegebene oder einzustellende Netzwerkadresse nennen wir MAC-Adresse.

Physical Signaling Sublayer

Diese Teilschicht bildet die Ankopplung an den MAC Sublayer und gehört in den Physical Layer. Die Implementierung des Physical Signaling Sublayer befindet sich stets im Endgerät.

Die Hauptaufgabe diese Sublayers liegt in der Zugriffssteuerung. Sie erfolgt nach bestimmten *Zugriffsverfahren*, die die Basis für eine parallele Nutzung des Netzwerkmediums bilden. Weiter unten beschreiben wir diese Zugriffsverfahren im einzelnen.

Physical Medium Attachment Sublayer

Im Kapitel 6 »Netzverkabelung – Physikalische Grundlage« haben Sie eine Anschlußvariante an das Thick-Ethernet mittels eines externen Transceivers kennengelernt. Ein solcher Transceiver wird auch mit dem Begriff MAU (**m**edia **a**ttachment **u**nit) bezeichnet.

Eine MAU besteht im wesentlichen aus dem Physical Medium Attachment, die die funktionale Logik enthält. Zum Endgerät besitzt eine MAU eine AUI-Schnittstelle. Zum LAN-Medium wird eine elektrische bzw. optische und eine mechanische Schnittstelle definiert. Diese Schnittstelle heißt MDI (**m**edium **d**ependent **i**nferface).

Eine eigenständige Komponente, welche den Physical Medium Attachment Sublayer implementiert, existiert nur dann, wenn sich, wie zuvor angedeutet, die Schaltungslogik für die Zugriffsteuerung und der eigentliche Anschluß an das Medium in zwei voneinander getrennten Geräten befindet.

7.2 Zugriffsverfahren

Arbeitet in einem Netzwerk mehr als ein Knoten – und das ist natürlich die Regel – gilt es sicherzustellen, daß sich die Daten der einzelnen Verbindung nicht miteinander vermischen. Das Zugriffsverfahren bestimmt, wer wann Daten senden oder empfangen darf.

Die Notwendigkeit eines Zugriffsverfahrens ist gegeben, wenn eine Paketvermittlung vorliegt. An dieser Stelle möchten wir auf die Differenzierung zwischen Paket- und Leitungsvermittlung nur kurz eingehen (Näheres dazu finden Sie in Kapitel 9 »Netzvermittlungstechniken«). Für den Einsatz der Paketvermittlung im LAN-Bereich sprechen zwei Gründe: Erstens wird im LAN eine relativ hohe Übertragungsrate angestrebt (> 4 Mbit/s). Leitungsvermittler mit solch hohen Raten konnten bis vor kurzem kaum produziert werden. Zweitens ist die Kommunikation zwischen Client und Server in einem LAN meist von kurzer Dauer. Oft werden Daten von einem Server angefordert- und anschließend lokal auf dem Client verarbeitet. Damit befindet sich die logische Kommunikationsverbindung die meiste Zeit in einem Wartezustand. Ein auf Leitungsvermittlung basierendes System muß die Verbindung jedoch jedesmal an- und abmelden.

Prinzipiell finden wir zwei Lösungsvarianten des Zugriffsverfahrens: *nichtdeterministische* und *deterministische*.

Nichtdeterministische Verfahren arbeiten in Form eines kontrollierten Chaos. Frei nach dem Motto: »Wer zuerst kommt, malt zuerst«. Werden Übertragungen durch zufällig zeitgleich stattfindende Übertragungsversuche anderer Stationen gestört, findet schlicht eine Wiederholung der Sendung statt.

Deterministische Verfahren regeln den gemeinsamen Zugriff über bestimmte Signalisierungsmechanismen. Bekommt eine Station durch ein entsprechendes Signal eine Freigabe für eine Übertragung, führt sie die Übertragung ohne Einwirkung anderer Stationen durch.

Generell gilt: Deterministische Verfahren benötigen den höheren Verwaltungsaufwand und die komplexere Technik. Der entsprechend große Overhead verringert somit die Übertragungsrate der Nutzdaten. Allerdings wirken sich solche Verfahren bei einer größeren Anzahl von Teilnehmern oder einer hohen Netzlast vorteilhaft aus. Mit wachsender Teilnehmerzahl, d. h. einer hohen Anzahl von Kommunikationsanforderungen, steigt die Wahrscheinlichkeit, daß Sendungen bei einem nichtdeterministischen Verfahren wiederholt werden müssen. Zudem werden bereits wiederholte Sendungen häufig nochmals initiiert. Ab einer gewissen Grenze ist das Netzwerk überlastet, so daß keine Kommunikation mehr stattfinden kann.

CSMA/CD

Bei *CSMA/CD* handelt es sich um ein nichtdeterministisches Zugriffsverfahren, welches primär bei Busnetzen im Ethernet-Bereich eingesetzt wird. Die Abkürzung steht für **c**arrier **s**ense **m**ultiple **a**ccess / **c**ollision **d**etection.

Betrachten wir den Sendevorgang:

- Die sendewillige Station überprüft die momentanen Netzwerkaktivitäten (carrier Sense). Sie wartet, falls Aktivitäten anderer Stationen festgestellt werden.

- Wird keine weitere Aktivität bemerkt, beginnt die Station nach einer definierten Wartezeit mit der Sendung.

- Danach prüft die Station während einer bestimmten Zeitspanne das Medium, ob die eigene Sendung evtl. durch die Sendung einer zeitgleichen (oder fast zeitgleichen) anderen Sendung einer anderen Station überlagert wurde.

- Liegt eine Überlagerung (collision) vor, bricht die Station die Sendung ab und sendet für eine bestimmte Zeitspanne ein sog. Jam-Signal. Dieses informiert auch die anderen Stationen über die Kollision.

- Nach einer zufälligen Zeit beginnt die Station erneut mit der Sendung, wiederum nach dem oben beschriebenen Verfahren. Die Zeit vor einem neuen Sendeversuch muß zufällig sein, damit sich nicht zwei Stationen permanent gegenseitig sperren, indem sie ständig gleichzeitig einen neuen Sendeversuch starten.

```
                    ┌─────────────┐
                    │ Station ist │
                    │ sendebereit │
                    └─────────────┘
                           │
         ┌─────────────────┤  neuer Versuch    ┌──────────────────────┐
         │                 │◄──────────────────│ Warten in einem zufällig │
         ▼                 ▼                   │ bestimmten Zeitraum  │
      ┌──────┐                                 └──────────────────────┘
      │ Kanal│   Nein      Kanal belegt                 ▲
      │ frei?├────────────────────────────────────────┘
      └──────┘
         │ Ja
         ▼
   ┌──────────────┐
   │ Senden und   │   Kollision entdeckt      ┌────────────┐
   │ Kollisions-  ├───────────────────────────│ Jam-Signal │
   │ kontrolle    │                           │ senden     │
   └──────────────┘                           └────────────┘
         │ Keine Kollision
         ▼
```

7.2
Ablaufdiagramm CSMA/CD

Ein großer Nachteil dieses Systems ist, daß es nur bei einer relativ geringen Anzahl von Stationen funktioniert. Bei sehr vielen Stationen in einem Netzwerk besteht die Gefahr, daß fast alle Sendungen mit einer Kollision abgebrochen werden müssen. Eine akzeptable Kommunikation ist so schwerlich aufzubauen.

Daneben läßt sich nicht genau vorhersagen, wann eine Station Daten sicher versenden kann. Grundsätzlich verfügen die Stationen in einem solchen Netz nicht über Informationen hinsichtlich Netzstruktur bzw. Menge der aktuellen Kommunikationsanforderungen. Jede Station ist grundsätzlich gleichberechtigt, eine Prioritätsvergabe kaum möglich.

TOKEN PASSING-ZUGRIFFSVERFAHREN

Dieses deterministische Zugriffsverfahren übergibt die Sendeberechtigung an eine Station durch einen bestimmten Datenrahmen mit dem Namen *Token*.

Um das Token Passing anzuwenden, müssen alle Stationen einen definierten Vorgänger und einen definierten Nachfolger im Netzwerk besitzen. In einem Ring liegt diese Struktur automatisch vor. In einer anderen Verkabelungstopologie findet die Suche von Vorgänger und Nachfolger mit Hilfe der verwendeten Netzwerkadressen statt.

ÜBERTRAGUNGSPROTOKOLLE IM LAN

Hier der theoretische Ablauf einer Datenübertragung im Token Passing:

- Eine sendewillige Station wartet auf den Empfang einer speziellen Nachricht, die vom Vorgänger gesendet wird. Dieser Token ist ein Datenrahmen, der als wichtige Information ein Besetzt-Bit enthält. Solange dieses Bit nicht gesetzt ist, sprechen wir von einem Freitoken mit einer logischen Position NULL auf dem Besetzt-Bit.

- Der Freitoken wird vom Netz genommen und nicht weitergeleitet. Statt dessen verschickt die Station an den Nachfolger ein Datenpaket, welches aus dem Token – jetzt allerdings mit gesetztem Besetzt-Bit, der Ziel-, Absenderadresse und den Daten besteht. Durch das Setzen des Besetzt-Bits wandelt sich der Freitoken in ein (Belegt-) Token, dem in der Regel weitere Daten folgen.

- Alle nachfolgenden Stationen lesen den Token und vergleichen die Zieladresse mit der eigenen. Die Teilnehmer leiten nicht an sie gerichtete Token sofort an die nachfolgende Station weiter. Der Empfänger setzt im Token ein bestimmtes Bit, das Receive-Bit, nimmt aber den Datenrahmen nicht vom Netz. Wurden mit dem Token Daten transportiert, werden diese vom Empfänger kopiert und evtl. geprüft. Als Bestätigung wird das Copy-Bit gesetzt.

- Die sendende Station empfängt irgendwann wieder ihren eigenen Token, welcher an Hand der Absenderadresse erkannt werden kann. Der Rahmen wird vom Netz genommen und durch einen Freitoken ersetzt.

Die folgenden Abbildungen stellen den Durchlauf eines Tokens durch den Ring dar:

7.3

Station A möchte Daten an Station C senden und wartet auf Freitoken.

7.4

Station A setzt das Token auf besetzt.

ÜBERTRAGUNGSPROTOKOLLE IM LAN

7.5

Station A legt Sender und Empfänger fest, wandelt den Freitoken in einen Token durch Hinzufügen von Daten und schickt das Token ab.

7.6

Station D erkennt den (Belegt-)Token und überprüft die Zieladresse. Da D nicht die Zieladresse ist, schickt D den Datenrahmen weiter.

7.7

Station C vergleicht die Zieladresse mit der eigenen und setzt das Receive-Bit.

ÜBERTRAGUNGSPROTOKOLLE IM LAN

7.8

Station C kopiert die Daten.

7.9

Station C setzt das Copy-Bit und schickt den Datenrahmen weiter.

7.10

Station B erkennt den (Belegt-)Token und überprüft die Zieladresse. Da B nicht die Zieladresse ist, schickt B den Datenrahmen weiter.

7.11

Station A prüft die SOURCE-Adresse.

7.12

Station A erkennt, daß die Übertragung erfolgreich war und vom Adressaten angenommen wurde. A wandelt den (Belegt-)Token in einen Freitoken.

Das Token Passing Verfahren ist zwar recht komplex, aber hinsichtlich der Datenübertragung sehr sicher. Zudem läßt sich die späteste Vergabe der Sendeberechtigung an eine Station genau bestimmen. Dieser Zeitpunkt berechnet sich aus der Dauer eines Umlaufs eines Datenrahmens über das gesamte System multipliziert mit $n - 1$, wobei n die Anzahl der Stationen angibt.

Diese Rechnung geht natürlich nur dann auf, wenn wir, wie in diesem Beispiel, von Datenpaketen einer begrenzten Länge ausgehen. Daneben ist in den meisten Implementierungen definiert, daß eine Station nach einer Sendung immer zuerst ein Freitoken weitergibt und das generierte Freitoken nicht selbst nutzt.

An Hand des Receive-Bits kann überprüft werden, ob eine Station mit einer bestimmten Adresse im Netzwerk existiert. Das Copy-Bit dient als einfache Form der Fehlererkennung. Unter Umständen läßt sich mit Hilfe weiterer Bits eine Prioritätssteuerung für bestimmte Stationen erreichen.

Probleme ergeben sich, wenn die Datenpakete etwa durch Fehlfunktionen oder äußere Einwirkungen verloren gehen. Dann wird kein Freitoken erzeugt. Fällt eine sendende Station kurz nach dem Absenden aus und hat der Datenrahmen die Station noch nicht wieder erreicht, kreist der (Belegt-) Token »unendlich« auf dem Ring.

In Token Passing-Systemen müssen daher bestimmte Knoten mit einer Wächterfunktion eingesetzt werden, die fehlende Freitoken ersetzen oder Datenrahmen ohne erreichbaren Empfänger vom Netz entfernen.

Zusätzlicher Aufmerksamkeit bedarf das Einfügen bzw. Entfernen einer Station aus dem Netz, da sich hierdurch eventuell die Reihenfolge der Stationen zueinander verändert.

7.3 Manchesterkodierung

Die *Manchesterkodierung* findet häufig Einsatz, um einzelne Datenbits auf einem elektrischen Leiter zu kodieren.

Ein Bit wird hierbei durch einen Spannungswechsel nach der ersten Hälfte der Bitzeit dargestellt. Daraus folgt: die Bitrate ist die Hälfte der *Baudrate*. Aus einer Bitzeit von 100 ns ergibt sich eine Übertragungsrate von 10 MBit/s.

7.13
Manchesterkodierung

Kollisionserkennung
mit der Manchesterkodierung

Mit Hilfe des *Manchesterkodierung* kann auf einfache Art eine Kollisionserkennung, beispielsweise im Rahmen eines CSMA/CD-Zugriffsverfahrens, implementiert werden.

Auf einer elektrischen Leitung interferieren (überlagern sich) mehrere Signale miteinander. Treffen zwei von unterschiedlichen Knoten ausgesandte Signale in Form von gesetzten Pegeln aufeinander, addieren sie sich. Mit Hilfe einer einfachen Messung des aktuellen Pegels kann eine Kollision schnell ausgemacht werden.

Im Ethernet entspricht der einfache Pegel -82 mA; der Schwellenpegel ist auf -160 mA festgelegt worden. Stoßen also zwei Pegel mit je -82 mA aufeinander, entsteht ein Ergebnispegel von -164 mA, d. h., die Schwelle wurde überschritten und eine Kollision liegt vor.

7.4 Ethernet

Mit dem Begriff Ethernet werden Netze bezeichnet, die, wie wir in Kapitel 4 »Netzwerktopologien« gelernt haben, topologisch zu den Busnetzen zählen. Im Ethernet kommen spezifische Übertragungsprotokolle zum Einsatz. Die Ethernetverfahren gehören zu den klassischen LAN-Übertragungsprotokollen, welche eine Paketvermittlung unter Nutzung der Zugriffssteuerung CSMA/CD realisieren. Zur Verkabelung werden meist Kupferleitungen (Koax bzw. UTP/STP) verwand (s. auch Kapitel 6 »Netzverkabelung – Physikalische Grundlage«). Die Kodierung der einzelnen Bits setzt das Manchesterverfahren um.

Die Unterschiede der einzelnen Ethernet-Übertragungsprotokolle liegen im Aufbau eines Datenrahmens und damit der Positionen wichtiger Informationen, wie etwa der Netzwerkadresse der angesprochenen Station. Daneben bestehen Unterschiede in der Abbildung der Prüfsummen auf den einzelnen Datenrahmen. Dieses Unterscheidungskriterium wird u. a. auch »Ethernet-Frame-Type« genannt.

An den ersten Bits eines Datenrahmens können wir erkennen, mit welcher Spielart wir konfrontiert sind. Ethernetkarten werden bei der Installation immer auf ein bestimmtes Protokoll konfiguriert. Falls die Karte nun einen Datenrahmen vom Typ einer anderen Variante empfängt, verwirft sie den Rahmen und leitet ihn natürlich auch nicht an höhere Schichten weiter.

Somit gilt es, beim Aufbau einer Kommunikationsverbindung zwischen mehreren Knoten in einem Ethernet darauf zu achten, daß auf allen Netzwerkkarten derselbe Frametype eingestellt ist.

Ethernet I

Die Urform des Ethernet ist die heute kaum noch gebräuchliche Variante Ethernet I, die Ende der 80er Jahre im Rahmen der Entstehung der ersten UNIX-Systeme entwickelt wurde. Zur Verkabelung diente das Yellow Cable mit externen Transceivern und AUI-Anschlußkabel.

Heute werden vier unterschiedliche Ethernet-Varianten mit verschiedenen Frametypen eingesetzt:

Ethernet II

Diese Form wird vorwiegend in UNIX-Systemen genutzt. Soll jedoch TCP/IP als Transportprotokoll eingesetzt werden, muß Ethernet II zwangsläufig auch in anderen Systemen Verwendung finden.

Ethernet SNAP

Auf Ethernet SNAP treffen wir bei der Vernetzung von *AppleTalk*-Netzen.

IEEE Ethernet 802.3

Diese Variante beschreibt einen von der IEEE normierten *Frametype*. Falls möglich, sollten Sie auf diesen Typ zurückgreifen, um eine Inkompatibilität mit zukünftigen Entwicklungen zu vermeiden. IEEE 802.2 nutzt die bereits beschriebene Aufteilung des Schicht-2-Protokolls im LLC und MAC sublayer. Der MAC sublayer realisiert das CSMA/CD-Verfahren.

Ethernet 802.3 RAW

Während die IEEE an der Standardisierung von IEEE 802 arbeitete, brachte Novell die Netware Version 3.11 auf den Markt. Im Hinblick auf die anstehende Standardisierung wurde eine Ethernetvariante mit dem Namen 802.3 implementiert.

Die endgültige Spezifikation entsprach allerdings nicht der von Novell gewählten Vorabversion. Dies führte zu einem Bezeichnungswirrwar, mit dem viele Netzwerktechniker zu kämpfen haben.

Novell nannte die eigene Variante 802.3 nur in der Dokumentation in 802.3 RAW um. In den Menüfenstern erscheint weiterhin der alte Name. Die offizielle IEEE 802.3-Spezifikation implementierte Novell unter dem Namen 802.2 (also eigentlich der Bezeichnung für den LLC-Sublayer auf der IEEE Norm). Das von Novell mit 802.3 bezeichnete Protokoll entspricht also keinem Standard. 802.2 von Novell ist identisch mit der IEEE Norm 802.3, trägt aber eigentlich den falschen Namen.

MAC-Adressen im Ethernet

Die Hardware-Adressen aller Ethernet-Netzwerkkarten, d. h. die MAC-Adressen, sind weltweit eindeutig. Die Adressen werden aus 48 Bit gebildet. Diese werden normalerweise als 6 Hexadezimalzahlen dargestellt: z. B. 00 2C 67 34 00 1A. Die ersten drei Hexzahlen geben einen Herstellercode an. Die restlichen Zahlen werden intern zur Kodierung genutzt. Durch diesen Aufbau sollte es weltweit nur Ethernet-Karten mit unterschiedlichen MAC-Adressen geben.

Aufbau eines Ethernet-Frames

Der Aufbau eines Ethernet-Frames ist stark implementationsabhängig. Daher wird an dieser Stelle nur das Grundsystem, bezogen auf IEEE 802.3, dargestellt.

IEEE-Norm	Bezeichnung	Anzahl Bytes
802.3	Präambel	7
802.3	Start Frame Delimiter	1
802.3	Destination Adresse	6
802.3	Source Adresse	6
802.3	Länge	2
802.2	LLC Steuerinformation	4
802.2	LLC-Daten	variabel
802.3	Prüfsumme	4

7.14
Grundsystem eines Ethernet-Frames

Sie sehen hier typische Informationen für ein Schicht -2-Protokoll. Dazu gehören etwa die Destination- (Empfänger-) und Source- (Sender-) Adresse. Diese werden in Schicht -2 jeweils mit 6 Bytes dargestellt. Am Ende finden wir eine 4 Byte lange Prüfsumme.

Zu Beginn des Frames wird eine 7 Byte umfassende sog. Präambel gesendet, (eine zyklische Folge von 0 und 1, die mit einer 0 endet). Die Präambel dient der Synchronisation des Taktes. Danach folgt ein Start Delimiter mit der binären Darstellung »10101011«. Hinter den MAC-Adressen finden Sie die Längenangabe der LLC-Daten.

Funktionelle Adressen

Es existiert eine Reihe sog. funktioneller Adressen. Die Broadcastadresse, definiert als »FF FF FF FF FF FF«, ist besonders nützlich. Sendet eine Station einen Datenrahmen mit einer solchen Adresse, anstatt mit einer wirklich vorhandenen, spricht die Station kein bestimmtes Ziel an. Einige Knoten, wie etwa ein Server, können auf einen *Broadcastframe* mit der Rücksendung ihrer eigenen MAC-Adresse antworten. Derart kann die Kommunikation zwischen den Partnern (hier Server und Client) hergestellt werden.

Verkabelungsspezifikationen im Ethernet

Durch ein Bussystem, die eingesetzten Kabel, das CSMA/CD-Verfahren und eine definierte Länge eines Datenrahmens ergibt sich eine Reihe von Einschränkungen bezüglich der Anzahl der Stationen, der Menge an miteinander verbundenen Segmenten und auch der Verkabelungsstrecke zwischen den Stationen.

Während der Übertragung von Daten hört das CSMA/CD-Verfahren nur solange den Bus ab, bis alle Daten versandt wurden. Soll eine mögliche Kollision erkannt werden, stören die Impulse einer anderen Station in der Zeitspanne, die für das Versenden eines Datenrahmens benötigt wird, die Übertragung. Liegen die Stationen in einem Bus zu weit auseinander, kann eine Kollision nicht erkannt werden.

7.15

Zufällig haben A und B zeitgleich begonnen, zu senden. In der obigen Abbildung liegen die Stationen zu weit auseinander. A und B haben die Übertragungen abgeschlossen. Die Datenrahmen haben die Gegenseite jedoch nicht in der Übertragungszeit erreicht.

7.16

Für die Abbildung 7.16 gilt: Selbst im ungünstigsten Fall, d. h. beide Stationen beginnen zeitgleich zu senden, kann die Kollision noch mit den letzten gesendeten Bits eines Datenrahmens erkannt werden. Letztendlich folgt hieraus, daß die Strecke zwischen den beiden Stationen, die am weitesten voneinander entfernt liegen, höchstens die Distanz betragen darf, welche die ersten Bits einer Übertragung in dem Zeitraum der gesamten Übertragung eines Frames zurücklegen.

Im Kapitel 12 »Protokollvermittlung« werden Sie lernen, daß diese Zeitspanne von weiteren Faktoren, wie etwa zwischengeschalteten Verstärkern, beeinflußt wird.

Aus der eingesetzten Verkabelung und damit der Ausbreitungsgeschwindigkeit der Signale ergibt sich eine Reihe von Kennzahlen. Beachten Sie dazu bitte die folgende Tabelle:

10BASE5

Weitere Bezeichnungen	Yellow Cable, Thick Ethernet
Topologie	Bus
Datenraten	1, 5, 10 (20) Mbit/s
Verkabelungsmaterial	Koxialkabel mit externen Transceivern und AUI-Anschlußkabeln
max. Ausdehnung	500 m je Segment, 2500 m Gesamtausdehnung
max. Anzahl der Stationen	100 Stationen, mind. Abstand 2,5 m
Besonderheiten	ältere Technik

10BASE2

Weitere Bezeichnungen	Cheapernet, Thin-Ethernet
Topologie	Bus
Datenraten	10 MBit/s
Verkabelungsmaterial	Koxialkabel, Anschluß via BNC-T-Stecker
max. Ausdehnung	185 m je Segment, 925 m Gesamtausdehnung
max. Anzahl der Stationen	30 Stationen, mind. Abstand 0,5 m
Besonderheiten	anfällige Anschlußtechnik, kann mit EAD-Anschlußdosen gemildert werden

10BASET

Weitere Bezeichnungen	Twisted Pair
Topologie	Bus mit sternförmiger physikalischer Struktur
Datenraten	10 MBit/s
Verkabelungsmaterial	verdrilltes Kupferkabel (UTP) mit RJ-45 Anschlußelementen, Nutzung eines Verteilers (HUB)
max. Ausdehnung	100 m Anschlußkabel zwischen HUB und Endgerät Gesamtausdehnung ist abhängig von den »Linksegmenten«

max. Anzahl der Stationen	je zwei Hubs bilden ein Segment, Anzahl der Stationen ist nicht spezifiziert
Besonderheiten	die Stationen sind mit einer Punkt-zu-Punkt-Verbindung mit einem HUB verbunden. Der Hub fungiert als MAU in einem Ethernet-Segment. Das CSMA/CD wird für den Zugriff in einem Hub je Segment eingesetzt.

10BROAD36

Weitere Bezeichnungen	Breitband-Ethernet
Topologie	Kascadierter Baum
Datenraten	10 MBit/s
Verkabelungsmaterial	Koxialkabel, Anschluß via MAU und AUI-Kabeln
max. Ausdehnung	3600 m je Segment
max. Anzahl der Stationen	30 Stationen, mind. Abstand 0,5 m

7.17
Kennzahlen

7.5 TOKEN RING

Das Token Ring-Protokoll von IBM arbeitet nach dem Token Passing-Verfahren. Als Topologie kommt in der Regel ein Ring zum Einsatz. Physikalisch ist dieser Ring mit Hilfe von Ringleitungsverteilern als Stern ausgelegt (s. auch die zweite Abbildung in Kapitel 4 »Netzwerktopologien«). Die Verbindung der Stationen zum Ringleitungsverteiler erfolgt mittels spezieller STP-Kabel. Die Ringleitungsverteiler werden entweder mit ähnlichen Kabeln oder LWL-Strecken miteinander verbunden. Hierbei muß stets auf die Ringform geachtet werden.

Die Anzahl der Stationen und Ringleitungsverteiler in einem Token Ring ist beschränkt (12 Ringleitungsverteiler, 96 Stationen). Bei großen Netzen muß mit den den Spezifikationen entsprechenden Teilringen gearbeitet werden.

Vom Token Ring gibt es zwei Varianten. Die erste Variante, der Original Token Ring, arbeitet mit 4 MBit/s Übertragungsrate. Das Zugriffsverfahren entspricht dem oben beschriebenen Token Passing-Verfahren. Die andere Variante nennt sich Early-Token Release Token Ring und arbeitet mit 16 MBit/s. Das Zugriffsverfahren wird insoweit abgewandelt, als sofort nach dem Absenden eines Datenrahmens bereits ein Freitoken generiert wird. Dadurch befinden sich u.U. mehrere Freitoken zeitgleich auf dem Ring.

> **INFO SPEZIAL**
>
> DER »4 MBIT TOKEN RING« WIRD NORMALERWEISE HEUTE NUR NOCH DANN EINGESETZT, WENN SICH Z. B. ÄLTERE GROSSRECHNER IM RING BEFINDEN, DIE LEDIGLICH MIT DIESER DATENRATE ARBEITEN KÖNNEN.

Das Token Ring-Protokoll besitzt eine Reihe weiterer Eigenschaften zur Fehlersuche bzw. Regenerierung des Rings nach einem Fehler. Außerdem liegen Möglichkeiten zur Prioritätssteuerung vor.

IEEE 802.5

Auch der Token Ring wurde von der IEEE standardisiert. und gleichfalls in die schon besprochenen, einzelnen Sublayer aufgeteilt. Bei der Normierung des Token Rings unter dem Kürzel IEEE 802.5 setzte die Organisation als LLC-Sublayer den uns schon vertrauten IEEE 802.2 fest. Somit gleichen sich die normierten Verfahren für Ethernet und Token Ring bezüglich der Schnittstelle zur OSI-Schicht 3, die der LLC-sublayer ja bereitstellt. Setzt ein höheres Protokoll also auf einem LLC-normierten System auf, ist eine Hardwareunabhängigkeit bereits auf der Schicht -2 erreicht. Diesen Umstand macht sich etwa eine sog. LLC-Sublayer-Bridge zunutze, die ein Ethernet mit einem Token Ring verbinden kann (siehe Kapitel 9 »Netzvermittlungstechniken«).

Aufbau des Token im Token Ring

Der Token besteht aus insgesamt 3 Bytes. Das erste Byte bezeichnen wir als Starting Delimiter, das letzte als Ending Delimiter.

SD	AC	ED

7.18
Aufbau des Token

Den letzten beiden Bits des Ending Delimiters kommt eine besondere Bedeutung zu. Das sechste Bit gibt an, ob es sich um den letzten oder *n*-ten Frame einer Gruppe von logisch zusammengehörenden Frames handelt (Intermediate Frame Bit). Das siebte Bit (das Error Detected Bit) steht im Normal- fall auf 0. Wird der Token jedoch als fehlerhaft erkannt, wird das Bit auf 1 gesetzt.

Das zweite, mittlere Byte des Token heißt Access Control Byte.

P	P	P	T	M	R	R	R

7.19
Access Control Byte

Die Aufgaben der einzelnen Bits im Access Control Byte sind:

- Das T-Bit gibt an ob es sich um einen Token (= 0) oder um einen Frame (= 1, s. auch »Aufbau eines Frames«) handelt.

- Das M-Bit (monitor bit), wird vom Aktive Monitor bei jedem vorbeikommenden Token bzw. Frame gesetzt. Erhält der Monitor ein Token, dessen M-Bit bereits gesetzt ist, werden alle Nachrichten vom Ring entfernt und ein Freitoken generiert.

- Die P-Bits (priority bits) dienen der Prioritätensteuerung im Token Ring.
- Die R-Bits (reserved priority bits) sind ohne Funktion.

Aufbau eines Frames im Token Ring

Sobald gerichtete Daten im Ring übertragen werden sollen, müssen Adressinformationen hinzugefügt werden. Diese werden im Frame gesendet, da der Token noch ungerichtet ist.

Der Frame setzt sich aus einer Reihe von Steuerungsbytes, der Start- und Empfängeradresse, den zu sendenden Daten und einer Prüfsumme zusammen. Ähnlich einem Token sind diese Informationen durch Start und End Delimiter eingerahmt. Der Frame weist an der zweiten Position gleichfalls das Access Control Byte auf. Anhand der Schaltung des T-Bit im AC (0 oder 1, s. oben) kann zwischen einem Token und einem Frame unterschieden werden.

Hier der Aufbau des Frames im einzelnen:

| SD | AC | FC | Dest | Source | Routing | Daten | CRC | ED | FS |

7.20
Aufbau des Token Ring Frames

SD	Starting Delimiter
AC	Access Control
FC	Frame Control
Dest	Zieladresse, bei IBM 6 Byte (auch 2 Byte möglich)
Source	Startadresse, bei IBM 6 Byte (auch 2 Byte möglich)
Routing	variable Länge, optional
Daten	variable Länge
CRC	Frame Check Sequence (Prüfsumme nach Cyclic Redundancy Check)
ED	Ending Delimiter
FS	Frame Status

7.21
Token Ring Frames: Aufgeschlüsselt

Das FC-Byte gibt in seinen ersten 2 Bits an, um welchen Frame-Typ es sich handelt. Zur Zeit sind die Typen LLC (Datenframe mit 01) und MAC (Steuerinformation mit 00) definiert.

Das FS-Byte besteht aus zwei identischen, 4 Bit langen Bereichen. Das erste Bit bezeichnen wir mit Adress-Recognized, das zweite mit Frame Copied Bit. Erkannt die angesprochenen Station die Destinationadresse, wird das entsprechende Bit gesetzt. Liegen Daten vor und werden sie kopiert, setzt die Station das *Frame Copied* Bit.

Das FS-Byte liegt außerhalb des durch die Prüfsumme abgedeckten Bereichs. Werden die Bits in FS-Byte verändert, muß daher die CRC-Prüfsumme nicht neu berechnet werden.

ÜBERTRAGUNGSPROTOKOLLE IM LAN

Adressierung im Token Ring

Der Adressierung der einzelnen Station innerhalb des Token Rings sind 6 Bytes vorbehalten. Wir unterscheiden in unterschiedliche Adressen:

- individuelle Adressen
- Gruppenadressen
- von Herstellern vorgegebene Adressen
- lokal verwaltete Adressen
- funktionelle Adressen

Um welche Art von Adresse es sich bei einer Angabe handelt, kann an Hand von drei speziellen Bits ermittelt werden: den ersten beiden Bits in Byte 1 und dem ersten Bit in Byte 2.

Im folgenden finden Sie eine Tabelle über die zur Zeit definierten funktionellen Adressen:

NAME	ADRESSE	REALISIERUNG
Aktiver Monitor	C0 00 00 00 00 01	jede Station
Ring Parameter Server	C0 00 00 00 00 02	Brücke, LAN Netzwerk Manager
Ring Error Monitor	C0 00 00 00 00 08	Brücke, LAN Netzwerk Manager
Configuration Report Server	C0 00 00 00 00 10	Brücke, LAN Netzwerk Manager
Brücke	C0 00 00 00 00 80	
NetBIOS	C0 00 00 00 01 00	jede NetBIOS Anwendung
IMPL-Server	C0 00 00 00 02 00	
Authorization Server	C0 00 00 00 04 00	
LAN Gateway	C0 00 00 00 08 00	
Ringleitungsverteiler	C0 00 00 00 10 00	IBM 8230
LAN Manager	C0 00 00 00 20 00	
Frei für Anwender	C0 00 00 00 80 00 bis C0 00 40 00 00 00	

7.22
Funktionelle Token Ring-Adressen

Der Token Ring Monitor

Jeder Ring besitzt jeweils eine Station, die die Funktion des aktiven Monitors übernimmt. Alle anderen aktiven Stationen im Ring dienen als Stand-By-Monitore. Jede Station kann zu jedem Zeitpunkt aktiver Monitor im Ring werden. Welche Station diese Aufgabe übernimmt, ermittelt ein fest definiertes Verfahren, das Token Claiming-Verfahren.

Funktionen des aktiven Monitors

Der aktive Monitor überwacht den Timer und stellt sicher, daß immer ein gültiger Token oder Frame im Ring vorhanden ist.

Er erkennt Ringfehler wie:

- fehlerhafter oder unvollständiger Token
- Frames und Prioritäts-Token, die den Ring mehrfach umkreisen
- mehr als ein aktiver Monitor im Ring
- mehr als ein Token

Er stellt die minimale Speicherfähigkeit eines Ringes von 3 Bytes (Länge des Freitokens) sicher und kontrolliert die Master Clock im Ring. Damit gehen Aufgaben einher wie:

- Kontrolle des Timings
- Synchronisation aller Timer im Ring
- Garantie einer minimalen Ring-Speicherfähigkeit von 24 Bits
- Initiation des NAUN-Verfahrens (alle 7 Sek.)
- Überwachung der Übertragung von Token und Frame
- Erkennung verlorengegangener Token bzw. Frames (alle 10 Minuten wird auf einen Startdelimiter geprüft)

Schließlich leert der Monitor den Ring im Fehlerfall und erzeugt ein neues Token.

FUNKTIONEN DES STAND-BY-MONITORS

Ein Stand-By-Monitor überwacht den Ring und die Funktionen des aktiven Monitors. Hierzu werden zwei spezielle Timer eingesetzt. Der Timer »Good Token« liegt auf 2,6 Sekunden, er prüft jeweils einen Token oder einen Frame. Der Timer »Recieve Notification« liegt auf 15 Sekunden, er prüft die Initiation des NAUN-Verfahrens.

Läuft einer der beiden Timer ab, startet der Stand-By-Monitor das Token Claiming-Verfahren, da evtl. ein Ausfall des aktiven Monitors vorliegt und ein Stand-By-Monitor dessen Funktionen übernehmen muß.

NAUN

Das NAUN-Verfahren (**n**ext **a**dressable **u**pstream **n**eighbour) wird vom aktiven Monitor alle 7 Sekunden initiiert. Das Verfahren dient primär der Fehlererkennung und -isolierung (*beaconing*).

- Läuft der Timer ab, generiert der Monitor einen MAC Frame mit der Broadcast-Adresse C000 FFFF FFFF (active monitor present). Der Frame selbst erhält die höchste Priorität, um sicherzustellen, daß Timer nicht vorzeitig ablaufen.

- Die erste Station, die den Active Monitor Present Frame erkennt, kopiert diesen und setzt im FS-Bytes (frame status) die Bits »address recognized« und »frame copied«. Die im Frame erhaltene Source-Adresse ist die NAUN-Adresse dieser Station, die nun gespeichert wird. Danach wird der Frame weitergereicht.

- Nach 20 Minuten wird ein »Stand-By Monitor Present« MAC-Frame generiert. Hier werden die Bits A und C gelöscht, als Source-Adresse wird die eigene Adresse eingesetzt.

- Die nachfolgende Station läßt das »Active Monitor Present Frame« passieren und kopiert die Adresse des nachfolgenden »Stand-By Monitor Present«-Frames als ihre eigene NAUN-Adresse. Dann werden die Bits A und C gesetzt. Nach der Wartezeit von 20 Minuten wird auch hier ein »Stand-By Monitor present« Frame erzeugt und weitergereicht.

- Das Verfahren wird solange fortgesetzt bis der Monitor von dem letzten Stand-By Monitor seine eigene Adresse als NAUN-Adresse erhält. Durch ein »Stand-By Monitor Present« Frame mit gelöschten A und C Bits wird dies erkannt.

Erhält der Monitor sein eigenes Frame mit gelöschten A- und C-Bits zurück, ist er die einzige Station auf dem Ring.

BEACONING

Das *Beaconing* (Leuchtfeuer) wird immer dann eingeleitet, wenn das NAUN-Verfahren nicht innerhalb einer vorgegebenen Zeit abgeschlossen wird. Wahrscheinlich liegt eine Unterbrechung des Rings oder mindestens eine Funktionsunfähigkeit einer Station vor. Beispielsweise könnte eine Station ständig Daten übertragen, ohne einen Freitoken zu erzeugen (Streaming).

Erkennt eine der Stationen eine Fehlfunktion, z. B. daß an einer bestimmten Stelle keine Daten ankommen, sendet diese Station an ihren NAUN alle 20 Minuten einen Beaconing MAC Frame.

Empfängt eine Station einen an sie adressierten Beaconing Frame, schaltet sie sich vom Ring und führt eine Reihe von Selbsttests durch. Wird kein Fehler erkannt, versucht die Station, sich wieder in den Ring zu schalten und startet dann selbst das Beaconing-Verfahren.

Empfängt eine das Beaconing auslösende Station einen eigenen Beaconing Frame, kann davon ausgegangen werden, daß sich der NAUN aus dem Ring entfernt hat und der Fehler behoben wurde.

TOKEN CLAIMING

Das Token Claiming wird genutzt, um einen neuen aktiven Monitor im Ring festzulegen. Der Auslöser des Vorgangs ist entweder der Active Monitor oder ein Stand-By-Monitor. Grundsätzlich nehmen an dem Verfahren nur die auslösende und speziell dafür konfigurierte Stationen teil. Falls mehrere Stationen teilnehmen, »gewinnt« die Station mit der höchsten Stations-Addresse (d. h. physikalischen MAC-Adresse).

Die erste Aktion des neuen Monitors ist der Ring Purge Process. Hierbei werden alle 4 ms »Ring Purge MAC Frames« gesendet und nach dem kompletten Ringdurchlauf auf Fehler geprüft. Während dieser Zeit ist der Ring nicht betriebsbereit. Alle anderen Stationen unterbrechen daher die Arbeit und lassen die MAC-Frames passieren.

ANSCHALTPROZEDUR EINER STATION

Den Anschaltvorgang einer Station unterteilen wir in sechs Phasen:

1. Phase

Zuerst wird das Verbindungskabel (*Lobe Cable*) zwischen Endgerät und Ring bzw. Ringleitungsverteiler geprüft, indem ein spezieller MAC-Frame (*Lobe Test MAC*) generiert wird. Bei Empfang des Frames als fehlerfrei kann davon ausgegangen werden, daß das Lobe Cable funktionsfähig ist.

ÜBERTRAGUNGSPROTOKOLLE IM LAN

Als nächstes folgt der Test der eigenen Empfangslogik mittels Erzeugung eines »Duplicate Adress MAC Frame« und Überprüfung der Fähigkeit der Station, an sie adressierte Frames zu erkennen.

Jetzt findet der eigentlich Anschluß an den Ring über den Ringleitungsverteiler durch Anlegen der sog. Phantomspannung an das Lobe Cable statt. Der Ringleitungsverteiler öffnet ein Relais und bindet die Station damit physikalisch in den Ring ein.

2. Phase

Die Station überprüft, ob bereits ein aktiver Monitor im Ring vorhanden ist. Dazu startet sie einen Timer und wartet auf ein Monitor Present MAC Frame. Läuft der Timer nach 18 Sekunden ab, initiiert die Station den Token Claiming-Prozeß und wird eventuell zum aktiven Monitor.

3. Phase

Hier wird wiederum ein »Duplicate Adress MAC Frame« erzeugt, jetzt aber zur Prüfung der Adreßeindeutigkeit auf dem Ring. Findet sie eine Station mit der gleichen Adresse gefunden, koppelt sich die Station direkt wieder aus dem Ring aus.

4. Phase

Die Station nimmt am NAUN Verfahren teil.

5. Phase

Vom Ringparameter Server werden spezielle Einstellungen angefordert. Kommt keine Antwort, nutzt die Station ihre eigenen Voreinstellungen.

6. Phase

Die Station ist sende- und empfangsbereit.

7.6 ARCNET

Das Protokoll des *ARCnet* basiert auf einer Stern- oder einer Bustopologie. Die Verkabelung erfolgt mit Hilfe von Koaxialkabeln und der BNC-Anschlußtechnik.

Das Zugriffsverfahren realisiert eine Token-Passing-Variante mit dem Namen Token Bus. Jede Netzwerkkarte wird mit DIP-Schaltern auf eine von 255 möglichen Adressen eingestellt, womit sich auch die maximale Anzahl der Stationen ergibt.

Bei der Sternverkabelung dürfen die benachbarten Stationen max. 100 m voneinander entfernt sein, d. h. sie müssen in einem Radius von ca. 50 m um den Sternverteiler herum angeordnet werden. Die Segmentlänge bei der Busverkabelung ist auf ca. 330 m begrenzt.

> **INFO SPEZIAL**
>
> ALS ÜBERTRAGUNGSRATE WIRD VIELFACH LEDIGLICH 2,5 MBIT/S ANGESETZT. ES IST JEDOCH AUCH EINE VARIANTE MIT 100 MBIT/S ÜBERTRAGUNGSRATE, DIE AUF DER BASIS EINES LWL ARBEITET, ERHÄLTLICH.

ÜBERTRAGUNGSPROTOKOLLE IM LAN

Das ARCnet kommt heute normalerweise nicht mehr zum Einsatz, da die Übertragungsrate zu gering und die Hardware-Konfiguration der MAC-Adressen in großen Netzen zu aufwendig ist.

Es existiert jedoch der Standard IEEE 802.4, der eine Einbindung eines ARCnet-Teilnetzes etwa in ein Ethernet relativ einfach ermöglicht.

ZUSAMMENFASSUNG

✓ Sie haben in diesem Kapitel die wichtigsten Protokolle der OSI-Schichten -1 und -2 im LAN kennengelernt: das Ethernet und der Token Ring mit ihren spezifischen Verkabelungsarten, Zugriffsverfahren und Beschränkungen bezüglich Ausdehnung und Größe des Netzwerkes. Daneben konnten Sie sich auch die unterschiedlichen Datenübertragungsraten der Systeme erarbeiten.

✓ Das nicht mehr allzu relevante ARCnet haben wir hinsichtlich der zuvor genannten Charakteristika kurz angerissen.

✓ Die Auswahl eines problemadäquaten Protokolls ist nicht immer leicht und vielfach auch von den gegebenen Infrastrukturen abhängig. Sicherlich spielt in diesem Rahmen neben der Größe eines geplanten Netzes auch die finanzielle Ausstattung eine wesentliche Rolle.

45 ZEITEINHEITEN

ÜBUNGEN

·185· Worin unterteilt die Standarisierungsorganisation IEEE im Standard IEEE 802 die OSI-Schichten -1 und -2 ?

·186· Welche Aufgaben nimmt die LLC-Teilschicht primär wahr ?

·187· Wie nennen wir die Bildung von Dataframes beim Sendevorgang im MAC Sublayer ?

·188· Die Netzadressen der einzelnen Stationen müssen unbedingt _____ vergeben werden, damit die Daten die richtigen Adressaten erreichen können. Bitte vervollständigen Sie den Satz.

·189· Wie nennen wir die hardwareseitig vorgegebene oder einzustellende Netzwerkadresse ?

·190· Die Hauptaufgabe des Physical Signaling Sublayers liegt in der Zugriffsteuerung. Ist diese Aussage richtig ?

·191· Welche Schnittstelle besitzt eine MAU zum Endgerät ?

·192· Prinzipiell finden wir zwei Lösungsvarianten des Zugriffverfahrens: _____ und _____.

·193· Bei CSMA/CD handelt es sich um ein deterministisches Zugriffsverfahren. Ist diese Aussage richtig ?

ÜBERTRAGUNGSPROTOKOLLE IM LAN

ÜBUNGEN

- **·194·** Funktioniert das CSMA/CD-Zugriffsverfahren nur bei einer relativ geringen oder relativ hohen Anzahl von Stationen?
- **·195·** Wie heißt der Datenrahmen, mit dem das Token Passing-Zugriffsverfahren die Sendeberechtigung an eine Station übergibt?
- **·196·** Was passiert in folgender Abbildung:

7.23

- **·197·** Wozu wird die Manchesterkodierung häufig eingesetzt?
- **·198·** Was kann mit Hilfe des Manchesterkodierung auf einfache Art implementiert werden?
- **·199·** Welches Zugriffsverfahren wird im Ethernet genutzt?
- **·200·** Wie heißen die heute eingesetzten vier Ethernet-Varianten?
- **·201·** Auf welche dieser Varianten sollten Sie nach Möglichkeit zurückgreifen?
- **·202·** Vervollständigen Sie bitte die fehlenden Bezeichnungen in der folgenden Abbildung des Grundsystems eines Ethernet-Frames.

IEEE-Norm	Bezeichnung	Anzahl Bytes
802.3		7
802.3		1
802.3		6
802.3		6
802.3		2
802.2		4
802.2		variabel
802.3		4

7.24

- **·203·** Zu welcher Art von Adressen zählt die Broadcastadresse?
- **·204·** Wann kann eine Kollision in einem Bussystem nicht erkannt werden?

ÜBERTRAGUNGSPROTOKOLLE IM LAN

ÜBUNGEN

- ·205· Woran muß sich die Auslegung der Distanz der beiden Stationen, die in einem Bus am weitesten auseinander liegen, orientieren?
- ·206· Die Anzahl der Stationen und Ringleitungsverteiler in einem Token Ring ist auf __ Ringleitungsverteiler und __ Stationen begrenzt. Bitte ergänzen Sie die fehlenden Zahlen.
- ·207· Aus wie vielen Bytes besteht der Token im Token Ring?
- ·208· Skizzieren Sie das mittlere Byte des Token im Token Ring.
- ·209· Anhand welcher Bytes kann zwischen einem Token und einem Frame unterschieden werden?
- ·210· Nennen Sie drei Adreßformen, die im Token Ring unterschieden werden.
- ·211· Durch welches Verfahren wird in einem Token Ring ermittelt, welche Station die Aufgabe des aktiven Monitors übernimmt?
- ·212· Wozu dient das NAUN-Verfahren primär?
- ·213· Wie oft wird das NAUN-Verfahren vom aktiven Monitor initiiert?
- ·214· Das Beaconing (Leuchtfeuer) wird immer dann eingeleitet, wenn das NAUN-Verfahren innerhalb einer vorgegebenen Zeit abgeschlossen ist. Stimmt diese Aussage?
- ·215· Was verstehen wir unter Streaming?
- ·216· Welche Station wird im Token Claiming-Verfahren als aktiver Monitor eingesetzt, falls mehrere Stationen grundsätzlich in Frage kommen?
- ·217· Den Anschaltvorgang einer Station unterteilen wir in _____ Phasen. Bitte ergänzen Sie den Satz.
- ·218· Wie reagiert eine Station, wenn Sie während des Anschaltvorgangs keine Antwort vom Ringparameter Server erhält?
- ·219· Wie viele Stationen können in einem ARCnet maximal angeschlossen werden?
- ·220· Warum kommt das ARCnet heute normalerweise nicht mehr zum Einsatz?

8 Übertragungsprotokolle im WAN/MAN

Werden Daten in WAN- oder MAN-Verbünden ausgetauscht, so erfordert dies andere Übertragungsprotokolle als im Bereich der lokalen Netzwerke.

Ein Wide Area Network (WAN) kann weltumspannend ausgelegt sein und muß damit eine sehr große Anzahl von Benutzern bedienen können. Die Übertragungsraten in solchen Netzen sind oft im Vergleich zum LAN relativ gering, wie z. B. im öffentlichen Telefonnetz. Haben Sie schon einmal das Internet »besucht«, wissen Sie sicherlich, welch lange Ladezeiten dort für relativ kleine Datenmengen beansprucht werden.

In einem Metropolitan Area Network (MAN), aber auch im Primär- und Sekundärbereich einer strukturierten Verkabelung, kommen Übertragungsprotokolle zum Einsatz, die eine hohe Datenübertragungsrate ermöglichen. Zukünftige öffentliche MANs werden daneben einen integrativen Charakter aufweisen, d. h. die Netze werden für die parallele Übertragung von Daten, Sprache und Bildern ausgelegt.

Ein Übertragungsprotokoll orientiert und entwickelt sich im wesentlichen an den technischen Gegebenheiten. Diese unterscheiden sich in Weitverkehrsnetzen deutlich von lokalen Netzwerken.

Im Rahmen dieses Kapitels werden Sie sich mit einer Reihe unterschiedlicher Übertragungsverfahren auseinandersetzen, die heute bereits verbreitet sind oder aber in Zukunft Bedeutung erlangen werden.

Lernen Sie

- das HDLC-Protokoll einzuordnen
- die Technik von FDDI bzw. CDDI mit ihren Nutzungsfelder kennen
- das zukünftige Highspeed-Protokoll ATM zu verstehen
- die Funktionsweise und die Einsatzfelder von DQDB zu begreifen

8.1 Besonderheiten von WAN/MAN-Protokollen

Wie Sie bereits wissen, kommt einem WAN eine andere Aufgabe zu als einem LAN. Der Hauptvorteil eines WANs liegt in seiner Größe. In einem LAN befindet sich meist nur eine kleinere Benutzerzahl (< 100). Ein WAN soll weite Strecke überbrücken und viele Teilnehmer erreichen. Abhängig von der Anzahl der Teilnehmer fällt die Entscheidung für ein bestimmtes System.

Die Anforderungen eines Benutzers an ein WAN unterteilen sich in eine Reihe von Faktoren, die natürlich auch den internen Aufbau des Netzes beeinflussen. Gängige Anforderungen sind etwa die ständige Verfügbarkeit sowie die ausreichende Datensicherheit. Unter Datensicherheit verstehen wir hier die fehlerfreie Übertragung der Daten, nicht den Datenschutz, der natürlich auch ein wichtiger Aspekt ist.

Viele WAN-Systeme waren ursprünglich überhaupt nicht für die Übertragung von Daten konzipiert (siehe öffentliches Telefonnetz). Daneben existieren einige Systeme schon recht lang und weisen daher Schwächen hinsichtlich der Befriedigung des heute üblichen, hohen Anspruchs an die Datenübertragung auf. Insbesondere, wenn bestehende LANs mit Hilfe eines WANs verknüpft werden sollen, entstehen Engpässe aufgrund der schwachen Übertragungsraten.

Betrachten wir die momentan realisierten WANs, so zeichnet sich ab, daß die meisten von ihnen nicht für zukünftige Anforderungen gerüstet sind. Die zur Zeit eingesetzte Technik wird wohl mit der Einführung anderer Systeme an Bedeutung verlieren. Hierzu zählt beispielsweise das *HDLC*-Protokoll, welches die Basis für *X.25* Netze, wie das DATEX-P Netz, bildet.

Speziell in letzter Zeit beobachten wir immer häufiger den Versuch, schnellere Alternativen am Markt zu etablieren. Es entstehen High-Speed-Protokolle, die in der Lage sind, sowohl bestehende Anforderungen als auch zukünftig zu erwartende Ansprüche abzudecken. Oft werden diese Protokolle dann im Primärbereich der strukturierten Verkabelung, im MAN-Bereich, aber auch im WAN-Bereich eingesetzt. Dazu gehören Systeme wie FDDI, DQDB und ATM.

8.2 BURSTINESS

Die Entwickler von Datenübertragungssystemen richten ihre Aufmerksamkeit speziell auf die prognostizierten Übertragungsraten. Im WAN-Umfeld stoßen sie auf das Problem, daß eine Reihe unterschiedlicher Daten (-formate) mit jeweils anderen Übertragungsraten transportiert werden müssen, wie z. B. Daten aus den Bereichen:

- Telemetrie (Prozeßsteuerung)
- Sprache
- Telefax
- Datenübertragung
- LAN-Daten
- Multimediadaten (Internet)
- Musik/Radio
- Bildtelefon
- Videokonferenz
- Video on demand
- HDTV (High Definition TV)

All diese Dienste stellen unterschiedliche Anforderungen an ein WAN. Eine Grundregel beim Aufbau eines WANs lautet: die bestehenden Leitungen müssen von einer größeren Anzahl von Benutzern gleichzeitig genutzt werden können. Sollen nun alle oder eine ganze Reihe der oben genannten Dienste bereitgestellt werden, so gälte es eigentlich, sich an dem Dienst zu orientieren, der den höchsten Anspruch an die Transferrate stellt. Damit würden wir Datenkanäle mit mehreren Hundert Mbit/s Übertragungskapazität benötigen. Eine einfache Telefonverbindung braucht allerdings nur 64 Kbit/s. An dieser Stelle würde also viel Bandbreite verschenkt.

Führen wir uns einen weiteren Faktor bezüglich der Auslegung eines Netzes vor Augen. In modernen Systemen wird versucht, die Menge der zu übertragenden Daten durch geeignete Komprimierungsverfahren zu minimieren. Da diese Verfahren häufig online arbeiten, schwankt die resultierende Datenrate recht stark.

Als Beispiel sei hier die Videokompression *MPEG* angeführt. Oft unterscheiden sich in einem Video oder einem Film die Einzelbilder nur unwesentlich voneinander. Diesen Umstand macht man sich zu Nutze, um in bestimmten zeitlichen Abständen ein komplettes Bild zu übertragen. Die Zwischenbilder werden als Veränderung zu diesem Grundbild berechnet.

> **INFO SPEZIAL**
>
> DAS BEDEUTET, DIE AKTUELLE, VARIABLE DATENRATE UND DAMIT DIE AUSLEGUNG DES NETZES MUSS VOR DER ÜBERTRAGUNG NEU BERECHNET WERDEN. DEN IN DIESEM ZUSAMMENHANG ERMITTELTEN WERT NENNEN WIR BURSTINESS.

Zur Berechnung des Burstiness wird die natürliche Datenrate (NDR = **n**atural **d**atarate) festgestellt. Dies ist die Rate, welche übertragen wird, wenn keine Beschränkungen aufgelegt werden bzw. keine Kompression stattfindet. Innerhalb der NDR bestehen Spitzenwerte, bezeichnet mit S, dem Maximum über eine bestimmte Zeitspanne. Daneben steht der durchschnittliche Wert $E[s(t)]$. Der Burstiness B ergibt sich aus $S/E[s(t)]$

DIENST	DURCHSCHNITTLICHE ÜBERTRAGUNGSRATE $E[s(t)]$	BURSTINESS
Sprache	32 Kbit/s	2
Interaktive Daten	1-100 Kbit/s	10
Massendaten	1-10 Mbit/s	1-10
Standard-Video	1.5-15 Mbit/s	2-3
highquality Videotelefonie	0,2-2 Mbit/s	5
HDTV High Definition TV	15-150 Mbit/s	1-2

8.1
Burstiness für ausgewählte Dienste

Sie sehen, daß sich der Burstiness zwischen den jeweiligen Diensten deutlich unterscheidet. Dies liegt in der Tatsache begründet, daß nicht alle Daten gleich stark komprimiert werden können bzw. teilweise verlustreiche Kompressionsverfahren eingesetzt werden (s. Kapitel 11 »Anwendungsprotokolle«). Der Burstiness tritt in keinem Dienst als konstant 1 auf. Insbesondere Kompressionsverfahren verursachen einen Unterschied zwischen dem Durchschnitt natürlicher Datenraten und Spitzenwert.

ÜBERTRAGUNGSPROTOKOLLE IM WAN/MAN

Für die Auslegung eines Netzes ergeben sich unterschiedliche Konsequenzen:

- Das Netz kann so ausgelegt werden, daß alle S übertragen werden, dadurch wird Bandbreite verschenkt, da B 1.
- Das Netz kann auf *E[s(t)]* ausgelegt werden, dadurch entstehen Qualitätsverluste, da nicht alle Anforderungen befriedigt werden können.

Die optimale Auslegung eines Übertragungsprotokolls liegt in einem gelungenen Verhältnis von geringer verschenkter Bandbreite einerseits und möglichst niedrigem kalkulierten Qualitätsverlust andererseits.

8.3 HDLC

Das HDLC-Verfahren beschreibt ein Übertragungsprotokoll der OSI-Schicht -2 und wird in einer Reihe von WAN-Systemen eingesetzt. Das Protokoll existiert schon länger und basiert ursprünglich auf einer Entwicklung von IBM. Dadurch wurde es stark verbreitet. Sogar neuere Systeme stellen das Verfahren vielfach als Emulation zur Verfügung.

HDLC steht für *High Data Link Control* und bietet verschiedene Varianten. Eine Variante – die LAP/B (**l**ink **a**ccess **p**rocedure **b**alanced) – kommt als Schicht -2 Protokoll in X.25 Netzen (z. B. Datex P) zum Einsatz.

Hierbei kommunizieren zwei gleichberechtigte (balanced) Stationen mit Hilfe des LAP/B. Diese Konfiguration bezeichnen wir als ABM (**a**synchronous response **b**alanced **m**ode).

AUFBAU DES HIGH DATA LINK CONTROL (HDLC)

Das HDLC-Protokoll bietet eine Voll- und Halb-Duplex-Datenübertragung (s. auch Kapitel 5 »Basiswissen Nachrichtentechnik«). Dabei ist die Datenübertragungsprozedur bitorientiert und synchron. Die Fehlerkorrektur wird mittels wiederholter Übertragung fehlerhafter Blöcke realisiert.

Das Verfahren eignet sich für Punkt-zu-Punkt-Verbindungen sowie Mehrpunktverbindungen und Ringstrukturen. Die ITU hat das HDLC-Protokoll im Rahmen ihrer X.25-Spezifikation standardisiert. Sie schreibt allerdings keine physikalische Auslegung der Übertragungswege vor.

ALLGEMEINES FORMAT DES HDLC-PROTOKOLLS

O	A	C	I	FCS	C
Flag 8 bits	Adresse n * 8 bits	Steuerung 8 bzw. 16 bits	Text variable Anzahl bits	Blockprüfung 16 bits	Flag 8 bits
opening flag	adress flag	control flag	information field	frame check field	closing flag

8.2
HDLC-Protokollrahmen

Bei näherer Betrachtung des Protokollrahmens fallen einige Aspekte ins Auge: Zum einen entdecken wir keine Beschreibung, wie eine Adreßinformation auszusehen hat. Dies muß natürlich bei der Implementierung entsprechend vorgenommen werden. Daneben beinhaltet der Datenrahmen ein Informationsfeld von variabler Länge, allerdings findet keine Angabe zu der Länge der Daten statt. Eine Längenangabe ist auch nicht notwendig, da die festgelegten Flags *Open* und *Close* die Größe des Rahmens bestimmen.

BITSTUFFING-VERFAHREN

Die Bitfolge des Open- und Close-Flags im HDLC-Protokollrahmen lautet »01111110«. Damit nicht zufällig im Frame auftretende gleiche Bitfolgen auf der Empfangsseite fälschlicherweise als Close Flag interpretiert werden, wird mit einem Trick gearbeitet. Während der Übertragung laufen die Daten zuerst in einen Zwischenpuffer. Wird hier erkannt, daß 5mal hintereinander ein Bit mit dem Wert »1« übertragen werden soll, fügt der Zwischenpuffer automatisch hinter den Einsen ein Bit mit dem Wert »0« ein. Aus einer Bitfolge von beispielsweise »11111111« wird dann »111110111«, d. h., die Reihe verlängert sich um ein Bit. Auf der Empfangsseite arbeitet ein ähnliches Verfahren. Nach fünf gelesenen »1«-Bits wird ein folgendes »0«-Bit verworfen; eine folgendes »1«-Bit markiert hier dann eindeutig das Close-Flag und damit das Ende des Datenrahmens.

Dieses Verfahren heißt *Bitstuffing*.

8.4 ATM

Der **A**synchronous **T**ransfer **M**ode (ATM) entwickelt sich sicherlich zu einer Schlüsseltechnologie im Rahmen zukünftiger WAN- bzw. MAN-Systeme. Für die Spezifikation des Breitband-ISDN (B-ISDN) hat sich die ITU bereits für ATM als Grundverfahren entschieden. Das B-ISDN soll in den nächsten Jahren aufgebaut werden, um zukünftige Kommunikationsanforderungen zu befriedigen. Interessant ist, daß die ersten ATM-Aufbauten im LAN-Bereich eingesetzt wurden. Hierdurch konnten Erfahrungen gesammelt werden, die eine erfolgreiche Einführung in den WAN-Bereich bestimmt positiv beeinflussen.

ATM ist als System konzipiert, das unterschiedliche Dienste und damit Datenmengen übertragen soll. Hieraus folgen Anforderungen an verbindungsorientierte (z. B. Telefon) sowie verbindungslose (z. B. Fernsehen) Transferbereiche. Zudem sollen Dienste mit unterschiedlichen Burstiness-Faktoren sowie verschiedenen Ansprüchen an die Echtzeitfähigkeit unterstützt werden. Diese Anforderungen differieren stark, vergleichen wir beispielsweise eine Fernsteuerung mit nur wenigen Bytes in der Sekunde mit einer Fernsehübertragung von ca. 300 Mbit/s.

Der Aufbau von ATM muß variabel an die unterschiedlichen Anforderungen anpaßbar sein. Sollen sehr hohe Datenraten realisiert werden, setzen sich wahrscheinlich Verkabelungstechniken auf der Basis von Lichtwellenleitern durch. Die fallenden Preise machen eine solche Verkabelungsart in Kürze auch finanzierbar.

LWL-Technik stellt dann hohe Datenübertragungsraten zu relativ geringem Preis zur Verfügung. Neue Datenkompressionsverfahren senken gleichzeitig den Bandbreitenbedarf.

Eigenschaften von ATM

Als universelles Übertragungsprotokoll besitzt ATM die folgenden Eigenschaften:

- Paketorientierung (die zu übertragenden Daten werden in Zellen zusammenfaßt)
- Unabhängigkeit von Bitraten
- möglicher Betrieb auf jedem ausreichend fehlerfreien, digitalen Übertragungsweg
- einfaches Verfahren

Im Gegensatz zu Software-Steuerung etwa in einem X.25 System ermöglicht die relativ simple Verfahrensweise des ATM-Systems, eine rein auf Hardwarekomponenten basierende Vermittlung aufzubauen. Die Paketgröße von ATM ist sehr klein, wodurch etwa bei einer Transferrate von 150 Mbit/s ca. 400.000 Zellen je Sekunde transportiert werden müssen. Dies ist eine extreme Belastung für die verwendeten Komponenten.

Die Zellenvermittlung entspricht im wesentlichen der im folgenden Kapitel in Abschnitt 9.4 beschriebenen Paketvermittlung, d. h. die zu übertragenden Daten werden in Pakete eingeteilt. Im ATM ist die Paketgröße genau festgelegt, sie kann nicht verändert werden. Daneben umfaßt die Länge der Zelle nur wenige Bytes (insgesamt 53). Die Aufgabe einer Vermittlungseinrichtung besteht im Multiplexing von Paketen unterschiedlicher Quellen auf einen gemeinsamen Zielweg.

8.3
ATM-Switch, Prinzip des Zellenmultiplexing

Aufbau einer ATM-Zelle

Header	Information Field (payload)
5 Bytes	48 Bytes

Übertragungsmedium

8.4
Aufbau einer ATM-Zelle

Eine ATM-Zelle besteht aus insgesamt 53 Bytes, wobei 5 Bytes den Header bilden, der zuerst übertragen wird. Danach folgen 48 Bytes mit beliebigem Inhalt. Den Informationsanteil nennen wir **payload**.

Aufbau des ATM-Headers

GFC	VPI	VCI	PT	Res	CLP	HEC
4 bit	8 bit	16 bit	2 bit	1 bit	1 bit	8 bit

8.5
Aufbau des ATM-Headers

Der 5-Byte-große ATM-Header wird, wie Sie aus der Abbildung ersehen, in mehrere Unterbereiche mit folgenden Funktionen eingeteilt:

- Die GFC (**g**eneric **f**low **c**ontrol) wird im Rahmen der Flußsteuerung eingesetzt.

- Der VPI (**v**irtual **p**ath **i**dentifier) dient zur Vermittlung auf einem virtuellen Pfad. Im ATM werden die Zellen immer über die gleichen Verbindungswege übertragen. Hierdurch ist gewährleistet, daß die Daten in der Sendereihenfolge beim Empfänger ankommen.

- Der VCI (**v**irtual **c**hannel **i**dentifier) bestimmt einen virtuellen (=logischen) Kanal in einer bestehenden Verbindung. Der Auf- und Abbau eines VCI belastet die Vermittlungsstelle nicht.

- Der PT (**p**ayload **t**ype) bestimmt den Typ der übertragenden Informationen. Er definiert folgende Typen: Assigned Cells (benutzte Zelle), Unassigned Cells (nicht benutzte Zellen), Meta Signallings Cells (für Verbindungsaufbau) sowie Physical Layer Operation and Management Cells.

- Das Res (**res**erved) ist zur Zeit noch nicht benutzt.

- Die CLP (**c**ell **l**ost **p**riority) bestimmt, wenn gesetzt, daß verlorengegangene oder fehlerhafte Zellen wiederholt angefordert und gesendet werden. Bei Anwendungen wie Video-Übertragungen ist unter Umständen eine fehlerhafte Zelle zu verschmerzen.

- HEC (**h**eader **e**rror **c**ontrol) realisiert die CRC-Prüfsumme des Headers. Bitte beachten Sie: In einer ATM-Zelle ist lediglich der Header durch eine Prüfsumme geschützt. Für den Payload-Bereich wird keine Fehlererkennung durchgeführt.

Netzaufbau mittels ATM

Im ATM sind zwei unterschiedliche Knotentypen definiert: Zum einen die Endgeräte mit einem User Network Interface (UNI), zum anderen die Vermittlungsknoten namens ATM-Switch. Die Verbindung zweier oder mehrerer ATM-Switches untereinander realisiert eine weitere Schnittstelle – das Network-Node Interface (NNI). Physikalisch entsteht bei diesem Aufbau ein Stern. Die Endgeräte sind um einen Switch angeordnet.

8.6
Switches

Während der Übertragung sendet ein Endgerät mit einer festgelegten Transferrate Zellen an den Switch und gibt mit Hilfe des VPI den Ausgang im Switch an, an den die Zellen transportiert werden sollen. Der Switch schaltet die Zellen auf dem entsprechenden Weg durch. Treffen gleichzeitig andere Zellen für einen Ausgang ein, werden diese entweder vom Switch kurzfristig gespeichert oder verworfen. Liegen zwischen Sender und Empfänger mehrere Switches, setzen diese den VPI entsprechend dem Weg durch den folgenden Switch um.

Nutzen mehrere Verbindungen den gleichen Weg, d. h. den gleichen VPI, können sie durch den VCI unterschieden werden.

Ein Endgerät muß wissen, über welchen VPI ein Empfänger zu erreichen ist. Auch die Switches müssen bei einer Verbindung untereinander Kenntnis darüber haben, wie eine eingehende Zelle auf einem ausgehenden VPI umzusetzen ist. Der VPI kann entweder durch einen Administrator vorgegeben sein oder aber während eines Verbindungsaufbaus ausgehandelt werden.

Einordnung in das OSI-Referenzmodell

Das ATM zählt zu den Schichten -1 und -2 des OSI-Modells. Dabei werden mehrere Teilschichten unterschieden :

- ATM – Adaption Layer (OSI -2)
- ATM – Layer (OSI -2)
- ATM – Transmission Convergence Sublayer (OSI -1)
- ATM – Physical Medium Sublayer (OSI -1)

ATM-Physical Medium Sublayer

Die physikalische Ausformung der Übertragungstechnik ist, wie oben angerissen, im ATM nicht festgelegt, es wird lediglich von einem ausreichend fehlerfreien digitalen Medium ausgegangen. Der Layer unterteilt sich in den Physical Medium Sublayer und den Transmission Convergence Sublayer. Der Physical Medium Sublayer beschreibt die vom Medium abhängigen Teile des Physical Layers und kann, je nach Medium, unterschiedlich sein.

ATM-Transmission Convergence Sublayer

Der Transmission Convergence Sublayer bildet die ATM-Zellstruktur auf die Rahmenstruktur des Übertragungsmediums ab. Daneben wird hier die Header Error Control Information erzeugt und überprüft.

ATM-Layer

Die wichtigsten Aufgaben des ATM-Layers liegen im Multiplexen und Demultiplexen von Zellen, in der Generierung und Extraktion von Zell-Headern sowie in der VPI/VCI-Umsetzung.

Eine logische Verbindung ist eindeutig durch den VCI identifiziert. Laufen auf einer Vermittlungseinrichtung Daten mit dem gleichen VCI von mehreren Eingängen auf den gleichen Ausgang, werden diese vom ATM-Layer umgesetzt. Eine ähnliche Aufgabe übernimmt der ATM-Layer auch bei der Umsetzung von VPI.

ATM-Adaption Layer (AAL)

Der ATM-AAL stellt den ATM-Dienst für höhere Schichten bereit. Dieser Layer wird wiederum in zwei weitere Teilschichten unterschieden. Der SAR-Sublayer (Segmentation and Reassembly) realisiert die Aufteilung in Zellen. Die zweite Teilschicht – der Convergence Sublayer (CS) – beschreibt die sogenannten ATM-Dienstklassen.

Class A	Class B	Class C	Class D
zeitkritisch		nicht zeitkritisch	
konstante Bitrate	variable Bitrate		
verbindungsorientiert			verbindungslos

8.7
ATM-Dienstklassen

Nutzungsbeispiele für die Klassen sind:

- Class A: Sprache/Audio/Video mit fester Bitrate
- Class B: Audio/Video mit variabler Bitrate
- Class C: verbindungsorientierte Datenübertragung
- Class D: verbindungslose Datenübertragung

Der Adaption Layer kann durchaus auch weitere Aufgaben besitzen, beispielsweise das Hinzufügen von Datensicherungsprotokollen. Dies kann insofern wichtig sein, als das ATM keine Datensicherung für die Payload-Daten definiert. Auch die Emulation bestehender Techniken mit Hilfe des AAL-Sublayer ist möglich. So wird etwa auf dieser Ebene ein System wie *FDDI* emuliert, d. h. bestehende FDDI-Netze können einfach in ATM-Lösungen integriert bzw. schrittweise auf ATM-Technik umgestellt werden.

8.5 DQDB

Der Begriff DQDB steht für ***distributed queue dual bus*** und beschreibt ein Highspeed-Übertragungsprotokoll, welches durch IEEE 802.6 im Rahmen der MAN-Aktivitäten standardisiert wurde.

Die Anforderungen, die durch DQDB realisiert werden können, sind:

- Betrieb als »LAN-Ersatz« bei großem Bandbreitenbedarf
- Betrieb von LAN zu LAN Verbindungen (MAN, Backbone)
- Vorläufer bzw. Zugang zum Breitband-ISDN

DQDB unterstützt dabei sowohl den für LAN-Anwendungen typischen asynchronen Betrieb (paketvermittelnder Dienst) als auch einen isochronen Betrieb (leitungsvermittelnder Dienst), auf den wir vor allem in den Bereichen Sprache/Telefon/Kommunikation treffen.

Topologischer Aufbau DQDB

DQDB basiert auf einer doppelten Auslegung digitaler Übertragungswege im unidirektionalen, gegenläufigen Betrieb. Eine Station kommuniziert jeweils über einen Vor- und Rückkanal mit einer anderen Station. Aufgrund der Topologie des DQDB wird eine Voll-Duplex-Verbindung bereits auf der Ebene -1 implementiert.

DQDB legt kein Übertragungsmedium direkt fest. Eine Anpassung an bestehende Übertragungsmedien wird durch die Funktionen des Physical Convergence Layer wahrgenommen. Allerdings ist definiert, daß der Aufbau aus zwei gegenläufig gerichteten Bussen bestehen muß. Jeder Bus ist durch einen Terminator abgeschlossen. Am Anfang des Busses befindet sich jeweils ein *Framegenerator*. Die Framegeneratoren (oder Slot-Generatoren) erzeugen leere Rahmen im Takt von 125 Sekunden. Die erzeugten Rahmen durchlaufen den Bus in Richtung Terminator.

Jede Station kann mittels seiner Access Unit (AU) lesend und schreibend auf beide Busse zugreifen.

8.8
DQDB als LAN

8.9
DQDB als Backbone

Physikalischer Aufbau DQDB

Sie kennen bereits die Nachteile, die ein Bus hinsichtlich der Ausfallsicherheit aufweist. MAN-Systeme, die DQDB einsetzen, verlangen eine hohe Verfügbarkeit. Daher wurde im DQDB ein Aufbau gewählt, der in gewissem Maße eine Rekonfigurationsfähigkeit ermöglicht.

Die Knoten werden dabei ringförmig angeordet. Für eine vollständige Rekonfigurationsfähigkeit müssen alle Stationen die Fähigkeit der Slot-Generierung und der Termination besitzen.

Wurde ein Kabelbruch erkannt, schalten die Knoten ober- und unterhalb der Unterbrechung die eigenen Terminatoren bzw. Generatoren ein. Der Knoten, der ursprünglich diese Aufgaben innehatte, schaltet auf Durchgang. Hierdurch entstehen dann wieder zwei intakte Busse. Treten solche Unterbrechungen an mehreren Stellen auf, tritt das gleiche Verfahren in Aktion, allerdings entstehen dann mehrere Teilsysteme, die nicht mehr alle Knoten miteinander verbinden.

Die nachfolgenden Grafiken veranschaulichen den Datenfluß in einem intakten und einem rekonfigurierten MAN-System mit DQDB-Technik.

ÜBERTRAGUNGSPROTOKOLLE IM WAN/MAN

8.10
Intakte Konfiguration

8.11
Rekonfiguration nach Leitungsunterbrechung

Leitungs-
unterbrechung

RAHMENAUFBAU IM DQDB

Der DQDB-Rahmen besteht aus 53 Byte großen Zellen, jeweils mit 5 Bytes Header und 48 Byte langem Datenanteil. Sie sehen, daß sich hier ein ähnlicher Aufbau wie im ATM ergibt. Tatsächlich ist DQDB eine der möglichen Zugangsformen zu einem ATM-System. Unterstützt werden Datenraten von 1,5 Mbit/s, 2,048 Mbit/s, 34 Mbit/s, 45 Mbit/s und 140 Mbit/s. Dies bezieht sich auf die Gesamtbandbreite des Netzes und steht dadurch nicht allen Stationen zeitgleich zur Verfügung.

ÜBERTRAGUNGSPROTOKOLLE IM WAN/MAN

1 Byte	4 Bytes	48 Bytes
Access Control Field (ACF)	Segment Header	Payload

8.12
Aufbau des DQDB-Rahmens

Bit 0	Bit 1	Bit 2	Bit 3	Bit 4	Bit 5	Bit 6	Bit 7
Busy	Slottype	Reserved		Request			

8.13
Access Control Field (ACF)

20 Bit	2 Bit	2 Bit	8 Bit
Virtual Channel Identifier (VCI)	Payload Type	Segment Priority	Header Check Sequence

8.14
Segment Header

DQDB definiert in seinem Protokoll zwei unterschiedliche Slot-Typen, Pre-Arbitrated (PA) und Queued Arbitrated (QA). PA-Slots finden im isochronen Verkehr (konstante Bitrate), QA-Slots hingegen im paketvermittelnden (asynchroner) Verkehr Verwendung.

Entsprechende Slots beider Typen werden jeweils in den Framegeneratoren erzeugt und zwar unabhängig davon, ob sich Knoten sendewillig erklärt haben oder nicht.

DQDB IM PRE-ARBITRATED BETRIEB

Knoten, die im PA-Slots-Mode arbeiten möchten, müssen eine entsprechende Anforderung für einen Kanal stellen. Das Management des DQDB stellt daraufhin einen entsprechenden VCI für diese Verbindung zur Verfügung. Steht nicht genügend Bandbreite bereit, können keine weiteren VCIs angefordert werden.

Die Generierung der PA-Slots sowie die Markierung mit den entsprechende VCIs ist Aufgabe des Frame-Generators. Hier wird auch sichergestellt, daß die Periode, mit der Slots eines bestimmten VCs erzeugt werden, der angeforderten Bandbreite entspricht.

Im PA-Mode können auch mehrere Knoten Zugriff auf den gleichen PA-Slot haben. Das DQDB-Management informiert die an der Verbindung beteiligten Stationen, welche Bytes innerhalb des Payloads bei einem bestimmten VCI für sie relevant sind.

Ein Byte in einem Slot eines 125 s Rahmens entspricht einer Datenrate von 64 Kbit/s; die Zuordnung der Datenrate erfolgt damit in Schritten zu 64 Kbit/s.

DQDB IN QA-SLOT-MODE (QUEUED ARBITRATED ACCESS)

In diesem Modus wird der asychrone Betrieb realisiert. Dieser Modus steht zur Zeit im Vordergrund des Interesses an DQDB. Die Verteilung der Gesamtbrandbreite erfolgt über eine verteilte Warteschlange (distributed queue).

In LAN-Betrieb wird innerhalb des Payload Segments eine Unterteilung in PDUs (Payload Data Units) vorgenommen. Wie zuvor bei anderen Übertragungsprotokollen unterscheiden wir wiederum verschiedene Segmente, wie Header, Nutzdaten und Trailer, mit den notwendigen Adressen und Fehlerkorrekturmöglichkeiten.

FUNKTIONSWEISE DER DISTRIBUTED QUEUE

Da die beiden Busse gerichtet sind, muß jeder Knoten wissen, über welchen Bus ein anderer Knoten erreicht werden kann. Der Zielknoten liegt auf dem zu nutzenden Bus unterhalb des sendewilligen Knotens (down-stream). Steht die Senderichtung fest, werden die *upstream* gelegenen Knoten über den entgegengesetzt gerichteten Bus über den Sendewunsch (request) informiert.

Innerhalb einer DQDB-Zelle befindet sich eine Reihe von Bit-Flags, welche die oben beschriebenen Aufgaben realisieren. Wichtig sind vor allem das Request-Bit und das Busy-Bit. Das Busy-Bit zeigt an, daß in der Zelle Daten transportiert werden. Das Request-Bit wird zur Signalisierung genutzt. Jeder Knoten darf dieses Flag setzen, falls es noch nicht gesetzt war.

Alle Knoten hören ständig beide Busse ab und merken sich die Anforderungen für einen bestimmten Bus an Hand der vorbeilaufenden Zellen mit gesetzten Request-Bits. Dadurch sind die Knoten in der Lage, für einen evtl. Sendewunsch eine für sie gültige Warteschlangenposition zu ermitteln.

Jeder Knoten enthält für jeden Bus jeweils 3 Zähler :

- RQ (**r**equest **c**ounter)
- CD (**c**ountdown **c**ounter)
- ORQ (**o**utstanding **r**equest **c**ounter)

Ein Knoten kann zu jedem Zeitpunkt 3 verschiedene Zustände haben :

- Der Knoten will nicht selbst übertragen
- Der Knoten will übertragen
- Der Knoten überträgt Daten

Schauen wir uns die drei unterschiedlichen Zustände näher an. Dabei legen wir folgendes Modell zugrunde:

8.15
Knoten-Modell

Wir betrachten die Funktionsweise hier lediglich bezogen auf den Knoten X und die Warteschlange für eine Übertragung über den Bus A. Für den anderen Bus kann das Verfahren entsprechend abgeleitet werden. Daneben laufen natürlich auch in den anderen Knoten die gleichen Vorgänge ab.

Der Knoten X möchte nicht selbst übertragen:

Auf Bus B passiert ein Slot mit gesetztem Request-Bit. Hierdurch wird der Requestcounter des Busses A heraufgesetzt. Der Request erfolgt lediglich von Y für eine Übertragung an Z.

Anweisung: $RQ_A = RQ_A + 1$

Auf Bus A passiert ein Slot mit nicht gesetztem Busy-Bit, folglich wird der Requestcounter des Busses A heruntergesetzt, falls er noch nicht auf 0 steht. Hier kann dann die Anforderung von Y befriedigt werden.

Anweisung: $RQ_A = RQ_A - 1$, falls $RQ_A > 0$

Der Requestcounter (RQ_A) enthält damit stets die Anzahl der von anderen Knoten angeforderten noch ausstehenden Übertragungen auf dem Bus A. Dies ist sozusagen die Reihefolge in der Warteschlange.

In unserem Fall bezieht sich dies lediglich auf eine Sendeanforderung des Knotens Y in Richtung des Knotens Z. Slots, die im Generator des Busses A erzeugt und bis zum Knoten X nicht belegt wurden (Busy Bit = 0), müssen an den weiter unten liegenden Knoten (hier lediglich Y) geleitet werden. Durch diesen Slot kann Y dann an Z Daten versenden.

Der Knoten X möchte an den Knoten Z senden:

Durch die Konfiguration weiß X, daß Z nur über den Bus A erreicht werden kann. Es muß also ein freier Slot genutzt werden, der vom Generator des Busses A erzeugt wurde. Über den Bus B wird daher den darunterliegenden Knoten (V und W) der Sendewunsch mitgeteilt.

Der Knoten X speichert die Anforderung im Zähler ORQ_A, erhöht diesen also um 1. Jetzt wartet X auf ein Slot ohne Request-Bit auf dem Bus B. Konnte hier die Anforderung durch Setzen des Request-Bits abgesandt werden, wird der ORQ_A herabgesetzt.

Anweisung: R_B setzen, wenn noch nicht gesetzt und $ORQ_A = ORQ_A - 1$, wenn $ORQ_A > 0$

Durch die Beobachtung des Busses enthält RQ_A die eigene Position in der Warteschlange. Diese Position wird nach CD_A (Countdown Counter) transferiert und RQ_A wird auf 0 gesetzt. Für jeden Slot, der ohne gesetztes Busy Bit auf A passiert, zählt der Countdown Counter herunter. Faktisch bedeutet dies, daß dieser Slot von Y genutzt werden wird. Steht CD_A auf 0, so wird der nächste freie Slot für die Übertragung genutzt.

INFO SPEZIAL

FÜR DIE BEOBACHTUNG DES BUSSES B UND FÜR DIE HANDHABUNG DER ÜBERTRAGUNG STEHEN AUCH HIER DREI ZÄHLER BEREIT. DAS GRUNDVERFAHREN ARBEITET GLEICH, ES BEZIEHT SICH ALLERDINGS JEWEILS AUF DEN ANDEREN BUS UND DIE DAZU GEHÖRENDEN ZÄHLER.

Eine Station kann zu einem Zeitpunkt immer nur einen Übertragungswunsch im Gesamtnetz anstehen haben. Alle weiteren Anforderungen werden im ORQ lokal registriert. Erst nach Befriedigung des Wunsches darf ein neuer Wunsch geäußert werden.

In der Beschreibung des Headers und des ACF sehen Sie, daß insgesamt 4 Request-Bits vorhanden sind. Sie stehen zur Realisierung verschiedener Prioritäten zur Verfügung. Die IEEE-Standardisierung schlägt dazu 4 Stufen vor, entsprechend den einzelnen Bits im ACF. Die AUs müssen eine entsprechende Anzahl von RQ-Zählern jeweils für einen Bus bereitstellen, sie können so die einzelnen Request-Bits getrennt speichern. Somit steht dann jeweils eine Warteschlange für Slots der unterschiedlichen Prioritätsstufen zur Verfügung.

Das vorgestellte Verfahren ist außerordentlich leistungsfähig und verteilt die Verantwortung auf die einzelnen Stationen (Distributed Queue). Es existiert eine Reihe weiterer Funktionen, deren Darstellung hier zu weit führen würde. Eine Funktion besteht beispielsweise darin, festzustellen, mit welchen Anfangswerten die Zähler besetzt sein sollen, wenn ein Knoten in das Netz aufgenommen wird. Daneben wird auch bekannt gegeben, wie viele Knoten sich im Netz befinden und über welchen Bus sie erreicht werden können.

8.6 FDDI

Physikalisch wird FDDI (**F**iber **D**istributed **D**ata **I**nterface) auf der Basis eines doppelten Rings aufgebaut. Zur Verbindung der Stationen wird Fiber, also ein LWL, eingesetzt. Die Übertragung liegt bei 100 MBit/s bei einer Ausdehnung von maximal 100 km Ringlänge und max. 500 Stationen im Netz. Wird kein Backupring eingesetzt, kann die Anzahl der Stationen sowie die Ringlänge verdoppelt werden.

Neben der LWL-Variante werden zur Zeit auch Implementierungen auf Kupferbasis, CDDI genannt, eingesetzt, wobei das C hier für Copper (engl. für Kupfer) steht.

> **INFO SPEZIAL**
>
> FDDI FINDET IN DER REGEL NUR IM SOG. BACKBONE-BEREICH VERWENDUNG. DIE GRÜNDE LIEGEN PRIMÄR IN DEN HOHEN KOSTEN FÜR DIE LWL-VERKABELUNG UND DIE ENTSPRECHENDEN NETZWERKKARTEN.

FDDI wurde vom *Accredited Standards Commitee* (ASC) als X3T9.5 entworfen. Es ist ein ANSI-Standard (ANSI ist die amerikanische Entsprechung des DIN). FDDI beschreibt ein Protokoll, welches auf der OSI-Schicht -2 mit einem Token Passing-Zugriffsverfahren arbeitet. Inzwischen wurde FDDI von der ISO übernommen (ISO 9314).

> **INFO SPEZIAL**
>
> DIE ANSI-EMPFEHLUNG BESCHREIBT EINEN 100 MBIT/S TOKEN RING. DAS PROTOKOLL BASIERT AUF EINEM GERINGFÜGIG MODIFIZIERTEN TOKEN RING NACH IEEE 802.5. WIE BEIM TOKEN RING LIEGT EINE LOGISCHE RINGSTRUKTUR VOR. DIE EINZELNEN STATIONEN DÜRFEN BIS ZU 2 KM AUSEINANDERLIEGEN.

Das Zugriffsverfahren von FDDI unterscheidet sich vom Token Ring insofern, als nach dem Sendeabschluß sofort ein Freitoken-Token generiert wird. Die Vernichtung des gesendeten Tokens bleibt jedoch Aufgabe des Senders. Dies entspricht im wesentlichen dem »Early Token Release« Prinzip des 16 Mbit Tokenring.

FDDI stellt eine der wenigen Zugriffsmethoden dar, die speziell für eine hohe Bandbreite und für die Verwendung von LWL entworfen wurden. Die physikalische Topologie von FDDI beruht auf einem doppelt ausgelegten LWL-Ring, den wir in den Primärring und den Sekundärring unterscheiden.

Der Sekundärring dient in Regel als Backup Ring; d. h. bei einem Ausfall übernimmt er die Funktionen des Primärrings (s. auch Kapitel 4 »Netzwerktopologien«). ANSI schließt jedoch die gleichzeitige Verwendung zur Leistungssteigerung nicht aus (dual-MAC Option).

Für die Versorgungsbereiche (tertiäre Bereiche, s. auch »Strukturierte Verkabelung« in Abschnitt 6.6) können Endgeräte auch mit Twisted Pair Kabeln angeschlossen werden. Dann wird das Übertragungsprotokoll auf der Basis von Kupferleitungen realisiert; damit liegt das zuvor erwähnte CDDI (copper distributeddata interface) vor.

Im Rahmen der Spezifikation von ATM wurde auch ein Übergang ATM zu FDDI festgelegt. Eine bestehende FDDI-Installation kann so in ein ATM-Netz integriert werden.

Einordnung in OSI-Referenzmodell

Die FDDI – Empfehlung besteht aus vier Sublayern:

OSI Schicht 2	LLC, IEEE 802.2
Data Link Layer	*FDDI MAC*
OSI Schicht 1	*FDDI PHY*
Physical Layer	*FDDI PMD*

8.16

FDDI PMD Sublayer

Der *Physical Layer Medium Dependent Sublayer* spezifiziert die optischen Komponenten wie den einzusetzenden LWL (ursprünglich Gradientenfaser-LWL) und das entsprechende Anschlußzubehör (Stecker, Buchsen, Verbindungselemente).

FDDI PHY

Das *FDDI Physical Layer Protokoll* beschreibt die Protokollmechanismen der physikalischen Schicht, d. h. die Abbildung des Rahmens auf das Medium, soweit diese vom physikalischen Medium abhängig sind.

FDDI MAC

Der *Media Access Control* definiert das Zugriffsverfahren und die Rahmenformate. Auf FDDI MAC kann LLC aufgesetzt und derart die Funktionsweise nach IEEE 802.2 zur Verfügung gestellt werden. Die Integration von FDDI in bestehende LAN-Umgebungen, die mit Protokollen der IEEE 802 (z. B. Ethernet und Token Ring) arbeiten, erweist sich so als relativ einfach.

FDDI SMT

Das *FDDI Station Management* beschreibt die in jeder Station für einen geordneten Betrieb erforderlichen Management Funktionen (Aktivierung, Initialisierung, Error-Check, Fehlerbehandlung, shut-down, etc.). SMT ist dabei in allen Sublayern partiell realisiert.

Daneben wurde das ursprüngliche FDDI um weitere Funktionen ergänzt :

SMF-PMD = single mode fiber PMD

Expliziert den Einsatz von Monomodefasern im Gegensatz zu Gradientenfasern im ursprünglichen Entwurf. Ausdehnung und Stationsabstand steigen dadurch um den Faktor 30.

SPM = SONET Physical Layer Mapping

Legt die Nutzung von FDDI auf SONET-Basis fest. SONET ist ein amerikanischer nationaler Standard für öffentliche LWL-Netze.

HRC = Hybrid Ring Control

Definiert eine erweiterte FDDI-Variante, die neben dem asychronen Verkehr (Paketvermittelung) einen isychronen Dienst (leitungsvermittelt) anbietet. FDDI-HRC wird im allgemeinen als FDDI-II bezeichnet.

BESCHREIBUNG DER LEISTUNGSKOMPONENTEN VON FDDI

DAS (DUAL ATTACHMENT STATION)

Bei einer DAS handelt es sich um eine vollwertige Ringstation mit Anschluß an beide Ringe (A/B-Ports). Im Fehlerfall (Leitungsunterbrechung) kann die DAS den Ring neu konfigurieren (wrap-mode). Bei Funktionsausfall einer Station wird der Ring mittels eines Bypass-Switch an der Station vorbei geleitet. Damit der maximale Stationsabstand gewahrt bleibt, gilt es, zu prüfen, ob durch den Bypass der Maximalabstand überschritten wird. Im Extremfall müssen die Nachbarstationen (*up- und downstream*) in den *Wrap-mode* geschaltet werden.

8.17
FDDI-Ring im Wrap-Mode

8.18
FDDI-Ring mit Bypass

SAS (SINGLE ATTACHMENT STATION)

SAS ist die preiswerte Variante, um einen FDDI-Anschluß zu realisieren. SAS besitzen lediglich einen S-Port (slave-port) und können nur über den M-Port (master-port) eines Konzentrators an den Ring angeschlossen werden.

DAC (DUAL ATTACHMENT CONCENTRATOR)

Eine DAC als vollwertige DAS stellt darüber hinaus eine Anzahl von M-Ports zur Verfügung, über die Single Attachment Stations via S-Ports angeschlossen werden können. Bei Ausfall einer SAS koppelt die DAC die entsprechende Station aus dem Ring aus.

SAC (SINGLE ATTACHMENT CONCENTRATOR)

Dieser Konzentratortyp bietet Anschlußmöglichkeiten für weitere SAS- bzw. SAC-Stationen, kann allerdings als untergeordnetes Element lediglich an einem DAC bzw. einem anderen SAC betrieben werden.

8.19
FDDI-Ring mit Thrunk- und Tree -Area

Den Hauptbereich des FDDI-Rings mit DAS und DAC bezeichnen wir als die Thrunk-Area, die durch die Kaskadierung von DAC und SAC entstehende Baumstruktur als die *Tree-Area*. In der Tree-Area werden zwecks Kostensenkung meist Twisted Pair-Kabel (CDDI) eingesetzt.

WEITERE KONFIGURATIONSMÖGLICHKEITEN

Anstatt eine DAS »direkt« im Ring zu konfigurieren, besteht auch die Möglichkeit, sie mit den beiden Ports an unterschiedlichen DAC bzw. SAC zu betreiben. Hierdurch entstehen dann redundante Strukturen.

ZUSAMMENFASSUNG

✔ Sie haben in diesem Kapitel die wichtigsten Protokolle der OSI-Schichten -1 und -2 im WAN und MAN-Bereich in ihrer Struktur und Funktionalität kennengelernt. Im Gegensatz zum LAN müssen diese Protokolle die Bedienung weiter Strecken und wesentlich höherer Teilnehmerzahlen realisieren.

✔ Während das HDLC-Verfahren wohl bald der Vergangenheit angehören wird, stellen High-Speed-Protokolle wie ATM, DQDB und FDDI die Protokolle der Zukunft dar.

✔ Hinsichtlich der Auswahl eines problemadäquaten Protokolls gelten dieselben Grundbedingungen wie im LAN-Bereich: die gegebene Infrastruktur und die finanzielle Ausstattung beeinflussen die Entscheidung wesentlich.

ÜBUNGEN

·221· Welche Dienste finden wir als Anforderung an ein WAN vor ? Nennen Sie bitte vier.

·222· Wie heißt der Wert, den es vor der Übertragung variabler Daten auf einem Netz zu ermitteln gilt ?

·223· Mit welcher Formel wird dieser Wert berechnet ? Geben Sie bitte auch die vollständigen Bezeichnungen der Variablen an.

·224· Die optimale Auslegung eines Übertragungsprotokolls liegt in einem gelungenen Verhältnis von geringer verschenkter _____ einerseits und möglichst niedrigem kalkulierten _____ andererseits.

·225· Wofür steht das Kürzel HDLC und auf welcher Ebene des OSI-Modells finden wir dieses Verfahren vor ?

·226· Das HDLC-Protokoll eignet sich für Punkt-zu-Punktverbindungen, Busnetze, Mehrpunktverbindungen und Ringstrukturen. Welcher Begriff ist in dieser Auflistung falsch ?

·227· Wie viele Bits belegt das Frame Check Field im Protokollrahmen des HDLC-Protokolls ?

25 ZEITEINHEITEN

Übungen

- **228·** Wie lautet die Bitfolge des Open- und Close-Flags im HDLC-Protokollrahmen?
- **229·** Welches Verfahren verhindert, daß eine zufällig im Frame auftretende gleiche Bitfolge auf der Empfangsseite fälschlicherweise als Close Flag interpretiert wird?
- **230·** Nennen Sie bitte zwei Eigenschaften des Synchron Transfer Mode.
- **231·** Die Länge einer Zelle im ATM-Übertragungsprotokoll umfaßt nur __ Bytes. Ergänzen Sie bitte die fehlende Zahl.
- **232·** Nennen Sie mindestens drei Unterbereiche des ATM-Headers und ihre Bitlänge.
- **233·** Für den Payload-Bereich des ATM-Headers wird eine Fehlererkennung durchgeführt. Ist diese Aussage richtig?
- **234·** Wie heißen die beiden Knotentypen im ATM, wie ihre Schnittstellen?
- **235·** Zu welcher Schicht des OSI-Modells gehört das ATM?
- **236·** Benennen Sie bitte zwei Teilschichten des ATM.
- **237·** Wovon ist der Physical Medium Sublayer abhängig?
- **238·** Nennen Sie die wichtigsten Aufgaben des ATM-Layers?
- **239·** Wofür steht das Kürzel DQDB?
- **240·** Welcher Layer nimmt die Anpassung an das Übertragungsmedium im DQDB-Verfahren vor?
- **241·** Warum bietet das DQDB-Verfahren eine Möglichkeit zur Rekonfiguration auf?
- **242·** Aus wieviel Bytes besteht ein DQDB-Rahmen?
- **243·** Bitte ergänzen Sie die fehlenden Begriffe in folgender Abbildung des DQDB-Rahmens:

1 Byte	4 Bytes	48 Bytes

8.20

- **244·** Wie heißen die beiden Slot-Typen, welche DQDB in seinem Protokoll definiert?
- **245·** Welche beiden Bit-Flags erweisen sich innerhalb einer DQDB-Zelle als besonders wichtig?
- **246·** Ein Knoten kann zu jedem Zeitpunkt 3 verschiedene Zustände haben. Welche Zustände sind das?
- **247·** Wie verändert sich der Zähler auf Bus A, wenn ein Slot mit gesetztem Request-Bit Bus B passiert?

ÜBUNGEN

- **248·** Wie viele Übertragungswünsche kann eine Station zu einem Zeitpunkt im Gesamtnetz anstehen haben ?
- **249·** Welche topologische Struktur weist FDDI auf ?
- **250·** Welche Verkabelungsart kommt in der Regel bei FDDI zum Einsatz, welche Alternative gibt es dazu ?
- **251·** Wie hoch ist die maximale Ausdehnung mit wie vielen Stationen in einem doppelten FDDI-Ring ?
- **252·** Wie können diese Maximalwerte verdoppelt werden ?
- **253·** Was spezifiziert der FDDI PMD Sublayer ?
- **254·** Welcher Mode wird im Fehlerfall bei einer DAS angewandt, um den Ring neu zu konfigurieren ?
- **255·** Wie nennen wir das Element, mit dem der Ring einer DAS an einer ausgefallenen Station vorbei geleitet werden kann ?

9 Netzvermittlungstechniken

55 ZEITEINHEITEN

Im Laufe der Entwicklung der verschiedenen Netzwerkdienste hat sich bis heute eine Reihe unterschiedlicher Formen des Nachrichtenaustauschs entwickelt.

Für den Ablauf des Informationsaustausches ist es dabei wesentlich, ob das Übertragungsmedium ausschließlich einer Kommunikationsverbindung vorbehalten ist, oder ob über das Medium mehrere Verbindungen geführt werden.

Für die Koordination unterschiedlicher Verbindungen werden Technologien aus dem Bereich der Vermittlungstechnik eingesetzt, die in diesem Kapitel betrachtet werden sollen.

LERNEN SIE

- die Leitungsvermittlung kennen
- das Prinzip der Nachrichtenvermittlung zu verstehen
- die Paketvermittlung von anderen Technologien abzusetzen

9.1 Vorbemerkungen

Die verschiedenen Netzvermittlungstechniken kommen in Teilstreckennetzen zum Einsatz, wenn die Nutzung von Teilstrecken hier ist die Übertragung von Nachrichten gemeint nicht über ein exaktes Verfahren geregelt ist, also entweder keine Schaltung im Netz vorliegt oder etwa mit einer Sendeberechtigungsmarke gearbeitet wird.

Ein weiterer Grund für die Nutzung von Nachrichtenvermittlungstechniken ist die Übertragung von Daten, bei denen der Weg nicht eindeutig festgelegt ist. Stehen für die Wahl des Weges mehrere zur Verfügung, wie man es typischerweise in einem Maschennetz findet, bedarf es besonderer Techniken, um eine erfolgreiche Kommunikation zu gewährleisten.

9.2 Leitungsvermittlung

Die Leitungsvermittlung basiert auf einer physikalischen End-zu-End-Verbindung zwischen einem Sender und einem Empfänger. Nachdem die Verbindung zwischen den beiden Knoten durchgeschaltet wurde, sind die einzelnen Teilstrecken dieser Verbindung während der gesamten Verbindungsdauer reserviert. Die Möglichkeit des Verbindungsaufbaus zwischen einem zweiten Sender und Empfänger auf diesen Teilstrecken besteht dann nicht mehr.

Ablauf der Leitungsvermittlung

Der Ablauf einer Leitungsvermittlung wird in vier Schritte unterteilt:

- Im ersten Schritt fordert der Sender eine Verbindung an und schaltet diese zum Empfänger durch.

- In einem zweiten Schritt bestätigt der Empfänger dem Sender den Verbindungsaufbau, bzw. signalisiert ihm seine Empfangsbereitschaft. Damit steht die Leitung für die Datenübertragung zur Verfügung.

- Im dritten Stadium werden die Nachrichten, d. h. die Daten, zwischen Sender und Empfänger ausgetauscht, wobei sich der Vorgang auch umkehren kann. Nicht unerwähnt sollte hier bleiben, daß der Empfänger ggf. den Erhalt der Daten dem Sender auch bestätigt.

- Im letzten vierten Schritt wird bei Aufforderung durch eine der beiden Seiten (oder auch beider) die Leitung wieder abgebaut und für weitere Verbindungen zur Verfügung gestellt.

9.1
Zeitverlauf der Leitungsvermittlung

Nachteile der Leitungsvermittlung

Ein großer Nachteil der Leitungsverbindung ist, daß die Verbindung auch dann bestehen muß, wenn keine Daten übermittelt werden. Selbstverständlich müssen diese Sendepausen, falls es sich um ein öffentliches Netz wie z. B. das Telefonnetz handelt, mitbezahlt werden.

Ein weiterer Nachteil ist sicherlich, daß die einzelnen Teilstrecken selbst in den Sendepausen nicht von anderen Teilnehmern genutzt werden können, d. h. während der gesamten Verbindung ist diese Teilstrecke blockiert. Es kann auch vorkommen, daß eine Verbindung nicht zustande kommt, weil ein Teilstück belegt ist. Abhilfe schaffen hier aber in der Regel mehrere Übertragungskanäle zwischen zwei nebeneinander liegenden Knoten. In der Praxis erfolgt dies durch den Einsatz mehrerer paralleler Leitungen oder über Multiplexing auf nur einer Leitung.

Nicht unerwähnt soll in diesem Zusammenhang bleiben, daß es zu erheblichen zeitlichen Verzögerungen bei der Leitungsvermittlung durch das Warten auf einen Verbindungsaufbau kommen kann, sowohl bei der Anforderung einer Verbindung als auch beim Warten auf eine freie Leitung.

9.3 Nachrichtenvermittlung

Die Nachrichtenvermittlung ist im Gegensatz zur Leitungsvermittlung ein Vermittlungssystem, bei dem komplette Nachrichten bzw. die Daten in theoretisch beliebiger Größe vom Sender zum Empfänger übermittelt werden können, ohne daß dazu eine End-zu-End-Verbindung aufgebaut wird.

Prinzip Nachrichtenvermittlung

Generell arbeitet die Nachrichtenvermittlung nach dem Store-and-Forward-Prinzip. Bei diesem Prinzip werden die Nachrichten bzw. Daten auf Netzwerkknoten zwischengespeichert und irgendwann an den nächsten Knoten weitergegeben. Dieser Vorgang erfolgt allerdings nicht *online* sondern *offline* und ist somit zeitverzögert.

Die Weitergabe zwischen den Knoten erfolgt häufig über das automatische »Polling«. Dieser Begriff bezeichnet ein Verfahren, bei dem ein Knoten regelmäßig bei seinem Nachbarn nach neuen Nachrichten anfragt. Umgekehrt ist es allerdings auch denkbar, daß ein Knoten seinen Nachbarn darüber informiert, wenn neue Nachrichten für ihn eintreffen.

9.2
Zeitverlauf der Nachrichtenvermittlung

Beispiele für verschiedene Nachrichtenvermittlungen

Die folgende Aufzählung zeigt einen Überblick der verschiedenen Nachrichtenvermittlungstechniken:

- Der Knoten A nimmt sofort Kontakt zum Knoten B auf, falls er für diesen eine Nachricht hat.
- Der Knoten A nimmt in vordefinierten Zeitabständen Kontakt zum Knoten B auf, auch wenn er für diesen keine Nachricht hat. So stellt er fest, ob auf Knoten B eine Nachricht für ihn vorliegt.
- Der Knoten A nimmt nur dann Kontakt zum Knoten B auf, falls er eine gewisse vordefinierte Anzahl von Nachrichten für ihn hat.
- Der Knoten A verhält sich rein passiv, d. h. er wartet auf eine Kontaktaufnahme durch den Knoten B.
- Knoten A und Knoten B sind online miteinander verbunden, d. h. Nachrichten können ohne ausdrückliche Kontaktaufnahme weitergeleitet werden. (Diese Technik wird allerdings nur bei zentral gelegenen oder häufig genutzten Teilstrecken und Vermittlungsrechnern eingesetzt).
- Eine Möglichkeit ist auch die Kombination verschiedener Techniken. Beispiel: Der Knoten B verhält sich passiv; der Knoten A nimmt sofort Kontakt auf, wenn er selbst Nachrichten für den Knoten B hat, ansonsten in regelmäßigen Abständen um festzustellen, ob Knoten B Nachrichten vorliegen hat.

Bitte beachten Sie, daß für alle oben genannten Nachrichtenvermittlungstechniken auf einzelnen Teilstrecken folgende Kriterien gelten:

- die Übertragungsgeschwindigkeiten können unterschiedlich sein,
- das Verfahren zur Kontaktaufnahme variiert,
- die Übertragungstechnik situationsbedingt gewählt werden muß.

Nachteile der Nachrichtenvermittlung

Ein Nachteil der Nachrichtenvermittlung ist sicherlich die unter Umständen erhebliche Verzögerung bei der Nachrichtenübertragung, da eine Online-Verbindung zwischen Sender und Empfänger kaum möglich ist.

Die Knoten, auf denen Nachrichten zwischengelagert werden, benötigen sehr hohe Speicherkapazitäten, vor allem dort, wo seltener Verbindungen zum Nachbarn aufgenommen werden.

9.4 Paketvermittlung

Eine weitere Technik, Nachrichten im Netz zu verschicken, ist die *Paketvermittlung*, wie sie z. B. im Maschennetz eingesetzt wird. Das Prinzip der Paketvermittlung basiert auf einer Zerlegung der Nachrichten in kleine Datenpakete, die unabhängig voneinander über das Netz geschickt werden können. Beim Empfänger angekommen, werden sie von ihm wieder zusammengesetzt. Allerdings kann es vorkommen, daß verschiedene Pakete einer Nachricht über unterschiedliche Wege vom Sender zum Empfänger gelangen und dadurch nicht in der ursprünglichen Reihenfolge ankommen. In diesem Fall muß der Empfänger über eine Intelligenz verfügen, die es ihm ermöglicht, die einzelnen Pakete zwischenzuspeichern und in der ursprünglichen Reihenfolge zusammenzusetzen.

9.3
Aufteilung einer Nachricht in Pakete

Zur Veranschaulichung wird im folgenden der zeitliche Verlauf einer Übertragung eines Paketes über eine Teilstrecke in mehreren Schritten erklärt.

- Der Knoten (entweder der Sender selbst oder irgendein Knoten auf dem Weg zwischen Sender und Empfänger) am Anfang der Teilstrecke hat eine Verbindung zu mehreren anderen Knoten. Um zu entscheiden, an welchen dieser Nachbarknoten er das Paket weiterleiten muß, wird er dem Paket Informationen über den Empfänger entnehmen und daraus den Weg ableiten. Zur Wahrnehmung dieser Aufgabe müssen Informationen über die Position der Knoten im Vermittler gespeichert sein.

- Sobald der Knoten die Informationen kennt, an welchen Nachbarknoten er das Datenpaket senden muß, wird das Paket versendet. Ein Verbindungsaufbau ist hierzu nicht nötig, da ja zu jedem Nachbarknoten eine ständige Verbindung über eine eigene Leitung besteht. Sollte die Verbindung dennoch beschädigt sein, so hat der Knoten die Möglichkeit, das Datenpaket über einen anderen Weg weiterzuleiten.

- Der Nachbarknoten bestätigt dem Knoten den Empfang des Datenpaketes und kann es jetzt nach dem gleichen Verfahren weiterleiten.

> **INFO SPEZIAL**
>
> DIE PAKETVERMITTLUNG NUTZT ONLINE-VERBINDUNGEN UND VERSUCHT, DIE BESTEHENDEN LEITUNGEN EFFEKTIVER ZU NUTZEN, ALS DAS MIT DER NACHRICHTENVERMITTLUNGSTECHNIK MÖGLICH IST. EINSICHTIG WIRD DIES AM BEISPIEL DES DATEX-P-NETZES, WO NICHT DIE VERBINDUNGSDAUER, SONDERN DIE ÜBERTRAGENE DATENMENGE ABGERECHNET WIRD.

Die Kontrolle der Übertragung erfolgt hier Punkt-zu-Punkt auf den einzelnen Teilstrecken. Darüber hinaus ist auch noch eine End-zu-End-Kontrolle sinnvoll, um sicherzustellen, daß alle Datenpakete den Empfänger erreicht haben und nicht einzelne Pakete oder Paketsegmente im Netz verlorengegangen sind. Wir werden im nächsten Abschnitt sehen, warum diese Art der Kontrolle ein wichtiger Garant für die vollständige Übertragung von Daten sein kann.

Die Bestätigung erfolgt wiederum in Form eines Paketes vom Empfänger über das Netz zum Sender hin.

ZWISCHENSPEICHERUNG AUF KNOTEN

Aufgrund der Online-Verbindung sollte die Zwischenspeicherung so kurz wie möglich sein. Im Idealfall dauert dieser Schritt nicht länger, als bis der nächste Knoten empfangsbereit ist und zuvor eingetroffene Pakete des selben Knotens oder anderer Kommunikationsverbindungen weitergeleitet hat.

Eventuell können Pakete auch schon weitergeleitet werden, ehe sie komplett am Zwischenknoten eingetroffen sind. Voraussetzung ist allerdings, daß alle zur Weiterleitung nötigen Informationen am Anfang des Paketes stehen.

> **INFO SPEZIAL**
>
> ZUR VERDEUTLICHUNG SOLL FOLGENDES BEISPIEL DIENEN: DIE INFORMATIONEN DER ADRESSE DES EMPFÄNGERS BEFINDEN SICH AUF DEN ERSTEN 10 BYTES. JEDES WEITERE EINTREFFENDE BYTE KANN THEORETISCH SOFORT WEITERGESCHICKT WERDEN. DIE VERZÖGERUNG AUF DEM ZWISCHENKNOTEN BETRÄGT ALSO NUR DIE 10 BYTES FÜR DIE INFORMATIONEN UND SELBSTVERSTÄNDLICH DIE ZEIT, DIE DER ZWISCHENKNOTEN BENÖTIGT, UM EINE TRANSPORTENTSCHEIDUNG ZU TREFFEN.

Ein Nachteil dieser schnellen Weitervermittlung von Datenpaketen ist der Umstand, daß der Zwischenknoten das Paket nicht komplett einliest und daher keine Prüfsummenkontrolle durchführt, ehe er es weitersendet. So ist es möglich, daß auch unvollständige Pakete vermittelt werden. Hier greift dann allerdings die schon oben erwähnte End-zu-End-Kontrolle.

ÜBERTRAGUNGSMÖGLICHKEITEN DER PAKETE

Bei der Übertragung von Paketen unterscheiden wir zwischen verschiedenen Übertragungsmöglichkeiten.

Zum einen können alle zu einer Nachricht gehörenden Datenpakete über den gleichen Weg gesendet werden. Dadurch senken sich die Anforderungen an die Intelligenz des Empfängers in bezug auf seine Fähigkeit, die Datenpakete zu sortieren und zusammenzusetzen.

Die andere, oben schon beschriebene Möglichkeit ist die Versendung der Datenpakete einer Nachricht über unterschiedliche Wege. Bei dieser Methode wirkt sich die Wahl unterschiedlicher Wege oft vorteilhaft auf die Auslastung des Netzes aus. Ebenso können, falls Teilstrecken für die Benutzung ausfallen, Datenpakete alternative Wege suchen und nutzen.

Gegen den Einsatz dieser Technik spricht gegebenenfalls die Tatsache, daß Pakete, die nicht in ihrer ursprünglichen Reihenfolge beim Empfänger eintreffen, wieder zusammengesetzt werden müssen, was in der Regel zu Performanceverlusten führt. Ein weiterer Nachteil ist die erhöhte Informationsverfügbarkeit der Zwischenknoten über die Wege im Netz und deren Zustand.

Mögliche Fehlerquellen

Bei einer Paketvermittlung existieren zwei unterschiedliche Fehlerquellen, auf die durch geeignete Maßnahmen reagiert werden muß. Zum einen sind dies verlorengegangene Pakete (*lost packets*), zum anderen falsch vermittelte Pakete (*inserted packets*).

Beide Probleme resultieren entweder aus Übertragungsfehlern auf den physikalischen Leitungen oder aus Fehlfunktionen der beteiligten Übertragungskomponenten und der hier eingesetzten Vermittlungssoftware.

Zusammenfassung

✔ Sie haben hier unterschiedliche Techniken für die Netzwerkvermittlung in der DV kennengelernt: die Leistungsvermittlung, die Nachrichtenvermittlung und die Paketvermittlung.

✔ Der Einsatz der Leitungsvermittlung ist bei kurzzeitigen Übertragungen mit hohem Datendurchsatz, wie er beim Filetransfer zu erwarten ist, sinnvoll, zumal wenn der Durchsatz mit Komprimierungsverfahren gesteigert werden kann. Das selbe gilt für zeitkritische Verbindungen, bei denen eine Forderung nach gleichmäßiger Übertragungsgeschwindigkeit wie z. B. Sprach- und Bildübertragung besteht.

✔ Die Nachrichtenvermittlung ist eine Technik, bei der Nachrichten auf sogenannten Zwischenknoten gespeichert und zeitunkritisch an den nächsten Knoten weitergeleitet werden. Anwendungen, die auf diesem Verfahren beruhen, sind z. B. E-Mail oder auch Fernstapelbetrieb.

✔ Die Paketvermittlung ist durch die Aufteilung einer Nachricht in diverse Datenpakete gekennzeichnet. Anwendungen, die auf dieser Technik basieren, sind oft durch sogenannte Online-Verbindungen geprägt die über einen längeren Zeitraum bestehen, aber nur unregelmäßig wenige Nachrichten übertragen. Der Einsatz erfolgt z. B. bei der Anbindung von Terminals an entfernte Großrechner oder Steuerungen von Geräten oder Anlagen.

Übungen

·256· Für die Koordination unterschiedlicher Verbindungen werden verschiedene Technologien aus dem Bereich der Vermittlungstechnik eingesetzt. Um welche handelt es sich dabei?

·257· Die Leitungsvermittlung basiert auf einer physikalischen _____ Verbindung zwischen Sender und Empfänger. Bitte ergänzen Sie den fehlenden Begriff.

·258· Beim Leitungsaufbau und der Leitungsvermittlung bestätigt der Empfänger dem Sender den Verbindungsaufbau bzw. signalisiert ihm seine Empfangsbereitschaft. Trifft diese Aussage zu?

20 ZEITEINHEITEN

ÜBUNGEN

·259· Die Leitungsverbindung bei der Leitungsvermittlung zwischen Sender und Empfänger ist eine permanente; daher können während der Nutzungszeit keine weiteren Teilnehmer diese Leitungsverbindung nutzen. Welche Möglichkeiten werden in der Praxis angewendet, um diesen Zustand zu beheben?

·260· Welches sind die Gründe für zeitliche Verzögerungen bei der Leitungsvermittlung?

·261· Wird bei der Nachrichtenvermittlung zwischen Sender und Empfänger eine End-zu-End-Verbindung aufgebaut?

·262· Wie wird das Prinzip bei der Nachrichtenvermittlungstechnik, bei der Nachrichten bzw. Daten auf Netzwerkknoten zwischengespeichert und irgendwann an den nächsten Knoten weitergegeben werden, genannt?

·263· Im folgenden finden Sie einige Beispiele für verschiedene Nachrichtenvermittlungen. Welche Aussagen treffen zu?

a) Der Knoten A nimmt sofort Kontakt zu B auf, falls er für diesen einen Nachricht hat.

b) Der Knoten A nimmt nur dann Kontakt zu Knoten B auf, falls er eine unbestimmte Anzahl von Nachrichten für ihn hat.

c) Der Knoten A verhält sich rein passiv, d. h. er wartet auf eine Kontaktaufnahme durch den Knoten B.

·264· Gibt es verschiedene Verfahren zur Kontaktaufnahme bei der Nachrichtenvermittlung?

·265· Die Knoten, auf denen Nachrichten zwischengelagert werden, benötigen sehr hohe _____ , vor allem dort, wo seltener Verbindungen zum Nachbarn aufgenommen werden.

·266· Auf welchem Prinzip basiert die Paketvermittlung, um Nachrichten im Netz zu versenden?

·267· Warum können bei der Paketvermittlung die Daten in einer nicht ursprünglichen Reihenfolge beim Empfänger ankommen?

·268· Woher stammen die Informationen, die ein Knoten zur erfolgreichen Weiterleitung eines Datenpakets an den Empfänger benötigt?

·269· Die Kontrolle der Übertragung erfolgt hier Punkt-zu-Punkt auf den einzelnen Teilstrecken, eine weitere Kontrolle findet nicht statt. Trifft diese Aussage zu?

·270· Bei der Paketvermittlung ist es möglich, daß ein Knoten nur die Adresse des Empfängers ausliest und sofort mit der Weiterleitung des Paketes beginnt. Welches ist der große Nachteil bei diesem Verfahren?

·271· Wieso ist der Einsatz der Paketvermittlungstechnik in störungsanfälligen Netzen besonders vorteilhaft?

10 Transportprotokolle

190 ZEITEINHEITEN

In den letzten Kapiteln haben Sie sich intensiv mit den unterschiedlichen physikalischen und topologischen Erscheinungsformen auseinandergesetzt. Des weiteren haben Sie gelernt, daß sich aus diesen Faktoren bestimmte Übertragungsprotokolle und Vermittlungstechniken ableiten.

Basierend auf den bereits bekannten Techniken lassen sich schon funktionsfähige Netzwerke aufbauen und betreiben. Es existieren jedoch zwei wesentliche Aufgabenstellungen, die hier bisher noch nicht besprochen wurden. Zum einen lassen Protokolle wie Ethernet oder Token Ring keine Unterscheidung in kleinere Netzwerke zu. Zum anderen fehlen Angaben über die Menge der zu versendenden Daten. Auch hier beschränken uns die Protokolle auf eine bestimmte Datenmenge.

Zur Behebung dieser Mankos werden die *Transportprotokolle* eingesetzt, die sich auf die Schichten 3 und 4 des OSI-Referenzmodells einordnen lassen.

Zu den im folgenden zu beschreibenden Protokollen gehören etwa TCP/IP, welches die Kommunikationsgrundlage z. B. des Internets bildet, und Novells SPX/IPX und weitere Protokolle, die insbesondere im LAN-Bereich zum Einsatz kommen.

Besondere Beachtung findet das recht alte Protokoll TCP/IP, das im Zuge des Internet-Booms eine Renaissance erlebt. Auch diesen Grund wird in diesem Kapitel diesem Protokoll ein erheblicher Platz eingeräumt.

Nach dieser Einheit werden Sie die folgenden Protokolle unterscheiden können.

LERNEN SIE

- die Funktionsweise von NetBIOS
- das IBM Protokoll NetBEUI für PC-Server Systeme kennen
- wie Novells Transportprotokoll SPX/IPX aufgebaut ist
- wann AppleTalk eingesetzt wird
- welche OSI-Schichten SNA umfaßt
- wichtige Details zum Internetprotokoll TCP/IP

10.1 NetBIOS

NetBIOS steht für *Network Basic Input Output System* und ist ein Protokoll der Firma IBM. Das Protokoll nutzt NetBEUI als Transportprotokoll und erstreckt sich dabei von der OSI-Schicht -3 bis hin zur Schicht -5 und ist damit kein Transportprotokoll im engeren Sinne. Es besteht aber auch die Möglichkeit, NetBIOS lediglich als als anwendungsorientiertes Protokoll der OSI-Schicht -5 auf anderen Transportprotokollen wie SPX/*IPX* oder TCP/IP aufzusetzen.

Auf der Schicht -4 stellt das NetBIOS sogenannte *Streams* (engl. für Ströme) dar. Diese Streams sind eine Sammlung von Funktionen für den bidirektionalen Datentransport zwischen zwei Kommunikationspartnern. Jedem Stream wird deshalb ein eindeutiger Namen, bestehend aus einer Stream-ID, dem Namen des Netzwerkes (Domain) und dem Namen der Station (NetBIOS Stationsname) zugeordnet.

NetBIOS ermöglicht die Bindung an unterschiedliche Systeme auf der Ebene -2 und damit die Nutzung unterschiedlicher Topologien und Übertragungsprotokolle. Wichtig auf dieser zweiten Ebene ist die Kombination von einem NetBIOS-Namen mit den physikalischen Hardware-Adressen (MAC Adressen) der beteiligten Netzwerkadapter.

Ursprünglich wurde NetBIOS als Peer-to-Peer-Kommunikationsprotokoll zwischen einem Main-Frame und einem Terminal entwickelt.

10.2 NetBEUI

Das *NetBEUI* steht für **NetBIOS Extended User Interface** und ist ebenso wie das zuvor beschriebene Protokoll, ein Protokoll der Firma IBM. Wir finden dieses Protokoll heute bei den PC-Server-Systemen der Firma IBM (LAN-Manager, OS/2) genauso wie bei Microsoft Netzwerksystemen (NT, WfW, Win 95), bei diesen allerdings in leicht abgewandelter Form. Hier liegt NetBEUI dann auf den Schichten OSI -3 und -4 und deckt die Transportaspekte ab. Darauf wird dann NetBIOS in der Schicht 5 aufgesetzt.

NetBEUI fügt neue Verwaltungsfunktionen wie etwa das *SAP* dem ursprünglichen NetBIOS hinzu. SAP steht für **Server Advertising Protocol** und ermöglicht die Suche nach einem Server in einem Netzwerk. Daneben hat NetBEUI den Vorteil des *sliding window algorithm;* hier wird die Größe der auf der Ebene 3 erzeugten Datenpakete stets den Erfordernissen angepaßt. Parallel dazu ist es möglich, Datenpakete kontinuierlich zu versenden, ohne daß jedes Paket sofort bestätigt werden muß (Kreditrahmen). Statt dessen wird eine vordefinierte Anzahl Pakete auf einmal bestätigt, was zu einer Erhöhung der Übertragungsgeschwindigkeit führt.

10.3 IPX/SPX

Auch das IPX/SPX Protokoll ähnelt dem NetBIOS Protokoll. Die Abkürzung steht dabei für *Internetwork Packet Exchange/Sequenced Packet Exchange*.

IPX liegt auf der Schicht -3 und ist für die Abbildung der IPX-Adresse auf die MAC-Adressen sowie für die Wegewahl zwischen Netzen zuständig. Eine IPX-Adresse besteht dabei aus zwei 32 Bit-Zahlen, eine, die die einzelnen Teilnetze benennt und eine weitere für die einzelnen Knoten.

SPX hingegen liegt auf der Schicht -4 und stellt hier Streams für die Kommunikation zur Verfügung.

Ähnlich dem NetBEUI stehen auch hier SAP-Funktionalitäten zur Verfügung.

Das IPX/SPX ist das Standardprotokoll in Novell-Netzwerken. Auf diesem Protokoll setzen die Novell-*Requester* für die Netzwerkdienste unter Novell auf.

10.4 AppleTalk

Basis für AppleTalk ist wiederum NetBIOS. Der Name AppleTalk deutet auf seine Verwendung, nämlich den Einsatz in Netzwerken die Apple Macintosh Rechner verbinden, hin.

AppleTalk bezeichnet eine Reihe von unterschiedlichen Protokollen. Dazu gehört das zur Peer-To-Peer-Kommunikation eingesetzte *LocalTalk* und das *EtherTalk*, die als Übertragungsprotokolle der OSI-Schicht -2 eingesetzt werden.

AppleTalk erfordert beim Einsatz von EtherTalk in einem Ethernet die Protokoll-Variante Ethernet SNAP und kann dann parallel zu anderen Varianten auf einem Ethernet verwendet werden, z. B. neben Ethernet 802.2.

LocalTalk nutzt zur Kommunikation ein TP-Kabel, wie es in den USA als Telefonleitung genutzt wird.

Als Transportprotokolle werden das Datagram Delivery Protocol (DDP) auf der OSI-Schicht -2 und das AppleTalk Transaction Protocol (ATP) eingesetzt.

AppleTalk teilt ein Gesamtnetznetz in mehrere Teilnetze den sogenannten *zones* ein. Innerhalb dieser zones, die auch als *domain* bezeichnet werden kann, liegen die einzelnen Knoten wie Rechner, Server, Drucker, etc.

10.5 SNA

SNA (**System Network Architecture**) ist Teil der IBM-Strategie SAA und umfaßt alle 7 OSI-Schichten. SNA ist auf Grund seiner historischen Entwicklung an die Benutzung des IBM-Token Ringes gebunden.

Die Schicht -7 wird innerhalb dieses Systems als User-System bezeichnet. Auf den Schichten -1 bis -3 werden sog. PUs (physical units) definiert. Diese entsprechen bekannten Knoten eines Netzwerkes wie Hosts, Server, Workstations, Terminals und Drucker.

> **INFO SPEZIAL**
>
> AUF DEN SCHICHTEN -4 BIS -6 LIEGEN ÜBER DEN PUS MEHRERE LOGISCHE VERBINDUNGEN, DIE LUS (LOGICAL UNITS). JEDER TEILNEHMER IM NETZWERK, Z. B. EINE PERSON ODER AUCH EINE APPLIKATION, WIRD MIT EINER LU BEZEICHNET.

Auf einer PU können eine oder mehrere LUs auch unterschiedlicher Typen aufsetzen. Wichtig ist hier der Type LU6.2, welcher Peer-To-Peer-Kommunikation und die Nutzung von verteilten Anwendungen (distributed processing) ermöglicht.

10.6 TCP/IP

Die TCP/IP Protokollfamilie

TCP/IP bezeichnet ursprünglich einen ganzen Satz unterschiedlicher Protokolle. Der Zweck des Ganzen war und ist, die Kommunikation zwischen einer Reihe unterschiedlicher Rechnersysteme mittels eines Standardprotokolls zu gewährleisten.

Dabei umfaßt die sog. TCP/IP-Protokollsuite Regeln für den Kommunikationsauf- und abbau innerhalb eines Netzes, sowie Regeln für die Kommunikation in unterschiedlichen Netzen, die miteinander verbunden sind.

TCP – das *Transmission Control Protocol* – stellt eine gesicherte Verbindung zwischen zwei Rechnersystemen her.

Auf der Basis dieser Verbindung können dann weitere Programme aufsetzen. Zu diesen Programmen gehören etwa der Dateitransfer (*FTP*) oder der Austausch von E-Mail mittels SMTP. Aber auch die im Zusammenhang mit der World Wide Web (WWW) interessanten Systeme wie HTTP nutzen TCP als Transportmittel.

Neben diesen eher anwendungsorientierten Systemen werden in der Protokollsuite auch Systeme für die internen Netzaspekte beschrieben.

Entstehung

Die Entstehung von TCP/IP ist eng mit der Entwicklung des Internets und des Betriebssystems UNIX verbunden. Etwa Mitte der 70er Jahre wurde mit der Entwicklung von TCP/IP als Experimentalprojekt des US-amerikanischen Verteidigungsministeriums (Departement of Defense, DoD) begonnen.

Ziel war die Entwicklung eines herstellerunabhängigen Standards für die Kommunikation zwischen unterschiedlichen Hard- und Softwaresystemen.

Durch das starke Wachsen des Internets, dessen Basis TCP/IP bildet, steht dieses Protokoll heute auf fast allen Rechnerplattformen zur Verfügung.

In UNIX-Systemen gehört TCP/IP zur Grundausstattung, aber auch die Hersteller anderer Netzwerkbetriebssysteme (wie etwa Microsoft und Novell) gehen immer stärker dazu über, TCP/IP als das Standardprotokoll anzubieten.

Leider bringt die relativ weit zurückliegende Entwicklung von TCP/IP aber auch eine Reihe von Nachteilen mit sich. In den 70ger Jahren, noch vor der Einführung des PCs, konnte man es sich kaum vorstellen, daß innerhalb von 20 Jahren ein Rechner von der Leistung der damaligen Großrechner unter jedem Schreibtisch stehen würde.

So ist der Adreßraum mit 32 Bit sehr knapp gewählt, insbesondere dadurch, daß durch strukturelle Vorgabe hier die Grenzen fast erreicht sind.

Sicherlich ist daher innerhalb der nächsten zwei Jahre mit einer neuen Generation von TCP/IP zu rechnen, die einige Veränderung in den Bereich der Netzwerktechnik bringen wird. Dieses neue TCP-Protokoll wird mit dem Namen *IPv6* eingeführt werden.

Einordnung von TCP/IP in das OSI-Referenzmodell

Die Entwicklung des OSI-Referenzmodells liegt etwa in der Mitte der 80er Jahre und somit ca. 10 Jahre hinter der Geburt von TCP/IP. Das Protokoll orientiert sich aber bereits an den von OSI festgeschriebenen Regeln. Man kann sogar soweit gehen, TCP/IP als einen der Vorläufer des OSI-Referenzmodells zu verstehen.

Auch TCP/IP liefert ein Schichtenmodell, welches nach dem militärischen Ursprung als DoD-4-Schichtenmodell bezeichnet wird.

Es folgt der Versuch einer Gegenüberstellung:

Application		Process/		telnet	FTP	SMTP	HTTP
Presentation		Application					
Session							
Transport		Host-To-Host		TCP		UDP	
Network		Internet		IP			
Data Link		Network Access		Ethernet	Tokenr.	PPP	

10.1
Schichtenmodelle

Host-To-Host Layer

TCP

Das *Transmission Control Protocol* (TCP) ist ein Protokoll für eine gesicherte Verbindung zwischen zwei Systemen. Die Sicherung besteht in der Bestätigung für empfangene Datenpakete. Erhält der Sender innerhalb einer bestimmten Zeitspanne keine Bestätigung, wird von einem Fehler ausgegangen und das entsprechende Paket erneut versandt. Daneben garantiert TCP die Erhaltung der Sequenzreihenfolge zwischen den einzelnen Datenpaketen einer Datenübertragung.

Im Rahmen einer TCP-Kommunikation wird eine logische Verbindung zwischen den Endsystemen hergestellt. Da auf einem Rechnersystem durchaus mehrere Programme parallel TCP-Verbindungen zu anderen Systeme nutzen können, werden die einzelnen logischen Verbindung durch eine spezielle Nummer, die *Port-Adresse,* weiterunterschieden. Eine ausführliche Beschreibungt dieses Adress-Typs erfolgt im Abschnitt »Die Port-Adresse« in diesem Kapitel.

UDP

Das *User Datagram Protocol* (UDP) ist im Gegensatz zu TCP ein ungesicherter verbindungsloser Dienst. Damit verzichtet UDP auf den bei TCP notwendigen Overhead, allerdings auf Kosten der Datensicherung. TFTP oder NFS nutzen UDP für den Datenaustausch.

Im übrigen arbeitet auch NetWare/IP mit UDP für den Austausch bestimmter Parameter zwischen den einzelnen Stationen.

INTERNET-LAYER

Der Internet-Layer, der in der Gegenüberstellung des OSI-Referenzmodells und dem DoD-4-Schichtenmodell mit der Network-Schicht verglichen wurde, arbeitet mit den folgenden Protokollen.

IP

Das *Internet Protocol* (IP) übernimmt die Datenpakete aus der weiter oben liegenden Ebene und versendet diese über das Netzwerk. Die Hauptaufgabe von IP liegt dabei im Routing, also der Suche des idealen Weges zwischen den beiden beteiligten Stationen.

ICMP

Das *Internet Control Message Protocol* (ICMP) dient dem Austausch von Service-Meldungen etwa zwischen Routern oder Host-Systemen.

ARP

Das *Address Resolution Protocol* (ARP) übersetzt die IP-Adressen in MAC-Adressen. Oft wird hier auch von einer Umsetzung von Software-Adressen in Hardware-Adressen gesprochen.

Für den Weg eines IP-Pakets durch die unterschiedlichen Transitnetze wird für die Adressierung lediglich die IP-Adresse verwendet. Ist ein IP-Paket im Zielnetz angekommen, gilt es, die Hardwareadresse des Empfängersystems zu ermitteln und damit die Daten zuzustellen. Für die Zuordnung von IP- zu MAC Adresse wird mit Hilfe von ARP eine Tabelle aufgebaut.

RARP

Das *Reverse ARP* dient der Umsetzung von Hardware-Adressen in IP-Adressen. Der Einsatz ist dabei primär auf diskless-Workstations begrenzt, die beim Systemstart die eigene IP-Adresse via RARP bei einem anderen System erfragen und dann TCP/IP nutzen können, um die Initialisierung abzuschließen.

NETWORK ACCESS LAYER

Neben den bereits bekannten Übertragungsprotokollen wie Ethernet und Token Ring wird TCP/IP mittlerweile auf allen gängigen Systemen eingesetzt. Bei der Verwendung dieser Systeme wird eventuell die Verwendung einer bestimmten Protokollvariante vorgeschrieben. Beim Ethernet ist dies etwa der Frametype »Ethernet II« oder »Ethernet SNAP«.

PPP / SLIP

Dieses Protokoll hat insbesondere in Zusammenhang mit Internet an Bedeutung gewonnen. Das *Point to Point Protocol* (PPP) und das *Serial Line Internet Protocol* (SLIP) werden immer dann genutzt, wenn anstatt von LAN-Verbindungen analoge Leitungen, z. B. Telefonleitungen, verwendet werden müssen.

Daneben existieren aber auch Lösungen, die eine Datenübertragung über eine ISDN-Leitungen oder andere (digitale) Leitungsformen wie X.25 etc. ermöglichen. Oft wird hier dann auf der Schicht 2, das bereits bekannte HDLC-Protokoll eingesetzt.

Adressen und TCP/IP

Ein Netzwerk bzw. eine Paketvermittlung wie das Internet kann nur dann funktionieren, wenn alle Teilnehmer eindeutig identifizierbar sind. Im Rahmen der Betrachtung von TCP/IP haben wir es mit einer Reihe von Adressen zu tun. Beginnen wir von unten nach oben mit den Adressen der Hardware-Ebene, den MAC-Adressen.

Die MAC-Adresse

Mit MAC ist der Begriff Media Access Control gemeint und damit die Hardware-Ebene. Alle Netzwerkkarten sind weltweit eindeutig vom Hersteller kodiert.

Nutzen Sie aber ein Modem etwa über eine PPP-Verbindung, besitzt das Modem keine Hardware-Adresse, sondern kommuniziert direkt auf der IP-Ebene.

Die IP-Adresse

Die IP-Adresse ist eine Software-Adresse, die aus vier Bytes gebildet wird. Diese Adresse kann entsprechend eingestellt werden und muß eindeutig sein, wobei sich diese Eindeutigkeit auf alle erreichbaren Netzwerkknoten beziehen muß. Grundsätzlich können die IP-Adressen frei vergeben werden, wenn ein Rechner nicht direkt mit anderen Netzen verbunden ist.

Befindet sich ein Rechner im direkten Anschluß an das Internet, muß auf die weltweite Eindeutigkeit der IP-Adresse beachtet werden. Die verwendbaren Adressen müssen deshalb von bestimmten autorisierten Stellen angefordert werden.

Normalerweise wird die IP-Adresse in der »conial form« angegeben. Dabei werden die vier Bytes jeweils einzeln in dezimaler Schreibweise mit Punkten getrennt angegeben, beispielsweise : 149.172.211.5

Die Port-Adresse

Wir hatten die Port-Adresse schon kurz beim Protokoll TCP angesprochen. Die Aufgabe der Port-Adressen ist die Trennung der einzelnen TCP-Verbindungen eines Systems voneinander. Daneben läßt sich mit Hilfe der Port-Nummern gezielt eine bestimmte Anwendung auf einem Host-System aufbauen.

Stellen wir uns die folgende Situation vor :

Ein Benutzer an einer Arbeitsstation möchte bestimmte Dateien von einem Server auf die lokale Station kopieren. Auf dem Server wurden TCP/IP und ein entsprechender Serverdienst eingerichtet. Natürlich wurden Server- und Client-Station jeweils mit eindeutigen IP-Adressen ausgestattet.

Der Benutzer startet sein FTP-Clientprogramm und wählt die IP-Adresse des Servers als Ziel aus.

Die Frage, die sich stellt, ist, wie denn nun die Verbindung aufgebaut werden kann? Die Antwort ist die *Port-Nummer*. Alle Anwendungen, die TCP nutzen und Serverdienste anbieten, nutzen eine ganz bestimmte Port-Nummer. Wird eine Verbindung zu einem TCP-System mit einer bestimmten Port-Nummer aufgebaut, reagiert das System mit dem Start des Server-Dienstes, der unter dieser Nummer registriert wurde. Bestimmte Dienste haben fest zugeordnete Port-Nummern (wie sprechen hier auch von den *well-known-ports* und zwar zwischen 1 und 255). FTP ist etwa unter dem *well-known-port 21* zu erreichen. Insgesamt sind Port-Nummer zwischen 1 und 65526 (also 16Bit) möglich.

Damit muß der Client lediglich eine TCP-Verbindung mit der Anforderung an den Port 21 stellen und kann damit eine FTP-Verbindung aufbauen.

Solange der Client lediglich eine FTP-Verbindung zu einem Server besitzt ist dies auch schon alles. Was aber, wenn mehr als eine FTP-Verbindung zu dem gleichen Server aufgebaut werden soll? Dann sind die Daten nicht mehr eindeutig einem Client-FTP-Programm zuzuordnen. Zur Vermeidung des Problems wählt der Client einfach aus dem Pool der Port-Nummern eine zufällig aus. Das Ergebnis ist eine Kombination aus jeweils einer IP-Adresse und einer Port-Nummer auf beiden Seiten der Verbindung.

NETWORK UND HOST

Wir hatten bereits angedeutet, daß die IP-Adresse aus zwei Teilen besteht. Wir teilen die IP-Adresse in die Anteile »Network« und »Host« ein, wobei die Teilung stets an den Bytegrenzen erfolgt. Das *Network* bezeichnet eine logische oder organisatorische Einheit von Rechnern wie etwa eine Firma oder eine Organisation, der Host-Anteil bezeichnet dann die einzelnen Rechner in dieser Einheit.

Oft wird das Network-Anteil auch mit der Domain bezeichnet. Verwirrend ist sicherlich auch der Begriff *Host.* Unter einem Host stellen Sie sich vielleicht nur einen Server vor, aber gemeint ist hier jeder Rechner, der mit einer IP-Adresse ausgerüstet werden soll. Historisch ist der Begriff aus der Entstehung von TCP/IP abgeleitet. Es gab damals nur Host-Systeme (mit TCP/IP) und Terminals.

Pro Anteil muß mindestens immer ein Byte verwendet werden. Je kleiner der Network-Anteil, um so mehr Hosts können sich in einem Network befinden und umgekehrt.

Aus der 4-bytigen IP-Adresse ergeben sich dann die folgenden Kombinationen (jeweils in Bytes):

NETWORK-ANTEIL	HOST-ANTEIL
1	3
2	2
3	1

10.2
Mögliche Kombinationen

Damit unterschieden werden kann, um welche Kombination es sich handelt, werden die ersten 3 Bits des ersten Bytes verschlüsselt.

	1	8	16	24	32
Class A 0		Netz	Host		
Class B 10		Netz		Host	
Class C 110		Netz			Host

10.3
Bit-Verschlüsselung

SUBNET-MASK

Nach der Einteilung in verschiedene Adreßklassen ist die kleinste Einheit ein Netz mit 255 »hosts«. Auf Wunsch kann der Host-Anteil weiter aufgeteilt werden, wobei dies allerdings nur netzintern bekannt ist. Mit Hilfe der Subnet-Mask wird festgelegt, was (innerhalb des Host-Anteil) als netzinterner Network-Anteil und was als netzinterner Host-Anteil gelten soll. Dieser Vorgang wird mit *Subclassing* bezeichnet.

Die Subnet-Mask muß auf allen Rechner des Netzwerkes gleich eingestellt werden.

Die Subnet-Mask ähnelt einer IP-Adresse und besteht ebenfalls aus 4 Bytes, auch die Schreibweise gleicht den IP-Adressen. Wir müssen die Bedeutung der Subnet-Mask binär verstehen; eine »EINS« bedeutet dann Network-Anteil, eine »NULL« bedeutet Host-Anteil. Wird unser Netz etwa als Class-C-Netz eingestuft, dann sind die ersten 3 Bytes als Network-Adresse definiert. Eine Subnet-Mask 255.255.255.0 nimmt dann keine Veränderung an der Zuordnung vor. Definieren wir als Subnet-Mask 255.255.255.240 (binär also 11111111.11111111.11111111.1111000), dann reservieren wir 4 Bits plus 3 Bytes als Network-Anteil und für die Adressierung der Rechner bleiben uns weitere 4 Bits. Anders ausgedrückt können wir 16 Subnetze mit jeweils 16 Rechnern bilden.

NAMEN, NAMEN UND IP-ADRESSEN

Sicherlich sind die IP-Adressen notwendig, aber ein wenig unhandlich. Nur ein paar Menschen können sich vielleicht einige hundert 4-Byte-Zahlenkombinationen merken. Anstatt der Zahlen werden üblicherweise Namen eingesetzt wie etwa *host1*. Hiermit ist dann ein Rechner mit einer ganz bestimmten IP-Adresse gemeint. Auch hier wird dann eine Trennung zwischen Host und Network vorgenommen und damit kommen wir etwa zu Bezeichnungen wie *host1.rz.orga.de*. Der Name vor dem ersten Punkt bezeichnet den Host, der Rest den Network-Anteil der »Adresse«. Prinzipiell sind dabei auch Konstrukte wie *sun1.ding.dongs.zing.zapp.ping.pong.com* möglich; d. h. die 4 Bytes werden nicht unbedingt einzeln in Namen übersetzt.

Da ein Rechner intern weiterhin mit den numerischen IP-Adressen arbeitet, ist es notwendig, hier entsprechende Übersetzungsmöglichkeiten zur Verfügung zu stellen. Dazu werden Konfigurationsdateien genutzt oder Dienste wie DNS in Anspruch genommen.

Die Konfigurationsdateien

Für die Nutzung der unterschiedlichen Dienste und die Konfiguration eines Rechners in einem TCP/IP-Netzwerk wird eine Reihe von Konfigurationsdateien genutzt.

Auf jedem Rechner finden sich nach der Einrichtung von TCP/IP vier Dateien. Diese heißen HOSTS, NETWORKS, SERVICES und PROTOCOL.

Der Aufbau der Dateien ist hier bei allen Betriebssystemen gleich. Da es sich stets um reine ASCII-Dateien handelt, ist es ebenso unproblematisch, diese zwischen den Plattformen auszutauschen. Ein Hashzeichen (#) dient zur Einleitung eines Kommentars. Diese Kommentare stehen jeweils in einzelnen Zeilen. Achten Sie bitte darauf, daß diese Dateien keine Endung besitzen. Bei vielen Installationen werden an den Stellen, wo die Dateien liegen müssen, Beispiel-Dateien wie HOSTS.sam angelegt. Sie können die Dateien dann einfach umbenennen und entsprechend anpassen.

> **INFO SPEZIAL**
>
> ACHTEN SIE BITTE DARAUF, DASS SICH IN DER LETZTEN ZEILE DER DATEI STETS EIN EINZELNER UMBRUCH BEFINDET (ALSO EINE LEERZEILE). DIES IST EINE ABSOLUTE NOTWENDIGKEIT, DA SONST DIE DATEI NICHT RICHTIG INTERPRETIERT WERDEN KANN.

HOSTS

Zur Verdeutlichung stellen wir hier den Aufbau der Datei HOSTS dar. Diese beschreibt die Zuordnung von Namensangaben von Rechnern zu IP-Adressen. Da ein Rechner nur mit IP-Adressen arbeitet, ist aber weiterhin eine Umsetzung von Name auf IP-Adresse notwendig.

```
#
#       HOSTS unter Windows95
#
127.0.0.1          localhost
192.168.0.1        gateway
192.168.0.3        carstenh
192.168.0.222      zeus.intra.net zeus www
```

Der Aufbau ist einfach: In einer Zeile steht zuerst die IP-Adresse eines Rechners. Dahinter folgen dann die Namen, die hierfür als Alias verwendet werden sollen. Soll ein Rechner mit mehreren Namen ansprechbar sein, können Sie die entsprechende Liste jeweils durch Leerzeichen getrennt aufbauen.

Achten Sie bitte darauf, daß insbesondere dann, wenn DNS zur Namensauflösung verwendet wird, Sie hier nicht Namen verwenden, die bereits verwendet werden. Bei der Namensauflösung hat die HOSTS-Table auf dem lokalen Rechner die höhere Priorität.

Der große Nachteil dieser Konfiguration besteht darin, daß auf allen Rechnern im Netzwerk entsprechende Dateien gepflegt werden müssen. Falls sich ein Name oder eine IP-Adresse ändert, ist dies mit einem größeren Aufwand verbunden. Daneben folgt, daß für jeden Rechner, der über einen Namensalias genutzt werden soll, ein Eintrag in der HOSTS-Table notwendig ist. Mit den mehreren Millionen Host-Rechnern im Internet ist das Verfahren nicht umsetzbar.

DNS

Die Arbeit mit den Konfigurationsdateien ist zwar funktionell, aber ein Netzwerk ist heute stetiger Veränderungen unterworfen. Bei einem neuen Server oder einer Änderung von IP-Adressen müßten daher die Dateien von allen Rechnern auf den neuesten Stand gebracht werden.

Einen Ausweg aus diesem Dilemma bietet der *Domain Name Service*. Für jede Domäne (= Network) wird ein Rechner so konfiguriert, daß dieser auf Anforderung einen Namen in eine IP-Adresse umsetzt. Der Rechner führt eine Datenbank mit den Namen sämtlicher Rechner im Netzwerk und den entsprechenden IP-Adressen.

Veränderungen innerhalb der Domäne müssen dann lediglich einmal in der Datenbank des DNS-Servers vorgenommen werden. Jedem Client muß lediglich die IP-Adresse des DNS-Servers bekannt sein, um sich auf dem neuesten Stand zuhalten.

Für jedes Netzwerk werden stets zwei Maschinen als DNS konfiguriert. Dabei sprechen wir von einem *primary* und einem *secondary DNS*.

STRUKTUR VON DOMAIN-NAMEN

Die Domain-Namen bezeichnen einen Abschnitt im einem Netzwerk. Für die Namensauflösung sind jeweils die DNS-Server innerhalb der Domain zuständig. Ist ein Netz ins Internet eingebunden, so werden auch die DNS-Server in die globale und verteilte DNS-Struktur eingebunden.

Diese Struktur ähnelt einem Dateiverzeichnis. An der Spitze befindet sich die Root-Domain. Direkt unterhalb finden wir die Top-Level-Domains, die wiederum auf die einzelnen Domänen verweisen. Bei der Namensauflösung wird diese, falls sie nicht beantwortet werden kann, an den höherliegenden DNS-Server delegiert.

Es existieren zwei unterschiedliche Typen von Top-Level-Domänen – die geographischen und die organisatorischen.

Geographische Domänen

Hier wurde für jeden Staat der Erde eine eigene Domäne eingerichtet. Direkt unterhalb dieser Domäne finden wir dann die einzelnen Organisationen, Institutionen oder Firmen in diesem Land.

Jede geographische Domäne wird mit einem Namen bezeichnet, so steht DE etwa für die deutsche Domäne.

Organisatorische Domänen

Innerhalb der USA werden die Domänen in einer anderen Struktur zusammengefaßt. Die Top-Level-Domänen beschreiben die Zugehörigkeit zu einer bestimmten Organisationsform.

Zur Zeit werden hier folgenden Namen genutzt :

com	kommerzielle Organisationen
edu	Bildungseinrichtung wie Schulen und Universitäten
gov	staatliche Einrichtungen
mil	militärische Einrichtungen
net	Organisationen, die direkt mit dem Betrieb des Internets zu tun haben, z. B. Internet-Provider
org	andere Organisationen

10.4
Top-Level-Domänen

NAMENSREGISTRIERUNG

Soll ein Rechner mit dem Internet verbunden werden, wird normalerweise hierfür, falls noch nicht vorhanden, eine eigene Domäne gebildet. Die Namen der Rechner und Sub-Domänen innerhalb einer Domäne müssen zwangsläufig eindeutig sein.

Für die Registrierung eines Domain-Names wendet man sich an ein NIC (**N**etwork **I**nformation **C**enter). Diese Organisation ist für Namensvergabe zuständig und achtet auf die Eindeutigkeit.

Wurde eine Domäne registriert, so übernimmt eine verantwortliche Person die weitere Einrichtung von Sub-Domänen.

Die Domänen-Struktur bildet eine logische Struktur ab, die nicht unbedingt mit der Unterteilung in IP-Subnetze korrespondiert.

BILDUNG VON DOMAIN-NAMEN

Bei der Bildung des Namens für einen Rechner bzw. eine Domäne wird diese aus der hierarchischen Struktur abgeleitet. Der Name der Top-Level-Domäne steht ganz rechts; jeweils durch Punkte getrennt folgen die Namen der untergeordneten Sub-Domänen. Ganz links folgt danach der Name des Rechners, z. B.:

```
Zeus.verkauf.verwaltung.intra.net
```

DHCP – WIE BEKOMMT EINE STATION IHRE ADRESSE ?

Was für die Namen umständlich und fehleranfällig ist, gilt ebenso für die Vergabe von IP-Adressen. Auch hier ist es schwierig, ab einer gewissen Größe den Überblick über freie IP-Adressen zu behalten. Auch für dieses Problem gibt es wieder einen speziellen Dienst.

Das *Dynamic Host Configuration Protocol* (*DHCP*) ermöglicht einem Host, beim Start des TCP/IP zuerst nach einer freien IP-Adresse zu fragen. Ein spezieller Server verwaltet dazu eine Liste mit einem IP-Adressenpool und teilt die Adresse auf Anforderung einem Host zu. Die Adresse des DNS-Servers muß allerdings auf jeder Station in der IP-Adreßform konfiguriert werden.

ZUSAMMENFASSUNG

✔ Sie haben in dieser Einheit die wichtigsten Netzwerkprotokolle NetBIOS, NetBEUI, IPX/SPX und TCP/IP kennengelernt. Insbesondere in einer stark heterogenen Struktur ist es wichtig, die Eigenarten der einzelnen Protokolle zu verstehen und hiermit den Einsatzpunkt für Vermittlungssysteme zu finden.

✔ Bei TCP/IP handelt es sich um eine Protokollsuite, die mehrere Protokolle wie das Internet Protocol, Transmission Control Protocol, Point-to-Point Protocol, etc. umfaßt.

✔ Sie können jetzt die Unterschiede zwischen einer IP-Adresse und den Domain-Namen erklären. Ebenso verfügen Sie über das Wissen, diese zu bilden bzw. zu entschlüsseln.

45 ZEITEINHEITEN

ÜBUNGEN

·272· Warum ist das NetBIOS kein Transportprotokoll im eigentlichen Sinne?

·273· Welche Bezeichnung gibt es beim NetBIOS für eine Sammlung von Funktionen für den bidirektionalen Datentransport zwischen zwei Kommunikationspartnern?

·274· Woraus setzt sich ein *stream* zusammen?

·275· Was ermöglicht das Server Advertising Protocol, das das NetBEUI dem NETBIOS zufügt?

·276· Wie heißt das Standardprotokoll in Novell-Netzwerken?

·277· Welches Protokoll wird in Netzwerken eingesetzt, die Apple Macintosh Rechner miteinander verbinden?

·278· SNA (System Network Architecture) ist Teil der IBM-Strategie SAA und umfaßt alle 7 OSI-Schichten. Ist diese Aussage richtig?

·279· Die sogenannte TCP/IP Protokollsuite umfaßt Regeln für den _____ und _____ innerhalb eines Netzes, sowie Regeln für die _____ in unterschiedlichen Netzen, die miteinander verbunden sind.

·280· Nennen Sie bitte zwei Programme, die auf die TCP/IP Protokollsuite aufsetzen?

·281· Was war das Ziel der Entwicklung von TCP/IP Mitte der 70er Jahre durch das Department of Defense?

·282· Welches Schichtenmodell liefert TCP/IP und kann dem OSI-Referenzmodell gegenübergestellt werden?

·283· Das Transmission Control Protocol (TCP) ist ein Protokoll für eine gesicherte Verbindung zwischen zwei Systemen. Woraus besteht diese Sicherung beim Datenversand?

Übungen

·284· Das User Datagram Protocol ist im Gegensatz zu TCP ein ungesicherter verbindungsloser Dienst. Welchen Nachteil weist dieses Protokoll auf?

·285· Was ist die Hauptaufgabe des Internet-Protocols?

·286· Wozu dient das Internet Control Message Protocol?

·287· Welches Protokoll übersetzt IP-Adressen in MAC-Adressen (auch als Umsetzung von Software-Adressen in Hardware-Adressen bezeichnet)?

·288· Wann werden das Point to Point Protocol (PPP) oder das Serial Line Internet Protocol (SLIP) genutzt?

·289· Was verbirgt sich hinter der Bezeichnung MAC-Adresse?

·290· Normalerweise wird die IP-Adresse in der »conial form« angegeben. Mit wie vielen Bytes wird diese, jeweils einzeln in dezimaler Schreibweise durch Punkte getrennt, angegeben?

·291· Bitte geben Sie den Well-Known-Port an, unter dem FTP zu erreichen ist.

·292· Aus welchen zwei Teilen besteht eine IP-Adresse?

·293· Das Network bezeichnet eine logische oder organisatorische Einheit von Rechnern, wie etwa eine Firma oder eine Organisation. Der Host-Anteil bezeichnet dann die einzelnen Rechner in dieser Einheit. Trifft diese Aussage zu?

·294· Wie wird der Vorgang bezeichnet, bei dem mit Hilfe der Subnet-Mask festgelegt wird, was als netzinterner Network-Anteil und was als netzinterner Host-Anteil gelten soll?

·295· Statt IP-Adressen mit Zahlenkombinationen anzugeben, werden häufig Namen verwendet. Bitte geben Sie ein Beispiel dafür an.

·296· Welche vier Dateien finden Sie auf Ihrem Rechner, nachdem TCP/IP installiert wurde?

·297· Die Datei HOSTS beschreibt die Zuordnung von Namen zu IP-Adressen. Auf was muß bei der Anlegung dieser Zuordnungen besonders geachtet werden?

·298· Was muß jeder Client im Netz wissen, um die Dienste des DNS-Servers (Domain Name Service-Server) zu nutzen?

·299· Die DNS-Struktur ähnelt einem Dateiverzeichnis. In welche Gruppen kann diese Struktur unterteilt werden?

·300· Jede geographische Domäne wird mit einem Namen bezeichnet. Welcher Name steht für die deutsche Domäne?

ÜBUNGEN

·301· Innerhalb der USA werden die Domänen in einer anderen Struktur zusammengefaßt. Die Top-Level-Domänen beschreiben die Zugehörigkeit zu einer bestimmten Organisationsform. Bitte nennen Sie die Namen für eine kommerzielle Organisation, staatliche Einrichtung und andere Organisationen.

·302· Das Dynamic Host Configuration Protocol (DHCP) ermöglicht einem Host, beim Start des TCP/IP zuerst nach einer vergebenen IP-Adresse zu fragen. Ist diese Aussage richtig?

11 Anwendungsprotokolle

Alle bisher besprochenen Protokolle und Techniken sind sehr technisch gehalten. Ein Endanwender arbeitet nur selten direkt mit diesen Ebenen. Anders stellt sich die Situation natürlich für Programmierer dar, die häufig etwa auf der Basis der Transportprotokolle neue Anwendungen entwickeln.

Die Aufgabe der *Anwendungsprotokolle*, die zu den Schichten -5 bis -7 des OSI-Referenzmodells zählen, liegt darin, eine einfachere Schnittstelle für die Anwender bereitzustellen.

Anders als in den zuvor beschriebenen Ebenen zergliedern sich Implementationen der Anwendungsprotokolle nur selten in die im OSI-Modell festgelegten Schichten. Vielmehr werden die Funktionen oft als komplettes System, z. B. in Form eines Anwendungsprogramms oder einer Betriebssystemerweiterung, bereitgestellt.

Es existiert eine Vielzahl von Anwendungsprotokollen, und es entstehen hier täglich neue. Einen kompletten Überblick vermögen wir deshalb nicht zu geben. Sie werden in diesem Kapitel nur eine Auswahl einiger weniger, aber häufig eingesetzter Protokolle kennenlernen. Wie schon im vorherigen Kapitel »Transportprotokolle« konzentrieren wir uns auf Internet-Protokolle, da diesem Bereich die Zukunft gehört.

LERNEN SIE

- TCP/IP basierte Anwendungen kennen
- was ein »Remote Procedure Verfahren« ist
- Verschlüsselungssysteme einzuordnen
- Komprimierungssysteme zu verstehen

11.1 Die TCP/IP-Process/Application Layer-Protokolle

TCP/IP besteht aus einer ganzen Reihe unterschiedlicher Protokolle und Programme. Neben den beiden prominenten Vertretern TCP und IP gehören Programme wie FTP oder MAIL-Systeme dazu.

Die Spezifikationen der einzelnen Systeme sind in den sog. RFCs (**R**equest **for C**omments) festgelegt. Das Internet-Management und die damit einhergehende Standardisierung der TCP/IP-Protokolle unterlag ursprünglich dem SRI (**S**tanford **R**esearch **I**nstitute). Heute zeichnet sich die IETF (**I**nternet **E**ngineering **T**ask **F**orce) für die RFC und die Einführung neuer Standards verantwortlich.

Protokolle auf der Ebene der Process/Application-Layer dienen zwar unterschiedlichen Zwecken, weisen aber fast alle eine Gemeinsamkeit auf: Die Übertragung wird anhand des 7Bit-ASCII-Codes vorgenommen.

In den Protokolldefinitionen des Layers wird oftmals ein Satz von Befehlen definiert, mit dem der Datenaustausch vorzunehmen ist.

Zudem arbeiten sämtliche Protokolle auf Basis des Client/Server-Prinzips. Ein Client baut meist aktiv eine Verbindung zu einem Server auf. Der Server antwortet mit einem bestimmten Identification string. Jetzt kann der Client mit Hilfe definierter Befehle Dienste auf dem Server anfordern.

Der Aufbau der Daten, die der Server an den Client bzw. umgekehrt sendet, läßt sich aus der Protokolldefinition ableiten. Wichtige Informationen für die Implementierung sind etwa der Port, auf dem ein Server die Anfrage eines Clients erwartet.

FTP

Das *File Transfer Protocol* (FTP) ermöglicht den Austausch von Dateien zwischen zwei Rechnern. Der Zugriff auf bestimmte Benutzer kann eingeschränkt werden (Benutzer und Passwort). Daneben bietet FTP eine Reihe weiterer Funktionen, wie etwa das Auflisten der Dateien in einem Verzeichnis oder die Möglichkeit, Datei- bzw. Verzeichnisnamen anzulegen, zu verändern oder zu löschen. FTP setzt dabei auf TCP auf.

Problematisch, insbesondere auf dem Internet, ist die Tatsache, daß FTP das Benutzerpaßwort unverschlüsselt überträgt.

Im Zusammenhang mit FTP taucht oft der Begriff des »anonymous FTP« auf. Da FTP heutzutage stark für die Verbreitung von Software genutzt wird und die Anzahl der Internetnutzer stetig wächst, ist es kaum sinnvoll, jedem Benutzer auf jedem Server ein entsprechendes Konto bereitzustellen. Per Konvention bieten viele FTP-Server einen Gastzugang mit dem Benutzernamen »anonymous« an. Als Paßwort wird dann die E-Mail-Adresse des Benutzers angegeben. So können beliebige Benutzer auf den Dateivorrat auf einem FTP-Server zugreifen.

UUCP

Das *UNIX-to-UNIX-Copy Protocol* dient der Übertragung von Daten zwischen unterschiedlichen UNIX-Maschinen. Mittlerweile stehen Implementierungen aber auch unter anderen Betriebssystemen zur Verfügung. UUCP wird etwa zur Übertragung von E-Mail-Daten zwischen unterschiedlichen SMTP-Servern verwendet.

SMTP/POP3

Das *Simple Mail Transfer Protocol* kommt zur Übermittlung von E-Mail-Dateien zwischen einem lokalen und einem entfernten (*remote*) System zum Einsatz. SMTP nutzt dabei TCP. Ein Mailserver, der das SMTP-Protokoll unterstützt, nimmt E-Mail-Nachrichten von Benutzern entgegen und versucht, diese an den Empfänger bzw. dessen Mailserver mittels UUCP weiterzuleiten. Wichtig ist, daß E-Mail, basierend auf SMTP, stets mit ASCII-Dateien (7 Bit) arbeitet und daher binäre Anhänge entsprechend kodiert werden müssen.

Das *Postoffice Protocol Version 3* (POP3) ermöglicht Anwendern, an sie adressierte E-Mail-Nachrichten von einem Server aufzurufen. Da nicht alle Benutzer ständig mit dem Internet verbunden sind, speichern E-Mail-Server die Nachrichten, bis ein Benutzer mit Hilfe von POP3 seine Nachrichten abholt.

Für die Implementierung von Internet-Mail ist also eine Kombination von SMTP (zur Verschickung) und POP3 (zur Annahme) notwendig.

NNTP

Das *Network News Transport Protocol* wird zur Nutzung der News-Groups verwendet. Newsgroups sind Foren bzw. schwarze Bretter mit den unterschiedlichsten Zielsetzungen. Wir finden Newsgroups im Support-Bereich ebenso wie auf der Ebene des Informationsaustausches mit anderen Benutzern.

Wir unterscheiden zwischen lokalen und globalen Newsgroups. Die lokalen Gruppen befinden sich lediglich auf einem Server, die globale Gruppen werden hingegen weltweit verbreitet. So werden Nachrichten an den NNTP-Server »gepostet« (geschickt) und von dort mit Hilfe von UUCP an andere NNTP-Server weitergeleitet. Die Benutzer abonnieren eine Newsgroup und nutzen NNTP zum Abruf der »News«. Sobald ein Benutzer auf einem Newsserver eine Newsgroup abonniert, wird der Server diese Gruppe auch bei seinem eigenen Newsserver abonnieren. Bei diesem Austausch werden dann auch die neuen Beiträge der lokalen Benutzer weitergeleitet. So verbreiten sich neue Diskussionsbeiträge in wenigen Stunden weltweit über die einzelnen Newsserver.

HTTP

Das *Hyper Text Transport Protocol* ist die Grundlage für das WWW (World Wide Web) und damit sicherlich das Protokoll, welches heute weltweit am häufigsten eingesetzt wird. Aufgabe ist der Transfer von WWW-Dokumenten von einem Server zu einem Client. In diesem Zusammenhang ist auch das S-HTTP Protokoll zu nennen, das im Gegensatz zu HTTP die Daten in einer verschlüsselten Form über das Netz versendet.

IRC

Der *Internet Relay Chat* ermöglicht als Protokoll mehreren Benutzern, online miteinander zu kommunizieren. Dabei meldet sich ein Benutzer an einem IRC-Server in einem sog. Channel an. Das System ist am ehesten mit dem CB-Funk zu vergleichen, nur halt über das geschriebene Wort.

TELNET

Das Programm TELNET verhilft zum Aufbau einer Terminal-Sitzung auf einem Server. Normalerweise wird es zur Arbeit auf einem UNIX-Host verwendet. TELNET setzt auf TCP auf.

NFS

Das Protokoll NFS (*Network File System*) ist ein Protokoll der Firma SUN zur gemeinsamen Nutzung von Dateisystemen, die über unterschiedliche Server verteilt sein können.

SNMP

Das *Simple Network Management Protocol* dient zur Verwaltung und Konfiguration der unterschiedlichsten Netzwerkkomponenten. So können etwa Router, Bridges und andere Komponenten, die i.d.R. weit verstreut plaziert werden, von einem zentralen Arbeitsplatz verwaltet werden.

11.2 REMOTE PROCEDURE-VERFAHREN

Mit Hilfe von *Remote Procedure-Verfahren* wird einem Endsystem ermöglicht, Dienste anderer Systeme in Form eines Prozeduraufrufs in Anspruch zu nehmen. Diese Verfahren stellen letztendlich einem Programmierer, und damit indirekt dem Benutzer, Anwendungen etwa eines Servers zur Verfügung. Daneben realisieren diese Verfahren und Schnittstellen sog. Backend-Anwendungen, die Netzwerkfunktionalitäten in die Arbeitsumgebung des Benutzers integrieren. Der Zugriff auf ein Netzlaufwerk kann bei Einsatz von Remote Procedure-Verfahren kaum noch von einem lokalen Laufwerk unterschieden werden.

NCP

Das *Netware Core Protocol* (NCP) stellt die Funktionen etwa eines Netware-Servers auf der Benutzerseite zur Verfügung. Im Rahmen des NCP-Verfahrens wird eine Vielzahl unterschiedlicher Funktionen definiert, wie An- und Abmeldefunktionen, Informationsfunktionen und Funktionen, die Dienste zur Dateiübertragung oder Ansteuerung eines Netzdruckers ermöglichen.

Alle Funktionen arbeiten nach einem *Request-* und *Reply-Schema*. Der Client kann beispielsweise mit Hilfe von »Request Data« den Transfer einer Datei von einem Netzwerkserver auf eine Workstation veranlassen; der Server antwortet mit einer entsprechenden Anzahl von »Reply Data«-Antworten mit den Einzelteilen dieser Datei.

Im Rahmen einer Anwendungsprogrammierung werden mit Hilfe der NCP-Aufrufe Netzfunktionalitäten in ein Anwendungsprogramm integriert und z. B. über eine grafische Bedienoberfläche dem Benutzer bereitgestellt.

RPC

Der Begriff RPC steht für *Remote Procedure Call* und beschreibt ein Verfahren, mit dem sich Anwendungen im Rahmen einer Client/Server-Architektur über mehrere Systeme verteilen lassen. Ausgehend von einem stand-alone Programm delegiert RPC mit Hilfe spezieller Werkzeuge einzelne zeit- bzw. arbeitsaufwendige Funktionen (Prozeduren) auf andere Maschinen. Damit lassen sich auch ältere Systeme relativ einfach in ein Client/Servermodell überführen.

Interessant ist RPC speziell im Zusammenhang mit DCOM (*distributed component object model*). Die Firma Microsoft stellt mit diesem System die Möglichkeit bereit, Anwendungen auf der Basis eines Client/Servermodell zu implementieren.

11.3 Verschlüsselungssysteme

Verschlüsselung fällt in den Aufgabenbereich der OSI-Schicht -6, der Präsentationsschicht. Neben einfachen Umsetzern, die z. B. einen ASCII-Code in einen anderen Zeichensatz umwandeln können, existiert eine Reihe weiterer Verfahren. Im folgenden beschränken wir uns auf zwei Verfahren mit unterschiedliche Zielsetzungen.

MIME / UUEncoded / BinHex

Die Begriffe stehen für Algorithmen zur Verschlüsselung von Binärdaten in Textdateien. MIME (**M**ultipurpose **I**nternet **M**ail **E**xtensions) und UUEncoded (UNIX-to-UNIX-**Encoded**) wandeln 8bit Daten, wie etwa Exe-Dateien oder Textverarbeitungsdokumente, in einen 7bit ASCII-Code um. Dies ist notwendig, da viele E-Mail-Protokolle auf der Basis von ASCII-Code arbeiten und eine Binärdatei somit nicht direkt via E-Mail verschickt werden kann. Moderne E-Mail-Clientprogramme ermöglichen eine für den Anwender transparente Kodierung und Dekodierung im Hintergrund. Leider existiert in diesem Bereich noch kein echter Standard, MIME scheint sich aber schneller als die anderen Verfahren zu etablieren.

BinHex treffen wir als Format sehr häufig auf dem Macintosh.

Neben den hier genannten existieren noch weitere Systeme, die zum Teil gleichfalls mit einer Komprimierung arbeiten.

RSA

RSA ist ein kryptologisches Verfahren zur Ver- und Entschlüsselung von Informationen. Der Name leitet sich aus den jeweils ersten Buchstaben der Nachnamen der drei Erfinder, *Rivest, Shamir* und *Adelmann,* ab.

RSA beruht auf einem mathematische Zusammenhang zwischen Primzahlen. Bei der Anwendung wird mit einem Schlüsselpaar aus einem öffentlichen und einem geheimen Schlüssel gearbeitet. Die Senderseite setzt den öffentlichen Schlüssel zur Verschlüsselung ein, der Empfänger nutzt zur Entschlüsselung seinen geheimen Schlüssel; eine unter sicherheitstechnischen Aspekten höchst interessante Vorgehensweise, da sich die Dekodierung nur mit dem privaten Schlüssel vornehmen läßt, welcher nicht aus dem öffentlichen abzuleiten ist. Das Verfahren zur Ver- und Entschlüsselung ist zudem recht einfach und damit akzeptabel schnell durchzuführen.

Um einen nicht autorisierten Entschlüsselungsversuch zu starten, muß eine Versuchsreihe durchgeführt werden. Die dafür benötigte Zeit steigt mit der Länge der Schlüssel exponentiell an. Schon bald werden Schlüssel mit 1024 Bit Größe, z. B. für Banktransaktionen, auf den Markt kommen. Deren Herleitung würde heute die Rechenleistung sämtlicher Rechner der Erde für hunderttausende von Jahren benötigen.

11.4 Komprimierungssysteme verstehen

Die zukünftigen Anforderungen an die Übertragungskapazitäten lassen sich wahrscheinlich nur mit Hilfe von ausgeklügelten Komprimierungsverfahren befriedigen. Diese Verfahren, der OSI-Schicht -5 zuzuordnen, unterscheiden wir grob in die verlustfreien und die verlustreichen Verfahren. Diese Verfahren machen sich den Umstand zunutze, daß größere Datenmengen oft eine Reihe semantischer Redundanzen ausweisen. Durch eine geschickte Umstrukturierung werden diese Redundanzen entfernt und damit die Datenmengen reduziert.

Verlustfreie Kompression

Die verlustfreie Kompression arbeitet vollständig reversibel. Das bedeutet, die Eingangs- und Ausgangsdaten sind exakt gleich. Anhand einer Analyse der Eingangsdaten stellen entsprechende Kompressionsverfahren Redundanzen fest und ersetzen sie durch kürzere Darstellungen. Es existieren sehr unterschiedliche Verfahren, die jeweils für bestimmte Daten optimale Ergebnisse liefern.

Als eines der einfachen Verfahren sei hier das sog. *Runtime-Length-Encoding* (RLE) kurz beschrieben. Das RLE sucht innerhalb der Daten nach Abschnitten, in denen die gleiche Informationen mehrfach hintereinander vorkommt. Stellen Sie sich etwa eine Schwarz-Weiß-Zeichnung (z. B. ein Fax) in einer binären Form vor. Die Zeichnung wird in einzelnen Punkte zerlegt. Jeder schwarze Punkt entspricht einer binären 1, die weißen Flächen werden mit einer binären 0 dargestellt. Als Resultat folgt, daß die digitalisierte Fassung der Zeichnung eine Folge von Nullen und Einsen ist.

Das RLE-Verfahren untersucht jetzt die digitale Reihe nach Gruppen aufeinanderfolgender Einsen bzw. Nullen. Aus einer Folge wie »111111111111« wird dann einfach »12 * 1« . Mit Hilfe dieses Verfahrens kann die Datenmenge um ein Vielfaches verkleinert werden.

> **Info Spezial**
>
> Auch digitale Farbbilder oder andere Daten lassen sich auf diese Art und Weise komprimieren, indem beispielsweise nach mehrfach nacheinander auftretenden Farbwerten oder anderen Kriterien gesucht wird.

RLE bietet sich natürlich nicht für alle Datenformate an. Zur Komprimierung muß, je nach Ausgangsdaten, vielleicht auf komplexere Verfahren zurückgegriffen werden.

ANWENDUNGSPROTOKOLLE

VERLUSTREICHE KOMPRESSION

Die verlustreiche Kompression wird angewandt, wenn einerseits eine große Menge an Nutzdaten vorliegt und andererseits der Anspruch an Informationsgehalt und Details sehr gering ist. Stellen Sie sich etwa ein unscharfes Foto vor. Bis zu einer gewissen Unschärfe sind Sie weiterhin in der Lage, die dargestellte Situation zu erfassen. Obwohl die Unschärfe einige Details verbirgt, geht damit die Basisinformation nicht verloren.

> **INFO SPEZIAL**
>
> IM BEREICH DER SPRACHÜBERTRAGUNG WERDEN ETWA BESTIMMTE FREQUENZBEREICHE MIT NIEDRIGEN SAMPLINGRATEN QUANTISIERT, ANDERE, HÄUFIGER GENUTZTE, MIT HÖHEREN RATEN. BESTIMMTE SIGNALE ERREICHEN DEN EMPFÄNGER SO MIT SCHLECHTERER QUALITÄT, ANDERE MIT HOHER ÜBERTRAGUNG. DEM MENSCHLICHEN OHR FALLEN SOLCHE REDUKTIONEN KAUM AUF.

Verfahren im Rahmen der Bewegtbildkompression nutzen die Tatsache, daß sich, etwa bei einer Videoübertragung, die Einzelbilder nur unwesentlich voneinander abheben. Bei der Kompression wird eine Berechnungsvorschrift eingesetzt, welche die Unterschiede zwischen den Bildern ermittelt. Im Rahmen der Dekompression können die Informationen dann mit Hilfe dieser Vorschrift zurückgewandelt werden. Dieses Verfahren führt insbesondere deshalb zu Verlusten, weil es nur große Differenzen zwischen Einzelbildern berücksichtigt. Ein Sekundenzeiger einer Uhr im Hintergrund wird beispielsweise als unwesentlich interpretiert und nicht berechnet.

ZUSAMMENFASSUNG

✓ Wir haben Ihnen in diesem Kapitel wichtige Protokolle auf den OSI-Schichten -5 bis -7 vorgestellt. Aufgrund der Vielzahl der Anwendungsprotokolle konzentrierten wir uns dabei hauptsächlich auf Protokolle aus dem zukunftsorientierten Internet-Bereich.

✓ Darüber hinaus konnten Sie die Funktionalität gängiger *Remote Procedure-Verfahren* nachvollziehen.

✓ Nicht zuletzt lernten Sie grundlegende Verschlüsselungssysteme und Komprimierungsverfahren kennen.

ÜBUNGEN

·303· Auf welcher Basis arbeiten die Protokolle des Process/Application Layers?

·304· Wozu wird das File Transfer Protocol heutzutage häufig eingesetzt?

·305· Per Konvention bieten viele FTP-Server einen Gastzugang mit dem Benutzernamen »____« an. Bitte vervollständigen Sie den Satz.

25 ZEITEINHEITEN

Übungen

- **306** Auf welcher Plattform wird UUCP eingesetzt?
- **307** Wofür steht SMTP, wofür POP3?
- **308** In welchem Bereich findet NNTP Verwendung?
- **309** Warum ist HTTP das weltweit am häufigsten genutzte Protokoll?
- **310** Welche Aufgabe hat HTTP?
- **311** Was realisiert S-HTTP im Gegensatz zu HTTP?
- **312** Was ermöglicht IRC?
- **313** Mit Hilfe von Remote Procedure-Verfahren wird einem Endsystem ermöglicht, Dienste anderer Systeme in Form eines Prozeduraufrufs in Anspruch zu nehmen. Stimmt diese Aussage?
- **314** NCP, UUCP, RCP und NFS sind Remote Procedure-Verfahren. Welche Kürzel passen nicht in diese Reihe?
- **315** Welche OSI-Schicht übernimmt die Verschlüsselung?
- **316** Warum ist die Umwandlung von Binärdaten in den ASCII-Code notwendig?
- **317** Wie nennen wir die einzelnen Schlüssel des RSA-Schlüsselpaares?
- **318** Welche Grundkategorien unterscheiden wir bei Kompressionsverfahren?
- **319** Zu welcher dieser beiden Kategorien zählt das Runtime-Length-Encoding?
- **320** Unter welcher Voraussetzung wird eine verlustreiche Kompression eingesetzt?

12 Protokollvermittlung

Moderne Netze bestehen in der Regel aus einem Konglomerat verschiedenster Rechner, die vielfach mit unterschiedlichen Protokollen arbeiten. Eine heterogene Vernetzung zeichnet sich durch Elemente aus, die zwischen diesen unterschiedlichen Systemen vermitteln können.

Sie werden in diesem Abschnitt die gängigsten Verfahren zur Protokollumsetzung kennenlernen.

Nach dieser Einheit können Sie die folgenden Umsetzer unterscheiden und für ein Problem eine adäquate Lösung finden:

Lernen Sie

- verschiedene Bridge-Typen kennen
- warum Router im Netz eingesetzt werden
- was unter dem Begriff »Gateway« zu verstehen ist
- wie Repeater arbeiten

12.1 Bridges

Bridges, sogenannte *Brücken,* verbinden zwei Netzwerke miteinander, die dieselbe Technologie verwenden. Allen Brücken gemeinsam ist dabei, daß sie auf der Ebene 2 des OSI-Referenzmodells arbeiten und den Datenfluß zwischen den Subnetzen über die MAC-Adresse der Datenpakete, d. h. die Adresse der Netzwerkkarte, steuern. Aus diesem Grund muß die Bridge alle Pakete auf jedem der beiden Netzwerkbusse untersuchen und nach erfolgreicher Erkennung das Datenpaket an die Adresse im Ziel-Netzwerk senden. Als »MAC-Layer-Bridges« verbindet sie meistens Subnetze mit gleicher MAC-Ebene, z. B. Ethernet mit Ethernet oder Token Ring mit Token Ring. Brücken sind damit transparent (durchlässig) für Protokolle der höheren Schichten (wie TCP/IP oder IPX/SPX). Durch den Einsatz von Brücken beginnt bei einem Ethernet-LAN eine neue Kollisionsdomäne.

Funktionsweise einer Bridge

Eine Brücke stellt sicher, daß nur Datenpakete übertragen werden, die für Stationen im anderen Segment adressiert sind. Damit die Brücke erkennt, an welchem Port welche Endstation angeschlossen ist, führt sie eine Adreßtabelle. In ihr wird von jedem Datenpaket die Quelladresse, d. h. die MAC-Adresse mit Zuordnung des Ports, eingetragen, bis alle Stationen erfaßt sind. Um Veränderungen in der Tabelle zu ermöglichen (beispielsweise bei Umzug einer Station in ein anderes Segment), erhält jeder Eintrag einen sogenannten Zeitstempel (Aging-Verfahren). Dieser Zeitstempel, auch Timer genannt, wird mit jedem Auftreten der Adresse neu gesetzt. Wird von einer Station nach einer bestimmten, einstellbaren Zeit kein Datenpaket mehr empfangen, folgt die Löschung aus der Datenbank.

Protokollvermittlung

Die Transportentscheidung einer Brücke geschieht mit Hilfe dieser Adreßtabelle. Hierfür wird aus einem Datenpaket sowohl die Quelladresse als auch die Zieladresse ausgewertet. Wenn die Zieladresse bereits eingetragen ist, gibt es zwei Transportmöglichkeiten für die Brücke:

- der Frame ist auf dem Port angekommen, für den die Zieladresse eingetragen ist. Das Datenpaket wird dann als Lokalverkehr erkannt und nicht weitertransportiert

oder

- der Frame ist auf einem anderen als dem Zielport angekommen. In diesem Fall überträgt die Brücke das Datenpaket zum Zielport.

Wenn die Zieladresse noch nicht in der Adreßtabelle vorhanden ist, geschieht die Weiterleitung der Daten auf alle Ports.

Broadcast- und *Multicastpakete* (das sind Datenpakete mit Steuerinformationen, die für alle Stationen oder für eine bestimmte Gruppe von Stationen bestimmt sind) werden von der Brücke grundsätzlich transportiert, auch wenn sie nicht für andere Subnetze bestimmt sind. Dieses kann besonders bei einer WAN-Kopplung zu kritischer und teurer Netzlast führen.

Durch Aktivieren von Filterfunktionen in der Brücke ist es möglich, für bestimmte Stationen den Zugang zu anderen Subnetzen zu sperren. Oft lassen sich in Brücken auch Filter für ganz bestimmte Steuerinformationen setzen.

12.1
Bridge

LOCAL BRIDGES

Lokale Brücken verfügen über zwei Anschlüsse für LANs. Sie verbinden damit direkt zwei LAN-Segmente innerhalb eines Unternehmens.

REMOTE-BRIDGES

Remote-Brücken koppeln Subnetze über eine Weitverkehrsstrecke (WAN) miteinander. Sie sind daher mit einem LAN- und WAN-Port ausgestattet. Auf beiden Seiten der WAN-Strecke muß eine Brücke mit gleichen Funktionen, in der Regel Bridges des gleichen Herstellers, installiert sein.

MULTIPORT-BRIDGES

Vielschichtige Vernetzungen erfordern Brücken mit Anschlußmöglichkeiten für mehrere Netze. Diese »Multiport-Brücken« ermöglichen die sternförmige Kopplung mehrerer LANs. Zur Erhöhung der Anpassungsfähigkeit haben sie häufig einen modularen Aufbau. *Multiport-Brücken* können auch mit Anschlüssen für Weitverkehrsnetze versehen sein.

LLC-SUBLAYER BRIDGE

Sie hatten im Kapitel 7 die Verfahren *Ethernet* und *Token Ring* kennengelernt. Die Standardisierung der IEEE in 802.2 ermöglicht eine besondere Form der Bridge. Normalerweise ist eine Bridge nur in der Lage, zwischen System zu vermitteln, die sich auf der Schicht -1 nicht wesentlich unterscheiden. Die Einführung des MAC- und LLC-Sublayers in IEEE 802.2 ermöglicht aber ein System, welches auf LLC, also innerhalb der OSI-Schicht 2, bereits eine vollständige Unabhängigkeit von der Physik erreicht. Werden in einem Netz etwa nur Übertragungsprotokolle nach IEEE 802.2 (z. B. Ethernet, Token Ring , DQDB) eingesetzt, ergibt sich eine Verbindungsmöglichkeit auf dem Sublayer LLC. Die daraus entstehende »Bridge« wird auch *LLC-Sublayer-Bridge* genannt.

ENCAPSULATION-BRIDGES

Encapsulations-Brücken verpacken Daten in einen anderen Protokollrahmen. Dieses ist erforderlich, wenn LANs über ein Netz miteinander verbunden sind, in dem eine andere MAC-Schicht als in den Quell- und Zielnetzen verwendet wird.

> **INFO SPEZIAL**
>
> BEISPIEL: MEHRERE ETHERNET-LANS WERDEN ÜBER EIN FDDI-BACKBONE ODER ÜBER EINE WAN-VERBINDUNG MITEINANDER GEKOPPELT. EINE DIREKTE ADRESSIERUNG EINER STATION IM VERBINDUNGSNETZ IST DANN ALLERDINGS NICHT MEHR MÖGLICH.

12.2
Encapsulations-Brücken

SCHLEIFENUNTERDRÜCKUNG

In einem mit Brücken aufgebauten Datennetz dürfen keine Schleifen, d. h. parallele Brücken gebildet werden. Hierdurch können endlos kreisende Datenpakete entstehen.

Ist aus Verfügbarkeitsgründen eine Schleifenbildung durch redundante (mehrfache) Pfade erforderlich, sind Brücken mit einem eingebauten Schleifenunterdrückungsverfahren zu verwenden. Dieses Verfahren wird auch *Spanning Tree Algorithm* genannt und ist nach IEEE 802.1D standardisiert.

Die Brücken tauschen nach dem Einschalten und später in einstellbaren Zeitintervallen Informationen über den Netzzustand aus. Wird hierbei festgestellt, daß eine Schleife vorhanden ist, wird eine der parallel liegenden Brücken gesperrt. Dabei nimmt diese aber weiterhin am Spanning-Tree-Verfahren teil und kann bei Ausfall einer anderen Brücke wieder aktiviert werden. Die Funktion des Netzes bleibt dabei erhalten.

SOURCE-ROUTE BRIDGING

Der *Spanning Tree-Algorithmus* wird allerdings nur in Ethernetnetzwerken eingesetzt. In Token Ring-Netzen wird hier mit dem *Source Routing Bridging* (SRB) gearbeitet. Das Source Routing ist unter IEEE 802.5 standardisiert.

Bei diesem Verfahren kann ein Datenpaket maximal 13 Bridges auf dem Weg vom Sender zum Empfänger überspringen. Der Weg muß zuvor mit Hilfe spezieller Signale von der sendenden Station selbst herausgefunden werden. Auf den Endgeräten muß das SRB entsprechend installiert werden. In diesem Fall fällt die Bridge keine Entscheidung über die Weiterleitungsrichtung eines Pakets.

12.2 ROUTER

Router verbinden Subnetze gemäß Ebene 3 (Netzwerkschicht) des OSI-Referenzmodells. Dies beinhaltet insbesondere Wegewahlmechanismen (routing) als wichtigste Funktion. Im Gegensatz zur Brücke kann ein Router Broadcast- und Multicast-Pakete verarbeiten und gezielt dem betreffenden Subnetz zuleiten. Auf der Ebene 3 besteht eine Vielzahl von verschiedenen Protokollen, die ein Router verarbeiten muß. Dieses stellt erhöhte Anforderungen an die Leistungsmerkmale eines Routers.

Router der ersten Generation konnten als »Single Protocol Router« nur jeweils ein Protokoll verarbeiten. Heute werden jedoch immer häufiger Mehrfach-Protokoll-Router (»Multi-Protokoll-Router«) in LANs eingesetzt. Dadurch ist es möglich, mehrere Ebene-3-Protokolle zu verarbeiten. Die Protokolle müssen auf Ebene 3 Netzwerkadressen zur Verfügung stellen. *Router sind unabhängig von Protokollen* der Ebene 2 und können Ethernet-, Token Ring- oder FDDI-LANs untereinander verbinden.

ARBEITSWEISE VON ROUTERN

Mit Hilfe von Routern können lokale Netze mit *redundanter Wegeführung* aufgebaut werden. Die Router tauschen mit dem Routingprotokoll ständig Informationen aus. Es werden in einstellbaren Intervallen Werte wie z. B. Leitungskosten, Anzahl der Router im Datenpfad, Fehlerrate und Leitungsgeschwindigkeit übermittelt und in die Routingtabellen eingetragen. So erkennt jeder Router, auch in einem umfangreichen Netz, über welchen Weg ein anderes Subnetz am besten zu erreichen ist. Fällt eine Verbindung aus oder ist der Weg überlastet, wird automatisch auf Ersatzwege umgeschaltet.

MULTI-PROTOKOLL-ROUTER

Bei einem *Multi-Protokoll-Router* ist für jedes aktivierte Protokoll eine eigene Routingtabelle notwendig. Dieses erfordert eine erhöhte Rechenleistung des Routers und hat eine Verringerung des Datendurchsatzes zur Folge. Im Gegensatz zu Brücken, die alle Pakete an ihren Ports verarbeiten müssen, wird ein Router direkt vom Endgerät mit seiner MAC-Adresse adressiert. Das Endgerät erkennt an der Ebene-3-Adresse, ob die Zielstation im eigenen Netz oder in einem Subnetz angeschlossen ist. Liegt das Ziel in einem anderen Subnetz, erhält der Router das Datenpaket und muß es an Hand seiner Routingtabelle direkt oder über weitere Router zur Zielstation leiten.

12.3
Multi-Protokoll-Router zwischen verschiedenen DV-Welten

Kein Routing mit SNA

Leider können nicht alle Protokolle der Schicht-3 mittels eines Router übertragen werden. Zu diesen Protokollen gehört etwa das in der Main-Frame- und AS/400-Welt eingesetzte SNA. Eine Umsetzung auf der Schicht 3 reicht hier für ein funktionierendes System nicht aus. Hinzu kommt, daß dieses Protokoll rein für den IBM-Token Ring ausgelegt wurde.

Für diese Problematik existieren zwei Lösungsansätze:

- Für die Kopplung werden nur Bridges eingesetzt. Der Nachteil, der sich dadurch ergibt, ist, daß die gesamte Verkabelung nach dem Token Ring-System aufgebaut werden muß.

- Die andere Möglichkeit ist der Einsatz eines *Gateways*. Das Gateway ist Teil eines Token Ringes, in dem sich auch etwa eine IBM-AS/400 befindet und das rein mit SNA arbeitet. Mit einer weiteren Netzwerkkarte wird das Gateway mit den Subnetzen verbunden. Hier wird dann ein »routefähiges« Protokoll wie TCP/IP oder SPX/IPX eingesetzt. Da sämtliche Kommunikation zwischen dem »User-Netzwerk« und der SNA-Welt über das Gateway stattfindet, muß diese Maschine natürlich eine entsprechende Leistungsfähigkeit haben.

Kein Routing von NetBEUI und NetBIOS

Auch NetBIOS bzw. NetBEUI sind nicht routingfähig, da hier keine klare Trennung der Schichten 3 und 4 erfolgt. Soll Kommunikation mit einer Station in einem anderem Teilnetz stattfinden, muß hier also ein routingfähiges Protokoll zusätzlich installiert werden.

Routing von TCP/IP und IPX/SPX

Die beiden Protokolle TCP/IP und IPX/SPX sind routingfähig. Teilnetze können daher mit einem entsprechenden Gerät verbunden werden.

12.3 Gateway

Gateway ist ein Begriff, der für drei verschiedene Arten von Netzwerkeinrichtungen gebraucht werden kann. Sie können zum einen einen Router als Gateway bezeichnen. Wenn Sie den Begriff auf diese Weise verwenden, ist ein Gateway identisch mit einem Router, wie er in den vorhergehenden Abschnitten beschrieben wurde. Ein Gateway kann aber auch ein sogenanntes *Application Gateway* sein.

Application Gateways übersetzen Daten, die von bestimmten Netzwerkprogrammen verwendet werden. Der gängigste Typ von Application Gateway wird von E-Mail-Programmen genutzt. Zum Beispiel könnten Sie MCI Mail verwenden, um jemandem in einem privaten lokalen Netzwerk in einem anderen Land eine Nachricht zukommen zu lassen. Ihre Nachricht könnte dann von MCI Mail an das Internet weitergeleitet werden. Vom Internet könnte sie dann an das Ziel-LAN übergeben werden. An jeder Schnittstelle würde ein Application Gateway (für E-Mails) Ihre Nachricht in ein Format umwandeln, das für die weitere Übertragung notwendig ist.

Wie Sie im Kapitel 8 und 9 gesehen haben, benutzen Netzwerke einen Satz von Regeln, sogenannte Protokolle, anhand derer Daten übertragen werden. Unterschiedliche Netzwerktypen verwenden verschiedene Regeln. Bei dieser dritten Art von Gateway werden Daten von einem Netzwerkprotokoll in ein anderes übersetzt.

> **Info Spezial**
>
> Werden lokale Netze wie etwa ein Novell-Netzwerk mit einem Grossrechner verbunden, so vermittelt das Gateway oft über alle 7 Schichten und stellt so eine Kommunikation her.

Das Produkt Netware for SAA ist in etwa ein solches Produkt, welches ein Gateway zwischen einem Novell-Netzwerk und einem IBM Mainframe bzw. einer AS/400 herstellen kann.

Gateway zwischen einem Novell-Netz und einer IBM AS/400

12.4 Repeater

Ein Repeater kopiert (wiederholt) alle Signale, die er empfängt. Darüber hinaus verstärkt ein Repeater aber auch alle Signale, bevor er sie weitergibt. Das bedeutet, daß ein Repeater die Größe der analogen Wellenformen erhöht. Durch Vergrößerung der Wellenform (ohne Änderung der Frequenz) gleicht der Repeater den auf dem Weg bis zum Repeater aufgetretenen Verlust bzw. die Dämpfung aus. Kurz gesagt, verstärkt der Repeater alle eingehenden Signale, bevor er sie wieder auf den Weg schickt. Durch die Plazierung von Repeatern entlang des Netzwerkbusses kann der Abstand zwischen benachbarten Computern vergrößert werden.

Netzwerke, die sich über große Strecken verteilen, können viele Repeater enthalten. Auch Ethernets verwenden häufig Repeater, um die Länge des Buskabels innerhalb eines lokalen Netzwerks zu vergrößern. Netzwerkadministratoren verwenden Repeater, um Dämpfungsprobleme zu verhindern, die auftreten könnten, wenn zwei Teile desselben Netzwerks verbunden werden sollen. Sie können Repeater also als Teil eines Netzes einsetzen, aber auch innerhalb eines Netzwerks wie beispielsweise in einem LAN.

Spezielle Repeater können aber auch zur Verbindung von Ethernetsegmenten, die mit unterschiedlichen Verkabelungssystemen aufgebaut wurden, genutzt werden (etwa 10Base2 mit 10BaseT).

Remote Repeater

Auch wenn zwei Ethernet-Segmente (bis zu) 1000 Meter voneinander entfernt liegen, kann man daraus ein einziges Ethernet bilden. Dies geschieht über die Verwendung sogenannter *Remote Repeater*.

Die gesamte Repeater-Funktion wird über zwei Repeater-Hälften erbracht, die über ein Duplex-Glasfaserkabel miteinander verbunden sind. Bei den meisten auf dem Markt befindlichen Produkten können mehrere Glasfasertypen Verwendung finden.

Die gesamte Strecke inklusive beider Hälften wirkt sich dabei bezüglich der Netzauslegung wie ein einzelner lokaler Repeater aus. Entdeckt eine Repeater-Hälfte auf ihrem Kabelsegment fehlerhafte Signale, so stellt sie deren Übertragung zur anderen Seite ein, was einen zusätzlichen Schutz in bezug auf die Zuverlässigkeit darstellt.

12.5
Remote Repeater

Der Begriff Repeater gehört eigentlich nicht in diesen Zusammenhang, sondern ist ein Gerät, welches hauptsächlich im Ethernet Verwendung findet. Aber die Umsetzung unterschiedlicher Ethernetvarianten macht einen Repeater u.U. auch zu einer Form des Umsetzers.

ZUSAMMENFASSUNG

✓ Sie haben in der letzten Einheit dieses Kurses verschiedene Vermittlungssysteme zwischen unterschiedlichen Schichten des OSI-Modells kennengelernt.

✓ Komplexe Netze bestehen vielfach aus einer großen Anzahl von Segmenten, Ringen und Bussen, die mit Repeatern, Bridges und Routern verbunden werden müssen.

✓ Dem Netzwerkverwalter fällt dabei vielfach auch die Rolle des *Trouble-Shooters* (Problemlösers) zu. Daher sollten Sie sich kompetent beraten lassen und die für Ihr Problem am besten geeignete Lösung realisieren.

ÜBUNGEN

·321· Auf welcher Ebene des OSI-Referenzmodells arbeiten und steuern Bridges, sogenannte Brücken, den Datenfluß?

·322· Wie erkennt eine Bridge, an welchem Port welche Endstation angeschlossen ist?

·323· Um Veränderungen in der Adreßtabelle zu ermöglichen, erhält jeder Eintrag einen sogenannten Zeitstempel. Wie nennt man dieses Verfahren?

·324· Welche zwei Transportmöglichkeiten gibt es für eine Bridge, wenn die Zieladresse bereits eingetragen ist?

·325· Mit welchen Ports sind Remote Bridges zur Kopplung von Subnetzen über eine Weitverkehrsstrecke ausgerüstet?

·326· Ist aus Sicherheitsgründen eine Schleifenbildung durch redundante (mehrfache) Pfade erforderlich, sind Brücken mit einem eingebauten Schleifenunterdrückungsverfahren zu verwenden. Dieses Verfahren wird auch Spanning Tree-Algorithmus genannt und ist nach ISO 9000 standardisiert. Ist diese Aussage richtig?

·327· Der Spanning Tree-Algorithmus wird in Ethernetnetzwerken eingesetzt. Mit welchen Verfahren wird in Token Ring-Netzen gearbeitet?

·328· Auf welcher Ebene des OSI-Referenzmodells verbinden Router Subnetze?

·329· Da Router unabhängig von Protokollen der Ebene 2 des ISO-Referenzmodells sind, können sie welche LANs untereinander verbinden?

·330· Router tauschen mit dem Routingprotokoll permanent Informationen aus. Um welche Informationen handelt es sich dabei? Nennen Sie bitte mindestens drei Typen.

·331· Der Grund für die erhöhte Rechenleistung des Routers und die Verringerung des Datendurchsatzes ist bei einem Multi-Protokoll-Router der, daß der Router für jedes aktive Protokoll eine eigene Routingtabelle benötigt. Ist diese Ausage richtig?

·332· Diskutieren Sie mögliche Lösungen für die Übertragung des Protokolls SNA, wie es in der Main-Fraime- und AS/400-Welt eingesetzt wird.

·333· Warum ist ein Routing von NetBEUI und NetBIOS nicht möglich?

·334· Ist das Protokoll TCP/IP routingfähig?

·335· Um Daten zwischen Netzwerken übertragen zu können, verwenden diese sogenannte Protokolle. Unterschiedliche Netzwerktypen verwenden dazu verschiedene Protokolle. Bei dieser Art von _____ werden Daten von einem Netzwerkprotokoll in ein anderes übersetzt. Bitte ergänzen Sie das fehlende Wort.

Übungen

·336· Welches Produkt von Novell fungiert als Gateway zwischen einem Novell-Netzwerk und einem IBM Mainframe bzw. einer AS/400?

·337· Ein Repeater _____ und _____ alle Signale, die er empfängt.

·338· Welchen Vorteil bietet der Einsatz von Repeatern in einem Netzwerk?

·339· Was stellt die folgende Abbildung dar ?

12.6

·340· Wodurch erreicht ein Remote Repeater einen zusätzlichen Schutz hinsichtlich seiner Zuverlässigkeit ?

Glossar

Analog

Charakterisiert im Gegensatz zu digital einen stetigen Bereich von z. B. Spannungs- oder Stromstärkewerten.

ANSI

Abkürzung für American National Standards Institute. Die US-amerikanische Normierungsbehörde.

Anwendungsprotokolle

Die Anwendungsprotokolle gehören zu den Schichten -5 bis -7 des OSI-Referenzmodells. Ihre Aufgabe ist die Bereitstellung einer Schnittstelle für den Anwender.

API

Abkürzung für Application Programming Interface eine Schnittstelle, die speziell für Anwendungsprogrammierer entwickelt wurde und Teil des Application Layers der OSI-Schicht -7 ist.

AppleTalk

AppleTalk bezeichnet eine Reihe von unterschiedlichen Protokollen. Dazu gehören das zur Peer-To-Peer-Kommunikation eingesetzte LocalTalk und das EtherTalk, die als Übertragungsprotokolle der OSI-Schicht -2 eingesetzt werden.

Application Layer

In der Anwendungsschicht, dem Application Layer, befinden sich alle Anwendungsprozesse.

ARCnet

Eine Mischform aus Stern- und Bustopologie.

ASCII

Abkürzung für American Standard Code for Information Interchange.

ATM

Abkürzung für Asynchronous Transfer Mode; ein zellenbasiertes Übertragungsprotokoll mit hoher Datentransferrate.

AUI-Anschluss

Schnittstellen zur physikalischen Trennung von Transceiver und Controller im Thick Ethernet. Ein AUI-Kabel kann bis zu 50 Meter lang sein.

Backbone

Mit dem Backbone (engl., Rückgrat) eines Netzwerkes wird die Verbindung der Leistungskomponenten eines Netzwerkes, sowie der einzelnen Teilnetze eines sehr großen Netzwerkes bezeichnet.

Bandbreite

Die Bandbreite beschreibt den Frequenzbereich eines Datenübertragungskabels. Je größer die Bandbreite, desto mehr Informationen können in einer Zeiteinheit übertragen werden.

Basisbandtechnologie

Bei der Basisbandübertragung steht der gesamte Frequenzbereich des Kabels allen angeschlossenen Endgeräten gleichermaßen zur Verfügung.

Baud

Maßeinheit für die Anzahl von Bits, die in einer Sekunde übertragen werden.

Baumtopologie

Die Baum-Topologie, im Grunde eine Erweiterung der Stern-Topologie, besitzt eine hierarchische Struktur.

BEACONING

Ein Verfahren, mit dem in einem Token Passing-Netzwerk ein schwerwiegender Fehler signalisiert wird.

B-ISDN

Breitband-ISDN ist ein Standard für ein öffentliches High-Speed-Netz auf der Basis von ATM.

BIT

Abkürzung für **bi**nary dig**it**. Bezeichnung für die kleinste Darstellungseinheit für Daten in binärer Form. Ein Bit kann die binären Werte Null und Eins annehmen.

BNC-STECKER

Anschlußstecker für ein Thin-Ethernetkabel an Adapterkarten oder andere Komponenten.

BPS (BITS PER SECOND)

Amerikanische Maßeinheit für die Übertragungsgeschwindigkeit. In Deutschland: Bit/s = Bit pro Sekunde

BREITBANDKABEL

Breitbandkabel erlauben die Übertragung mehrerer Datenkanäle gleichzeitig über ein Medium.

BREITBANDTECHNOLOGIE

Bei der Breitbandtechnologie können zu einem Zeitpunkt mehrere unterschiedliche Übertragungen über ein und dasselbe Kabel erfolgen.

BRIDGE

Eine Bridge (Brücke) verbindet zwei gleichartige lokale Netze oder zwei Netz-Segmente miteinander. Bridges operieren auf Ebene 2 des ISO/OSI-Modells und sind von höheren Protokollen (ab Ebene 3) unabhängig.

Brouter

Ein Brouter ist eine Kombination von Bridge und Router.

Burstiness

Der Burstiness einer variablen Datenrate ist das Verhältnis des Spitzenwerts der natürlichen Datenrate zu dem durchschnittlichen Wert der natürlichen Datenrate.

Bustopologie

In einer Bus-Topologie liegen alle Knoten über Transceiver oder Steckerverbindungen angeschlossen an einem gemeinsamen Kabel.

Byte

Bezeichnung für die Zusammenfassung von acht Bits zu einer Speicherzelle.

CCITT

Abkürzung für **C**omité **C**onsultatif **I**nternationale de **T**élégraphie et **T**éléphonie.

Client

Eine Arbeitsstation im Netzwerk.

Client / Server

Beim Client/Server-Modell wird die Rechenleistung auf das gesamte Netz verteilt.

Client-Server-Architektur

Verteilung der Rechen- und Speicherleistung auf das gesamte Netzwerk.

CRC

Abkürzung für **C**yclic **R**edundancy **C**heck; beschreibt ein Sicherungsverfahren, in dem eine mathematische, auf der Polynomrechnung basierende Vorschrift eine Prüfsumme über eine größere Anzahl von Bits berechnet wird.

CSMA/CD

Bei CSMA/CD handelt es sich um ein nichtdeterministisches Zugriffsverfahren, welches primär bei Busnetzen im Ethernet-Bereich eingesetzt wird.

Dämpfung

Das räumliche oder zeitliche Abklingen von Schwingungen oder Wellen.

Data Frame

Daten, die von der OSI-Schicht -1 auf der Schicht -2 empfangen werden, werden hier zu *data frames* zusammengefaßt.

Data Link Layer

Die Aufgaben des Data Link Layer sind die Absicherung der einzelnen Datenbits und die Ermöglichung einer Adressierung unterschiedlicher Netzwerkknoten.

Daten

Daten sind an einen Datenträger gebundene, kodierte Informationen. Sie liegen normalerweise in Form von Zeichen/Zeichenkombinationen vor, z. B. im ASCII-Code.

Daten- und Informationsverarbeitung

Die Daten- bzw. Informationsverarbeitung begreifen wir als zielgerechte Verknüpfung von Teilinformationen sowie deren Aufbereitung und damit Darstellung von Information.

Datenpaket

Das Datenpaket ist Teil einer Information.

Dezentrales Konzept

Rechen- und Speicherleistung verteilen sich auf verschiedene Systeme.

DHCP

Abkürzung für **D**ynamic **H**ost **C**onfiguration **P**rotocol, ermöglicht einem Host beim Start des TCP/IP, zuerst nach einer freien IP-Adresse zu fragen.

Diffusionsnetz

In einem Diffusionsnetz sind alle Stationen an ein gemeinsames Medium angeschlossen. Gesendete Nachrichten breiten sich im gesamten Netz aus.

Digital

Eigenschaften eines Elements, nur diskrete, d. h. nicht stetig veränderbare Werte annehmen zu können. Die digitale Übertragung von Daten z. B. erfolgt über genau zwei Zustände, die als Null (0) und Eins (1) definiert werden.

Dispersion

Mit Dispersion wird die zeitliche Differenz der Laufzeiten mehrerer Lichtstrahlen mit unterschiedlichen Einfallswinkeln in einer Glasfaser bezeichnet.

DIX-Stecker

Steckerverbindungen, die nach seinen Entwicklern **D**igital, **I**ntel und **X**erox benannt wurden.

Downsizing

Übergang von großrechnerbasierten Anwendungen zu PC- oder PC-Netzwerk-basierten; wird heute *Rightsizing* genannt.

Drahtloses Netz

Der Kommunikationsweg zwischen den einzelnen Knoten ist in einem drahtlosen Netz körperlich nicht greifbar.

Duplex

Bidirektionale Kommunikationsmethode, die gleichzeitige Datentransfers in beide Richtungen zuläßt. Statt des Begriffs Duplex wird auch der Begriff Voll-Duplex verwendet.

Ethernet

Ein Basisbandnetz mit Bus-Topologie, das je nach Verkabelungsart zwischen Thick bzw. Thin Ethernet differenziert wird.

FDDI

Abkürzung für **F**iber **D**istributed **D**ata **I**nterface, das physikalisch mit Hilfe von Lichtwellenleitern auf der Basis eines doppelten Ringes aufgebaut wird.

File-Server-Architektur

Der Server stellt lediglich ein Speichermedium zur Verfügung, die Rechenleistung übernimmt eine »intelligente« Arbeitsstation.

Flusskontrolle

Die Flußkontrolle, engl. *flow control,* reguliert die Datenübertragung mit Endgeräten unterschiedlicher Datenübertragungsgeschwindigkeiten.

Frame

Ein Frame ist ein Datenpaket der OSI-Schicht -2, das auf der OSI-Schicht -1 über ein Netz versendet wird.

Frequenzmultiplexing

Bei dieser Form des Multiplexings wird die Aufteilung einer Verbindung durch ein Frequenzteilungsverfahren realisiert. Jedem Nutzer steht hier ein bestimmtes Frequenzband der Leitung zur Verfügung.

FTP

Abkürzung für **F**ile **T**ransfer **P**rotocol; ein Programm, das auf das Transmission Control Protocol (TCP) aufsetzt.

Gateway

Ein Gateway, in der Regel eine Kombination aus Hard- und Software-Bestandteilen, ermöglicht die Kommunikation zwischen heterogenen Rechnerwelten. Es konvertiert bis zu sieben Schichten des ISO/OSI-Modells.

Gigabyte

Entspricht exakt 1.099.511.627.776 Bytes.

Glasfaser

Glasfaser ist ein meist aus Glas bestehender optischer Wellenleiter zur Fortleitung von Licht über große Entfernungen.

HDLC

Abkürzung für **H**igh **D**ata **L**ink **C**ontrol; ein Übertragungsprotokoll, das OSI-Schicht -2 beschreibt und in einer Reihe von WAN-Systemen eingesetzt wird.

Hertz

Hertz ist die Maßeinheit, angegeben in Hz, für Signalschwingungen pro Sekunde, benannt nach dem deutschen Physiker H. Hertz.

Heterogene Vernetzung

Vernetzung von Computern mit verschiedenen Betriebssystemen (wie UNIX, Apple Macintosh, DOS, Windows) und/oder verschiedenen eingesetzten Netzwerkprotokollen.

Homogene Vernetzung

Vernetzung von Computern, die auf demselben Betriebssystem basieren oder dieselben Netzwerkprotokolle einsetzen.

HTTP

Abkürzung für **H**yper**t**ext **T**ransport **P**rotocol; beschreibt die Methode mit der WWW-Seiten über das Netz versendet werden.

Hub

Ein Hub ist ein zentraler Verteiler, an den sternförmig LAN-Stationen angeschlossen werden. Je nach Repeaterleistung und Anzahl der Anschlüsse wird zwischen aktiven und passiven Hubs unterschieden.

Information

Information ist die zweckgebundene Kenntnis bestimmter Sachverhalte.

IP

Abkürzung für das **I**nternet **P**rotocol, dessen Hauptaufgabe das Routing, also die Suche des idealen Weges, zwischen den zwei Stationen im Netz ist.

IPX/SPX

Abkürzung für **I**nternetwork **P**acket E**x**change/**S**equenced **P**acket E**x**change, das Standardprotokoll in Novell-Netzwerken.

ISDN

Abkürzung für **I**ntegrated **S**ervices **D**igital **N**etwork; ein digital arbeitendes Datennetz, das eine Vielzahl von Kommunikationsdiensten mit hoher Übertragungsgeschwindigkeit ermöglicht.

ISO

Abkürzung für **I**nternational **S**tandards **O**rganization; Internationales Normierungsgremium zur Festlegung technischer Standards.

Key

Schlüssel, sogenannte *keys,* werden in Verschlüsselungsverfahren eingesetzt.

Kilo (K)

Bedeutet eintausend und wird als Vorsatzzeichen für diverse Einheiten verwendet.

Kilobit (Kbit)

Entspricht 1024 Bits.

Kilobyte (Kbyte)

Entspricht 1024 Bytes.

Knoten

Als Netzwerkknoten bezeichnen wir ein speziell für die Vermittlung und Übertragung von Daten entwickeltes Datenverarbeitungssystem.

Koaxialkabel

Ein Koaxialkabel besteht aus einem Innenleiter, meist Kupfer, einer isolierenden Hülle, z. B. Keramik, und einem Außenleiter.

Kommunikation

Als Kommunikation bezeichnen wir den Austausch von Informationen zwischen den Einheiten eines arbeitsteiligen Systems.

LAN

Abkürzung für **Local Area Network**; Netzverbund, der rechtlich unter der Kontrolle des Benutzers steht und räumlich auf ein (Büro-) Gebäude bzw. (Firmen-) Gelände begrenzt ist. Die bekanntesten LANs sind Ethernet, Token Ring und Arcnet. Sie arbeiten mit verschiedenen Zugriffsprotokollen auf unterschiedlichen Topologien.

Leitungs-Splitter

Komponente, die ein elektrisches oder optisches Signal von einem Eingang auf mehrere Ausgänge ohne deren Interpretation dupliziert.

Lichtwellenleiter (LWL)

Physikalische Verbindung, bei der die Signale mittels Lichtimpulsen in einer Glasfaser übertragen werden.

LLC Sublayer

Abkürzung für Logical Link Control Sublayer; nimmt funktionell die Aufgaben eines OSI-2-Elements wahr, also primär die Fehlererkennung und -behebung.

LocalTalk

LocalTalk wird als Übertragungsprotokoll der OSI-Schicht -2 in Apple-Netzwerken eingesetzt.

Lost Token

Ein verlorengegangener Token im Token Ring, der mittels Monitor entfernt wird.

MAC Adresse

Abkürzung für Media Access Control Address, die zur eindeutigen Bezeichnung einer Hardware, z. B. einer Netzwerkkarte, eingesetzt wird.

MAN

Abkürzung für Metropolitan Area Network, ein öffentliches Netzwerk, das auf einen Stadtbereich begrenzt ist.

Manchesterkodierung

Ein Signalisierungsverfahren, bei dem die einzelnen Bits mit Hilfe eines Flankenwechsels dargestellt werden.

Maschennetz

In einem Maschennetz sind die Netzknoten über Punkt-zu-Punkt-Verbindungen miteinander verknüpft. Durch redundante Verbindungsmöglichkeiten ermöglicht sich eine Vermaschung.

MAU

Abkürzung für **M**edia **A**ttachment **U**nit; eine Komponente, die den physikalischen Anschluß an ein Netzwerkmedium ermöglicht.

MBIT

Entspricht 1073741824 Bits.

MBPS

Abkürzung für **M**ega**b**its **P**er **S**econd; Amerikanische Maßeinheit für Daten-Übertragungsgeschwindigkeit. In Deutschland: Mbit/s = Megabits pro Sekunde.

MEGABYTE

Entspricht 1073741824 Bytes.

MODE

Lichtstrahl, der mit einem bestimmten Einfallswinkel via Reflektion übertragen wird.

MULTIPLEXER (MUX)

Eine Art Verteiler, der die Mehrfachnutzung einer Leitung durch mehrere Anwender steuert.

MULTIPLEXING

Konzept für die Mehrfachnutzung eines Verbindungsweges für mehrere Anwender. Man unterscheidet primär Zeit- und Frequenzmultiplexing.

MULTIPROTOKOLL-ROUTER

Spezieller Router, der die Umsetzung von unterschiedlichen Netzwerkprotokollen (z. B. TCP/IP ↔ IPX/SPX) ermöglicht, soweit dieses möglich ist.

MULTITASKING

Die Fähigkeit eines Betriebsystems, mehrere Prozesse zeitgleich zu bearbeiten.

NETBEUI

Abkürzung für **NetB**IOS **E**xtended **U**ser **I**nterface, stellt ein einfaches LAN-Transportprotokoll dar, das in Microsoft Netzwerken genutzt wird.

NETBIOS

Abkürzung für **Net**work **B**asic **I**nput **O**utput **S**ystem.

NETZWERK

Zwei oder mehr Computer, die über ein Kommunikationshilfsmittel miteinander verbunden sind.

NETZWERKKARTE

Eine Erweiterungskarte, die es erlaubt, einen Computer mit einem LAN zu verbinden.

NUKEM SUBLAYER

Abkürzung für **N**etwork **U**ser **K**eybased **E**ncoding **M**ode **S**ublayer; ein Protokoll der Präsentationsschicht.

ODI

Abkürzung für **O**pen **D**ata Link **I**nterface; eine Novell-Spezifikation für die Entwicklung von Netzwerkkartentreibern.

OSI-REFERENZMODELL

Abkürzung für **O**pen **S**ystem **I**nterconnection; unterteilt ein Kommunikationssystem in insgesamt 7 Schichten, wobei zwei große Gruppen – die transportorientierten (1-4) und die anwendungsorientierten (5-7) – unterschieden werden. Jede Schicht ist mit spezifischen Aufgaben betraut.

PAD

Ein System, das Daten in Pakete zerlegt und wieder zu Daten zusammensetzt.

Paketvermittlung

Das Prinzip der Paketvermittlung basiert auf einer Zerlegung der Nachrichten in kleine Datenpakete, die unabhängig voneinander über das Netz geschickt werden können.

Paritätsprüfung

Ein einfaches Fehlererkennungsverfahren zur Absicherung einer asynchronen Datenübertragung.

Peer-to-Peer-Netzwerk

Beim Peer-to-Peer-Konzept übernehmen die einzelnen Knoten des Netzwerkes sowohl Client- als auch Serverfunktionen.

Physical Layer

Die Aufgabe des Physical Layer (Bitübertragungsschicht / OSI-Schicht-1) besteht in der Übertragung digitaler Zustände über einen physikalischen Übermittlungsabschnitt (z. B. Kabel).

Presentation Layer

Der Presentation Layer (Darstellungsschicht – OSI-Schicht -6) setzt das System in den Stand, gemeinsame Datendarstellung (z. B. Darstellung von Zeichen, Integer, Floating-Point-Zahlen, etc.) und Dateistrukturen festzulegen.

Protokoll

Unter einem Protokoll versteht man eine Vereinbarung auf allgemein verständliche Vorschriften für eine Kommunikation.

PUNKT-ZU-PUNKT-VERBINDUNG (POINT-TO-POINT)

Eine Punkt-zu-Punkt-Verbindung ist eine Einzelverbindung zwischen zwei Datenstationen mit einer Übertragungsleitung.

REPEATER

Ein Repeater ist ein Signalverstärker.

REQUESTER

Der Requester stellt die Benutzerschnittstelle für Anfragen an das Netzwerk – eine Softwarekomponente.

RIGHTSIZING

Einbindung des Großrechners in eine Client-Server-Architektur, früher *Downsizing* genannt.

RINGLEITUNGSVERTEILER

Zentrale Komponente innerhalb eines sternförmig verkabelten Token-Ringes zur Steuerung der Kopplung der Netzwerkknoten; auch MAU (**M**edia **A**ccessment **U**nit) genannt.

RINGTOPOLOGIE

Innerhalb der Ringtopologie hat jeder Netzwerkknoten einen definierten Vorgänger und Nachfolger. Der Datentransport findet in einer bestimmten Richtung von Knoten zu Knoten statt.

RJ-11

Abkürzung für **R**egistered **J**ack; zu deutsch »Westernstecker«, Bezeichnung für ein vieradriges Twisted-Pair-Verbindungssystem, wie es beim Telefon in den USA eingesetzt wird.

RJ-45

Abkürzung für **R**egistered **J**ack; ein achtadriges Twisted-Pair-Verbindungssystem bei ISDN und der tertiären Verkabelung.

Router

Verbindet zwei möglicherweise unterschiedliche Netzwerke, z. B. ein Ethernet- oder auch ein Token-Ring-LAN.

SAP

Abkürzung für **S**erver **A**dvertising **P**rotocol, dessen Aufgabe die Bekanntmachung von Serverdiensten in einem Novell Netzwerk ist.

Auch Abkürzung für **S**ervice **A**ccess **P**oint, Anknüpfungspunkte, die OSI-konforme Komponenten bilden.

Session Layer

Der Session Layer (Kommunikationsschicht – OSI-Schicht -5) ermöglicht den Kommunikationskontakt zweier Anwendungsinstanzen.

Shielded Twisted Pair

Ein abgeschirmtes, verdrilltes, mehradriges Kabel.

SNA

Abkürzung für **S**ystems **N**etwork **A**rchitecture; Teil der IBM-Strategie SAA und umfaßt alle 7 OSI-Schichten.

Software

Menge der Programme, die auf einem Rechner ablaufen.

SONET

Abkürzung für **S**ynchronous **O**ptical **Net**work; ein ANSI-Standard für den Aufbau von öffentlichen Glasfasernetzen mit Übertragungsraten im Gigabit-Bereich.

Spanning Tree Algorithm

Ein Verfahren zur Auffindung und Vermeidung von doppelten Wegen in einem durch Bridges verbundenen Netzwerk.

STERNTOPOLOGIE

Innerhalb der Stern-Topologie sind die Arbeitsstationen (Knoten) über einen zentralen Knoten verbunden. Als Knoten dient die Datenverarbeitungsanlage oder ein reiner Vermittlungsknoten.

SYNCHRONE DATENÜBERTRAGUNG

Bei der synchronen Datenübertragung wird der Takt aus dem Signal gewonnen.

TAKT

Ein wiederkehrendes Signal.

TCP/IP

Abkürzung für **T**ransmission **C**ontrol **P**rotocol / **I**nternet **P**rotocol; bildet als Transportprotokoll die Basis für das Internet.

TEILSTRECKENNETZ

In einem Teilstreckennetz gelangen die Nachrichten über eine oder mehrere Teilstrecken mit Zwischenknoten vom Sender zum Empfänger. Jeder Knoten bildet Anfang bzw. Ende mindestens einer Teilstrecke.

TERMINATOR

Ein Abschlußwiderstand, der die Signalreflexion an den Kabelenden eines Diffusionsnetzes verhindert.

TOKEN BUS

Ein LAN, das physikalisch einen Bus, topologisch einen Ring darstellt und mit einem Token-Passing-Zugangsverfahren arbeitet.

TOKEN PASSING

Die Sendeberechtigung wird mittels eines speziellen Bitmusters (Token) vergeben.

Token Ring

Ein LAN, das physikalisch einen Stern, topologisch einen Ring darstellt und mit einem Token-Passing-Zugangsverfahren arbeitet.

Topologie

Die Topologie beschreibt den physikalischen Aufbau des Netzes, d. h., die Verbindung der Netzwerkknoten untereinander.

Transceiver

Sende- und Empfangseinrichtung in Ethernet-LANs für den Zugang zum Übertragungskabel.

Transportorientierte Schicht

Die transportorientierten Schichten umfassen die OSI-Schichten -1 bis -4.

Twisted Pair Kabel

Beim Twisted Pair werden jeweils zwei Leiter paarweise miteinander verdrillt.

Unshielded Twisted Pair (UTP)

Ein nicht-abgeschirmtes, verdrilltes, mehradriges Kabel.

Vampirklemme

Die Vampirklemme sitzt auf dem Transceiver und hat Dorne, welche die schützende Isolation des Mediums durchstoßen und so den Direktkontakt zu den Leitern herstellen.

Verbindung

Unter einer Verbindung verstehen wir die physikalische Verknüpfung zwischen Knoten in einem Netzwerk. Die meisten Knoten sind über Kabel miteinander verbunden. Daneben existieren weitere, drahtlose Verbindungsarten.

WAN

Abkürzung für **Wide Area Network**, bezeichnet eine Netzkategorie für ein öffentliches Netzwerk, dessen Ausdehnung weltumspannend sein kann.

X.25

X.25 ist ein Standard der ITU für öffentliche Paketnetze wie z. B. Datex-P.

Zeitmultiplexing

Bei dieser Form des Multiplexings wird die Aufteilung einer Verbindung durch ein Zeitverfahren realisiert. Jedem Nutzer steht hier die gesamte Bandbreite der Leitung für einen definierten Zeitabschnitt zur Verfügung.

Zones

Eine Zone bezeichnet Teilnetze in einem Appletalk-basierten Netzwerk.

Stichwortverzeichnis

A
Amplitude 79, 80
ANSI 35, 157, 158
Anwendungsprotokolle 145, 195
Anwendungsserver 26, 29
API 51
AppleTalk 129, 175
Application Layer 51, 189
ARCnet 26, 65, 95, 100, 120, 139
ASCII 16, 19, 27, 86, 182, 189, 190, 193, 196
ATM 144, 147, 148, 149, 150, 151, 153, 158, 161, 162
AUI-Anschluß 99, 101

B
Backbone 98, 111, 151, 152, 157, 199
Bandbreite 78, 91, 96, 145, 154, 158
Basisbandkabel 97
Basisbandtechnologie 78
Baud 87, 88
Baumtopologie 64, 68
Beaconing 138
Blocksicherung 89
BNC-Stecker 100, 101
Breitbandkabel 97
Breitbandtechnologie 78, 79
Bridge 58, 134, 197, 198, 199, 201, 206
Burstiness 144, 145, 147
Bustopologie 63, 64
Bypass 160

C
CCITT 36
CDDI 158, 161
CRC 89, 135, 149
CSMA/CD 122

D
Dämpfung 80, 204
Data Link Layer 43, 44
DATEX 31, 144
Decapsulation 120
dezentrales Konzept 17
DHCP 184
Diffusionsnetz 31, 68, 69, 70, 74
Dispersion 95, 109
DIX-Stecker 99
doppelter Ring 61
Downsizing 17
DQDB 144, 151, 152, 153, 154, 155, 161, 162, 199

drahtlose Netze 67
Druckserver 29
Duplex 146, 151, 205

E
Encapsulation 120, 199
Ethernet 26, 64, 96, 98, 106, 120, 121, 128, 158, 173, 175, 197, 199, 201, 204, 205

F
FDDI 26, 111, 144, 151, 157, 158, 159, 160, 161, 199, 201
Flaschenhals 62
Flußkontrolle 46
Freitoken 133, 158
Frequenz 43, 77, 79, 80, 82, 91, 96, 204
FTP 179, 189, 190, 195

G
Gateway 136, 197, 202, 203, 204
Glasfaser 58, 108
Graph 65

H
HDLC 144, 146, 147, 161, 178
Hertz (Hz) 87, 96
heterogene Vernetzung 15, 197
homogene Vernetzung 15
HTTP 176, 191, 196
Hub 58, 132, 133

I
IPX/SPX 26, 173, 174, 197, 203
IRC 191, 196
ISDN 29, 30, 147, 151, 178
ISO 36, 157, 206

K
Koaxialkabel 26, 58, 95, 96, 102
Kommunikationsserver 12, 29
Kompression 51, 82, 145, 194, 195
Knoten 55

L
Leitungs-Splitter 58
Leitungsvermittlung 49, 70, 121, 165, 166, 167, 171, 172
LocalTalk 175

Logical Link Control Sublayer 120
LWL 108, 111, 133, 148, 157, 158, 159

M
MAC 47, 48, 120, 130, 158, 174, 179, 197, 199, 201
Manchesterkodierung 128
Maschennetz 65, 66, 69, 70, 165, 168
MAU 60, 121, 133
Mode 109, 146, 147, 154, 162
Modulation 79, 80, 82, 83
Multiplexing 44, 48, 91, 148, 167

N
Nachrichtenvermittlung 165, 167, 168, 171, 172
Nachrichtenvermittlungstechnik 169, 172
NAUN 137
NCP 192, 196
NetBEUI 173, 174, 185, 203, 206
NetBIOS 136, 173, 174, 175, 203, 206
Network Layer 43, 47, 48
Netzwerkknoten 55
NFS 177, 192, 196
NNTP 191, 196

O
OSI-Referenzmodell 35, 119

P
Paketvermittlung 121, 148, 165, 168, 169, 171, 172, 179
Paritätsprüfung 46, 89
Peer-to-Peer-Netz 26, 28
Physical Layer 43, 44, 121, 149, 158
Presentation Layer 50
Protokollstapel 41
Punkt-zu-Punkt-Verbindung 65, 133, 146

Q
Quantisierung 82

R
RCP 196
Remote Procedure 192
Repeater 58, 197, 204, 205, 207
Requester 175
RG-11 98
RG-58 99
Richtfunk 67

Rightsizing 17
Ringleitungsverteiler 26, 60, 133, 136, 139
Ringtopologie 59, 60, 61, 62
RJ-11 107
RJ-45 107, 132
Router 58, 192, 197, 201, 202, 203, 205, 206
RPC 192, 193
RSA 193, 196
Rundfunk 67

S
SAP 174
Session Layer 50
S-HTTP 196
SMTP/POP3 190
SNA 129, 173, 175, 178, 185, 202, 206
SNAP 175
SNMP 192
SONET 159
Spanning Tree Algorithm 200
Sterntopologie 61, 64, 68
strukturierte Verkabelung 112
synchrone Datenübertragung 86

T
Takt 44, 86, 87, 152
TCP/IP 26, 51, 129, 173, 176, 179, 180, 182, 189, 197, 203
Teilstreckennetz 31, 68, 69, 70
TELNET 191
Terminator 102, 152
Thicknet 64, 98, 101
Thinnet 64, 99
Token Claiming 136, 138
Token Passing 123, 128, 133, 139, 157
Token Ring 26, 60, 107, 120, 133, 135, 157, 175, 197
Transceiver 63, 97, 101, 111, 121
Transport Layer 43, 48
Transportprotokolle 48, 66, 173, 175
Twisted Pair 105, 132, 158, 161

U
UDP 177
Übertragungssicherung 88
Unshielded Twisted Pair 105, 106
UUCP 190, 191, 196

V
Vampirklemme 98
virtuelle Verbindung 40

W
Wrap-Mode 159
WWW 176, 191

X
X.25 144, 146, 148, 178

Y
Yellow Cable 98, 111, 129

Z
Zellenmultiplexing 148
Zugriffsverfahren 24, 63, 121, 123, 157, 158

Autorenteam
Carsten Harnisch
Bärbel Ruschitzka
Stephan Cochius
Joachim-Friedrich Geisler

Produktmanagement
Susanne Jordans

Lektorat
Rainer Hesse

Satz
Reemers EDV-Satz, Krefeld

Layout & Covergestaltung
bhv Verlags GmbH

Farbreproduktionen
DTK Digitale Technik &
Kommunikation GmbH, Willich

Gesamtherstellung
Legoprint S.r.l. - Trient

Copyright © 1997 by
bhv Verlags GmbH
Novesiastraße 60
41564 Kaarst
Germany
Telefon: (0 21 31) 765-01
Telefax: (0 21 31) 765-101
1. Auflage

ISBN 3-89360-230-5

Printed in Italy

Alle Rechte vorbehalten. Kein Teil dieser Unterlage darf in irgendeiner Form, sei es Druck, Fotokopie, Mikrofilm oder mittels jedes anderen Verfahrens, ohne schriftliche Genehmigung des Verlags reproduziert oder unter Verwendung elektronischer Systeme verarbeitet, vervielfältigt oder verbreitet werden. Die gewerbliche Nutzung der in diesem Buch gezeigten Modelle und Arbeiten ist nicht zulässig.

Die Informationen im vorliegenden Buch werden ohne Rücksicht auf einen eventuellen Patentschutz veröffentlicht. Warennamen werden ohne Gewährleistung der freien Verwendbarkeit benutzt.

Bei der Zusammenstellung von Texten und Abbildungen wurde mit größter Sorgfalt vorgegangen. Trotzdem können Fehler nicht vollständig ausgeschlossen werden. Verlag, Herausgeber und Autoren können für fehlerhafte Angaben und deren Folgen weder eine juristische Verantwortung noch irgendeine Haftung übernehmen.
Dieses Buch wurde der Umwelt zuliebe auf chlorfrei gebleichtem Papier gedruckt.

Perfekt trainiert mit dem ᵇʰᵛCo@ch

Word 6 für Windows 3.1x
I. Kowatsch
224 S.
DM 24,80................210-0

Word 7 für Windows 95 & NT
I. Kowatsch
240 S.
DM 24,80................211-9

Excel 5 für Windows 3.1x
G. Rehn-Göstenmeier
240 S.
DM 24,80................212-7

Excel 7 für Windows 95 & NT
G. Rehn-Göstenmeier
240 S.
DM 24,80................213-5

Für Schulungsleiter das Standard-Komplettpaket, für Schulungsteilnehmer oder Lernende zu Hause die langerwartete Problemlösung: Diese Unterlagen sind der ideale Begleiter für jeden, der Wert auf EDV-Bildung legt. Schritt für Schritt, illustriert mit Screenshots, Maus- und Tastensymbolen, wird der Anwender durch die oft komplexen Software-Programme geleitet. Komplett mit Zeiteinheiten zur Selbstkontrolle, Notizspalten, vielen Übungen, Infos Spezial, Tastenkombinationen, Kapitelzusammenfassungen sowie einem Lexikon der angewandten Begriffe. Jeder Titel bietet Unterrichtsstoff für 2 bis 5 Tage.

Jedes Kapitel bietet:
- eine konkrete Zeiteinheit
- durchnummerierte Arbeitsschritte
- Symbole für Maus- und Tastatureinsatz
- Notizspalte
- Screenshots
- Zusammenfassung des Inhalts
- Tastaturkürzel-Liste
- viele Übungen
- Fachlexikoneinträge

je **24,80** DM

DM 24,80
öS 181,00
sFR 23,00

bhv Verlags GmbH • Novesiastraße 60 • 41564 Kaarst • Tel.: 0 21 31 / 765-01 • Fax: 0 21 31 / 765-101

Software aus dem bhv Verlag

Das Sofort-Druck-Megapack bietet 3 hochwertige Sofort-Druck-Programme zum sensationellen Preis. Es stehen druckfertige Vorlagen zur Verfügung, die individuell anpassbar und veränderbar sind. Die einheitliche Bedienung und die professionellen Werkzeuge ermöglichen effizientes und komfortables Arbeiten. Mit Sofort-Druck wird der Import der gängigsten Grafikformate (BMP, PCX, PCD, GIF, TIF oder WMF) zum Vergnügen. Darüber hinaus können den Objekten mit einem Tastendruck markante 3D-Effekte zugeordnet werden.

Sofort-Druck Megapack
CD-ROM
jeweils DM 29,80 unverb. Preisempf.

Sofort-Druck Megapack 1
Glückwunsch- u. Grußkarten • Menü- u. Speisekarten
• MCs, CDs Video, DAT- und QIC-Bänder
Eurobox.................136-8   Jewelbox.................936-9

Sofort-Druck Megapack 2
Visitenkarten • Aushänge • Flirt- u. Spaßkarten
Eurobox.................137-6   Jewelbox.................937-7

Sofort-Druck Megapack 3
Briefbögen • Kleinanzeigen • Urkunden
Eurobox.................138-4   Jewelbox.................938-5

DM	29,80
öS	225,00
sFr	27,50

Unverb. Preisempf.

bhv Verlags GmbH • Novesiastraße 60 • 41564 Kaarst • Tel.: 0 21 31 / 765-01 • Fax: 0 21 31 / 765-101

Software aus dem bhv Verlag

ARENA Design
Handbuch & CD-ROM
DM 49,80 unverb. Preisempf.
ISBN 3-89360-190-2

ARENA Design ist ein schnell und einfach zu bedienendes 3D-Modellierungs-, Rendering- und Animationsprogramm, das nahezu unbegrenzte Möglichkeiten bietet, dreidimensionale Objekte zu erstellen und diese in wirklichkeitsnahe Standbilder oder Animationen zu verwandeln. Dazu sind keine speziellen Fähigkeiten erforderlich. Die gewünschten Formen lassen sich durch einfache Verwendung der Maus interaktiv am Bildschirm modellieren und verändern.

→ **Highlights**
- Interaktive 3D-Ansichtsfenster
- Arbeiten im Drahtgitter- und Vollkörper-Modus
- Material-Editor
- 3D-Animationen
- Interaktive Echtzeit-Kameras

Illuminatus
Handbuch & CD-ROM
DM 49,80 unverb. Preisempf.
ISBN 3-89360-189-9

Mit Illuminatus können Sie im Handumdrehen interaktive und eigenständig lauffähige Multimedia-Programme (Kombination aus Text, Grafik, Videos, Sound und Animationen) ganz ohne Programmierung erstellen.
Anwendungsbeispiele: • Elektronische Broschüren • Produktdemos • Elektronische Bewerbungen • Audio-visuelle Briefe • Verkaufspräsentationen etc.

→ **Highlights**
- Einfachste Bedienung
- Erzeugt lauffähige Applikationen
- 500 Beispiel-Objekte
- Vielfältige Importmöglichkeiten
- Zahlreiche Ein- und Ausblendeffekte

| DM 49,80 |
| öS 378,00 |
| sFR 46,00 |

Unverb. Preisempf.

bhv Verlags GmbH • Novesiastraße 60 • 41564 Kaarst • Tel.: 0 21 31 / 765-01 • Fax: 0 21 31 / 765-101